V&R

Hans-Joachim Eckstein

Kyrios Jesus

Perspektiven einer christologischen Theologie

3., durchgesehene Auflage

Vandenhoeck & Ruprecht

Bibliografische Information der Deutschen Nationalbibliothek:
Die Deutsche Nationalbibliothek verzeichnet diese Publikation in der Deutschen Nationalbibliografie; detaillierte bibliografische Daten sind im Internet über https://dnb.de abrufbar.

1. Auflage 2010 | 2. Auflage 2011

ein Imprint der Brill-Gruppe
(Koninklijke Brill NV, Leiden, Niederlande; Brill USA Inc., Boston MA, USA; Brill Asia Pte Ltd, Singapore; Brill Deutschland GmbH, Paderborn, Deutschland; Brill Österreich GmbH, Wien, Österreich)
Koninklijke Brill NV umfasst die Imprints Brill, Brill Nijhoff, Brill Hotei, Brill Schöningh, Brill Fink, Brill mentis, Vandenhoeck & Ruprecht, Böhlau, V & R unipress.

Umschlaggestaltung: Grafikbüro Sonnhüter, www.sonnhueter.com
Lektorat: Volker Hampel, Neukirchen-Vluyn
DTP: Jens Adam, Tübingen
Druck und Bindung: CPI buchbücher.de, Birkach
Printed in the EU

Vandenhoeck & Ruprecht Verlage | www.vandenhoeck-ruprecht-verlage.com

ISBN 978-3-525-50498-7

Inhalt

Kyrios Jesus

Perspektiven einer christologischen Theologie
Eine Einführung

Wie soll man Unbegreifliches auf den Begriff bringen, und womit soll man Unvergleichliches vergleichen? Es fasziniert, mit welcher Kreativität und Dynamik die ersten Zeugen ihre Glauben stiftende und Leben eröffnende Christuserkenntnis beschreiben konnten.
In Aufnahme und Abwandlung von alttestamentlich-jüdischen wie hellenistischen Traditionen wird zu Gehör gebracht, was kein Ohr gehört hat. Und in Verwandlung und Vertiefung vertrauter Begriffe wird vor Augen gestellt, was zuvor kein Auge gesehen hat.
Dabei bilden Erkennen, Anerkennen und Bekennen des auferstandenen Christus als Kyrios – als „Herrn" der Welt und des eigenen Lebens – nicht etwa den Abschluss der neutestamentlichen Entwicklung, sondern vielmehr deren Grundlage und Voraussetzung. Die sogenannte „Hohe Christologie", die in der späteren Entwicklung der Dogmatik prägend sein sollte, findet ihren literarischen Ausdruck nicht erst in den späten Schriften des Neuen Testaments, sondern bereits in deren ältesten – d.h. kaum mehr als zwanzig Jahre nach dem skandalösen Ereignis der Kreuzigung Jesu von Nazareth.
Bei aller Differenzierung der theologischen Entfaltung des Evangeliums in den neutestamentlichen Schriften besteht an einem Punkt Einheit in der Verschiedenheit der Entwürfe und Übereinstimmung in der argumentativen Vielstimmigkeit: Die Rede von Gott orientiert sich durchgehend und letztgültig an dem Evangelium von der Identität und Bedeutung Jesu Christi. Und der Blick auf den gekreuzigten und auferstandenen Kyrios eröffnet den Glaubenden zugleich die heilvollen Auswirkungen für sie selbst und für die Welt als Ganzes. *Theologie* wird hier konsequent als *Christologie* entfaltet, und Christologie als *Soteriologie* – als Lehre von der Erlösung des Menschen.
So wird das alttestamentlich-jüdische Bekenntnis zu dem „*einen* Gott und Herrn" bereits *binitarisch* – d.h. im Hinblick auf Gott, den Vater, und auf den Kyrios, Jesus Christus – entfaltet (1Kor 8,6). Dies hat Konsequenzen für die Verbindlichkeit des Evangeliums und die implizite Kanonhermeneutik der neutestamentlichen Schriften. Dies erlaubt aber auch schöpfungstheologische wie erlösungstheologische Rückschlüsse im Hinblick auf das analogielose Geschehen von Kreuz und Auferstehung des Gottessohnes. Die Zugehörigkeit zu

diesem erhöhten Herrn eröffnet nicht nur eine neue anthropologische Perspektive und ein innovatives Konzept von Rechtfertigung und Freiheit, sondern zugleich eine soziale Verantwortlichkeit und Verbindlichkeit in der Einheit und Vielfalt der frühchristlichen Gemeinden.
Im Blick auf den in Christus offenbaren Gott gewinnen die Glaubenden Zuversicht und Gewissheit – sogar angesichts der in Leiden und Verfolgung erfahrenen Verborgenheit Gottes. Denn sie leben als Hoffende bereits mit der Realität ihres erhöhten Herrn, und mitten in der bedrängenden Wirklichkeit nehmen sie schon die Gegenwart des Kommenden wahr.

Ob die neutestamentlichen Schriften insgesamt in den Blick kommen oder ob die Briefe des Paulus bzw. einzelne Evangelien fokussiert werden – was die Untersuchungen des vorliegenden Bandes thematisch miteinander verbindet, sind also die „Perspektiven einer christologischen Theologie“, aus der heraus sich die Einheit in der Vielfalt und die Gemeinsamkeit in der Verschiedenheit der neutestamentlichen Überlieferungen wahrnehmen lässt. Die verschiedenen Beiträge sind in sich abgeschlossen und selbständig zu lesen. Wo es für das Verständnis als notwendig erscheint, finden sich vereinzelt Überlappungen. Ansonsten können die Verknüpfungen und Querverbindungen leicht durch Hinweise in den Anmerkungen und durch die abschließenden Register nachvollzogen werden.

Vielmals danke ich meinem Assistenten, Herrn Dr. Jens Adam, sowohl für die zahlreichen inhaltlichen Anregungen über die Jahre der Zusammenarbeit als auch für die Mühe der technischen Bearbeitung der Manuskripte. Für Anregungen und Mithilfe bei den Korrekturen der verschiedenen Beiträge und der Buchfassung danke ich unserem Mitarbeiter, Herrn Simon Schäfer, und Frau Katharina Blondzik. Mein Dank gilt auch dem Neukirchener Verlag und namentlich Herrn Dr. Volker Hampel für ihr großes Interesse an und die Förderung bei der Publikation des vorliegenden Bandes.

Tübingen, September 2009 Hans-Joachim Eckstein

So haben wir doch nur einen Gott

Die Anfänge trinitarischer Rede von Gott im Neuen Testament[1]

Womit soll man Unvergleichliches vergleichen, und wie soll man Unbegreifliches auf den Begriff bringen? Wie kann man, „was kein Auge gesehen hat", vor Augen stellen, „und was kein Ohr gehört hat", zu Gehör bringen?[2] Es erscheint fast unglaublich, mit welcher Kreativität und Dynamik sich die im Christusgeschehen erschlossene „Weisheit" in Aufnahme und Abwandlung von Traditionen, in Verwandlung und Vertiefung vertrauter Begriffe zu Wort meldete – und dabei zugleich dem jüdischen Vorwurf der Anstößigkeit und dem hellenistischen Vorwurf der Torheit zu begegnen wusste: „Wir aber predigen den gekreuzigten Christus, den Juden ein Ärgernis (σκάνδαλον) und den Griechen eine Torheit (μωρία); denen aber, die berufen sind, Juden und Griechen, predigen wir Christus als Gottes Kraft und Gottes Weisheit (θεοῦ δύναμις καὶ θεοῦ σοφία 1Kor 1,23f.)".

I

Bedenkt man, dass zwischen der Kreuzigung Jesu um das Jahr 30 n.Chr. und dem ersten Aufenthalt des Paulus in Korinth um 50 n.Chr. gerade einmal 20 Jahre vergangen sind, muss die Geschwindigkeit der theologischen Entfaltung des „Wortes vom Kreuz" (ὁ λόγος ὁ τοῦ σταυροῦ) und der in Christus gekommenen und durch Gottes Geist offenbaren Weisheit Gottes als geradezu atemberaubend erscheinen (1Kor 1,18 – 2,16). Selbst wenn man die Abfassung des Johannesevangeliums mit seiner hohen und breit entfalteten Christologie um 100 n.Chr. spät datieren wollte, hätte die Entwicklung der

---

[1] Jürgen Moltmann zum 80. Geburtstag. Überarbeitete Fassung eines Vortrags auf der Tagung der Gesellschaft für Evangelische Theologie im Februar 2005 in Erfurt mit dem Thema „Das biblische Bekenntnis zur Einzigkeit und Einheit Gottes und die Anfänge trinitarischer Rede von Gott". – S. unter den Veröffentlichungen von Jürgen Moltmann zum Thema vor allem: *J. Moltmann*, Der gekreuzigte Gott. Das Kreuz Christi als Grund und Kritik christlicher Theologie, 6. Aufl., Gütersloh 1993 (1972); *ders.*, Trinität und Reich Gottes. Zur Gotteslehre, 3. Aufl., Gütersloh 1994 (1980).

[2] 1Kor 2,9 in Aufnahme von Jes 64,3.

Anfänge trinitarischer Rede von Gott im Neuen Testament insgesamt gerade einmal den Zeitraum von 70 Jahren beansprucht.[3]

Zieht man zudem in Betracht, dass fast alle Verfasser der neutestamentlichen Schriften – vor allem aber und unbestreitbar der Heidenapostel Paulus selbst als Ἑβραῖος ἐξ Ἑβραίων[4] – geborene Juden waren[5], dann fasziniert die Eindeutigkeit und Kühnheit, in der die erste Generation der christlichen – d.h. judenchristlichen – Theologen das biblische Bekenntnis zur Einzigkeit und Einheit Gottes mit ihrer analogielosen Christuserkenntnis zu verbinden vermochten. Der auferstandene Christus wird in den frühen Gemeinden als Kyrios, als „Herr", bekannt (κύριος Ἰησοῦς [Χριστός] 1Kor 12,3; Röm 10,9f.; Phil 2,9-11) und in Akklamation und Gebet angerufen (1Kor 1,2; 16,22; 2Kor 12,8)[6]. Die „berufenen Heiligen" der Ekklesia Gottes können an jedem Ort gerade dadurch identifiziert werden, dass sie

---

3 S. grundlegend *W. Bousset*, Kyrios Christos. Geschichte des Christusglaubens von den Anfängen des Christentums bis Irenaeus, 6. Aufl., Göttingen 1967; *O. Cullmann*, Die Christologie des Neuen Testaments, 5. Aufl., Tübingen 1975; *J.D.G. Dunn*, Christology in the Making. A New Testament Inquiry into the Origins of the Doctrine of the Incarnation, 2. Aufl., London 1992; *F. Hahn*, Christologische Hoheitstitel. Ihre Geschichte im frühen Christentum, 5., erw. Aufl., Göttingen 1995; *M. Hengel*, Der Sohn Gottes. Die Entstehung der Christologie und die jüdisch-hellenistische Religionsgeschichte, 2. Aufl., Tübingen 1977; *L.W. Hurtado*, Lord Jesus Christ. Devotion to Jesus in Earliest Christianity, Grand Rapids u.a. 2003; *M. Karrer*, Jesus Christus im Neuen Testament, GNT 11, Göttingen 1998; *W. Kramer*, Christos Kyrios Gottessohn. Untersuchungen zu Gebrauch und Bedeutung der christologischen Bezeichnungen bei Paulus und den vorpaulinischen Gemeinden, AThANT 44, Zürich 1963; *P. Pokorný*, Die Entstehung der Christologie. Voraussetzungen einer Theologie des Neuen Testaments, Stuttgart 1985; *E. Schweizer*, Art. Jesus Christus I, TRE 16, Berlin u.a. 1987, 671-726; *K. Wengst*, Christologische Formeln und Lieder des Urchristentums, StNT 7, 2. Aufl., Gütersloh 1973.

4 2Kor 11,22; Phil 3,5 (als am achten Tag beschnittener Jude von Geburt vom Stamme Benjamin war er also nicht nur Proselyt oder Gottesfürchtiger, sondern „Hebräer aus Hebräern", der im Unterschied zu vielen Diasporajuden seine Stammesabkunft noch kannte und dessen Vorfahren aus Palästina stammten); vgl. Apg 21,40; 22,2; 26,14.

5 Als *Heiden*christ wird überwiegend der Verfasser des Lukasevangeliums und der Apostelgeschichte identifiziert. Bei den Verfassern des Matthäus-, des Markus- oder des Johannesevangeliums können die Begründungen für eine heidenchristliche Zuordnung m.E. in keinem Fall überzeugen; zur aktuellen Diskussion der Verfasserfrage und der zeitlichen Datierung der neutestamentlichen Schriften s. *U. Schnelle*, Einleitung in das Neue Testament, 6., neubearb. Aufl., Göttingen 2007, 240ff.283ff. 505ff.

6 S. 2Kor 12,8: ὑπὲρ τούτου τρὶς τὸν κύριον παρεκάλεσα ἵνα ... mit Bezug auf Christus in der Antwort V. 9.10. Von „unserem Herrn Jesus" erwartet er wie von „Gott, unserem Vater", die Erhörung seiner Gebete: νυκτὸς καὶ ἡμέρας ὑπερεκπερισσοῦ δεόμενοι ... αὐτὸς δὲ ὁ θεὸς καὶ πατὴρ ἡμῶν καὶ ὁ κύριος ἡμῶν Ἰησοῦς κατευθύναι τὴν ὁδὸν ἡμῶν πρὸς ὑμᾶς (1Thess 3,10f.).

„den Namen unseres Herrn Jesus anrufen“ (1Kor 1,2; vgl. Apg 9,14.21; 22,16). Ihm gilt der von der aramäisch sprechenden Urgemeinde übernommene Gebetsruf „Maranatha“, „Unser Herr, komm!“ (1Kor 16,22).[7] Mit hebr. אָדוֹן / aram. מָרֵא[8] / griech. (ὁ) κύριος[9] haben offensichtlich bereits die aramäisch sprechenden wie die griechisch sprechenden Judenchristen der ersten Generation den von Gott auferweckten Gekreuzigten[10] mit dem Titel benannt, der in den christlichen LXX-Handschriften und in den neutestamentlichen Schriften in Umschreibung des Gottesnamens Jahwe für Gott, den Vater (ὁ θεὸς καὶ πατὴρ ἡμῶν), gebraucht wurde.[11]

Sind in den auf alttestamentliche Ausdrücke anspielenden Wendungen vom „Wort des Herrn“ (1Thess 4,15; vgl. 2Thess 3,1) und vom „Tag des Herrn“ (1Kor 5,5; 1Thess 5,2; vgl. 2Thess 2,2) mit Kyrios der Vater oder der Sohn gemeint? Letzteres bestätigt sich im Fall von

---

7 Der Ruf μαρανα θά ist mit Rücksicht auf Apk 22,20 (ἀμήν, ἔρχου κύριε Ἰησοῦ) wohl im Sinne von aram. *marăn(a')ᵃᵉta'* als Bitte: „Unser Herr, komm!“ zu deuten. Vgl. zur neueren Diskussion *H.P. Rüger*, Art. Aramäisch II, TRE 3, Berlin u.a. 1978, 602-610, hier 607; *M. Hengel*, Der Sohn Gottes (s. Anm. 3), 120ff.; *ders.*, Abba, Maranatha, Hosanna und die Anfänge der Christologie, in: *I.U. Dalferth / J. Fischer / H.-P. Großhans* (Hg.), Denkwürdiges Geheimnis. Beiträge zur Gotteslehre (FS E. Jüngel), Tübingen 2004, 145-183, hier 161ff.; *J.A. Fitzmyer*, Art. κύριος κτλ, EWNT 2, 2., verb. Aufl., Stuttgart u.a. u.a. 1992, 811-820, hier 816f.

8 Vgl. מָרַן „unser Herr“ (mit Suff. 1. Pl.) für hebr. אֲדוֹנֵינוּ bzw. הָאָדוֹן.

9 Zu absolut gebrauchtem und determiniertem ὁ κύριος zur Bezeichnung Jesu Christi s. z.B. 1Kor 4,5; 7,10.12; 9,14; 16,7; 2Kor 10,8; 13,10; Phil 4,5; 1Thess 3,12; 4,16.

10 Zum κύριος-Titel in den formelhaften Auferweckungsaussagen, die zum ältesten Bestand des neutestamentlichen Auferstehungszeugnisses gehören, s. Röm 4,24: τὸν ἐγείραντα Ἰησοῦν *τὸν κύριον ἡμῶν* ἐκ νεκρῶν, Röm 10,9b: ὅτι ὁ θεὸς αὐτὸν [sc. *τὸν κύριον* Ἰησοῦν, V. 9a] ἤγειρεν ἐκ νεκρῶν, 1Kor 6,14: ὁ δὲ θεὸς καὶ *τὸν κύριον* ἤγειρεν und 2Kor 4,14: ὁ ἐγείρας *τὸν κύριον* Ἰησοῦν. Vgl. Hebr 13,20: ὁ δὲ θεὸς ... ὁ ἀναγαγὼν ἐκ νεκρῶν τὸν ποιμένα τῶν προβάτων ... *τὸν κύριον ἡμῶν* Ἰησοῦν, als Auf*erstehungs*formel Lk 24,34: ὄντως ἠγέρθη ὁ κύριος καὶ ὤφθη Σίμωνι. S. zum Ganzen: *H.-J. Eckstein*, Die Wirklichkeit der Auferstehung Jesu. Lukas 24,34 als Beispiel früher formelhafter Zeugnisse, in: *Ders.*, Der aus Glauben Gerechte wird leben. Beiträge zur Theologie des Neuen Testaments, BVB 5, 2. Aufl., Münster u.a. 2007, 152-176, hier 160-163 (= *H.-J. Eckstein / M. Welker* [Hg.], Die Wirklichkeit der Auferstehung, 3. Aufl., Neukirchen-Vluyn 2007, 1-30, hier 9-13).

11 Weder ist die Benennung *Gottes* mit dem κύριος-Titel traditionsgeschichtlich auf das *außerpalästinisch*-hellenistische Judentum oder gar auf die *nichtjüdisch*-hellenistischen Gemeinden zu beschränken noch lässt sich die Bezeichnung des *erhöhten Christus* als „Herr“ (hebr. אָדוֹן / aram. מָרֵא) überlieferungsgeschichtlich den palästinisch-judenchristlichen Gemeinden absprechen; gegen die frühere These der religionsgeschichtlichen Schule z.B. bei *W. Bousset*, Kyrios Christos (s. Anm. 3), 77ff. 83ff.; *R. Bultmann*, Theologie des Neuen Testaments, 9. Aufl., durchg. u. erg. v. *O. Merk*, Tübingen 1984, 54f.126ff.; mit *M. Hengel*, Der Sohn Gottes (s. Anm. 3), 120ff. (s. ebd. zur Literatur); *J.A. Fitzmyer*, Art. κύριος κτλ (s. Anm. 7), 816f.

1Kor 1,8; 2Kor 1,14 bzw. Phil 1,6 aufgrund der eindeutigen Ergänzungen ἐν τῇ ἡμέρᾳ τοῦ κυρίου ἡμῶν Ἰησοῦ [Χριστοῦ] bzw. ἄχρι ἡμέρας Χριστοῦ Ἰησοῦ. Dass sich in 1Kor 2,8 die jüdische Gottesprädikation „Herr der Herrlichkeit" wirklich auf „Jesus Christus, den Gekreuzigten", bezieht[12], belegt der Kontext unausweichlich: In Verkennung der Weisheit Gottes haben die Herrscher dieser Welt den κύριος τῆς δόξης *gekreuzigt*!

Die eschatologische Huldigung gegenüber dem Kyrios, dem „sich alle Knie beugen" und den „alle Zungen bekennen sollen", bezieht sich nach Jes 45,23f. ausdrücklich auf Jahwe selbst, während sie nach dem Philipperhymnus „zur Ehre Gottes, des Vaters", demjenigen gilt, dem Gott den Kyrios-Namen als „Namen über alle Namen" gegeben hat – dem erhöhten Jesus Christus: ἵνα ἐν τῷ ὀνόματι Ἰησοῦ πᾶν γόνυ κάμψῃ ... καὶ πᾶσα γλῶσσα ἐξομολογήσηται ὅτι κύριος Ἰησοῦς Χριστός (Phil 2,10f.). – Nach Joel 3,5 soll derjenige am „Tag des Herrn" errettet werden, der den Namen Jahwes / des Kyrios anrufen wird. Dieses rettende Anrufen des „Herrn" konkretisiert sich nach Röm 10,8-17 darin, dass jemand mit seinem Munde bekennt κύριος Ἰησοῦς und in seinem Herzen glaubt, dass Gott ihn von den Toten auferweckt hat.[13] So wird die Akklamation „Herr ist Jesus" mit der im Prophetenzitat angesprochenen Anrufung Gottes identifiziert, und die Gottesbezeichnung „Herr aller" erscheint in eindeutig christologischem Kontext: ὁ γὰρ αὐτὸς κύριος πάντων, πλουτῶν εἰς πάντας τοὺς ἐπικαλουμένους αὐτόν (Röm 10,12).[14]

II

Wird mit alldem für die alttestamentlich-jüdische Gottesvorstellung bereits Unbegreifliches auf den Begriff gebracht und noch nicht Ge-

---

[12] S. zum Ganzen *O. Hofius*, „Einer ist Gott – Einer ist Herr". Erwägungen zu Struktur und Aussage des Bekenntnisses 1Kor 8,6, in: *Ders.*, Paulusstudien II, WUNT 143, Tübingen 2002, 167-180, hier 179, und zu den Belegen der Gottesprädikation in der frühjüdischen Literatur ausführlich ebd., Anm. 49: grHen 22,14; 27,3.5; äthHen 22,14; 25,3.7; 27,3.5; 36,4; 40,3; 63,2; 75,3; 83,8; koptApocEl 19,11.

[13] S. zum Ganzen *H.-J. Eckstein*, „Nahe ist dir das Wort". Exegetische Erwägungen zu Röm 10,8, in: *Ders.*, Der aus Glauben Gerechte wird leben (s. Anm. 10), 55-72.

[14] In diesem Zusammenhang erstaunt es dann nicht, dass Paulus bei seinem paränetischen Hinweis auf das eschatologische Offenbarwerden im Gericht einmal von dem Richterstuhl *Gottes* und einmal von dem Richterstuhl *Christi* sprechen kann – Röm 14,10: πάντες γὰρ παραστησόμεθα τῷ *βήματι τοῦ θεοῦ*, 2Kor 5,10: ἡμᾶς φανερωθῆναι δεῖ ἔμπροσθεν τοῦ *βήματος τοῦ Χριστοῦ*.

sehenes vor Augen gestellt, so gilt dies umso mehr von den christologischen – und damit die Trinitätstheologie anstoßenden – Aussagen, die nicht erst bei dem in der Auferstehung erhöhten Kyrios Jesus einsetzen, sondern bereits bei dem präexistenten Sohn Gottes.[15] In 1Kor 8,6 erinnert Paulus seine korinthische Gemeinde in Abgrenzung zu den „sogenannten Göttern", zu den θεοὶ πολλοὶ καὶ κύριοι πολλοί (8,5)[16], an das Bekenntnis zur Einheit und Einzigkeit Gottes – εἷς ὁ θεός[17] – im Anschluss an das alttestamentlich-jüdische Grundbekenntnis, das Schᵉma Jisrael aus Dtn 6,4: ἄκουε Ισραηλ κύριος ὁ θεὸς ἡμῶν κύριος εἷς ἐστιν, „höre Israel, der Herr, unser Gott, ist *ein* Herr". Obwohl es sich gar nicht um einen speziell *christo*-logischen, sondern um einen *theo*-logischen Kontext handelt[18] und ohne dass Paulus seiner um 50 n.Chr. gegründeten Gemeinde dies ausdrücklich erläutern oder näher begründen müsste, kann er das Bekenntnis zu dem εἷς θεός bereits „binitarisch" entfalten, indem er es auf „den *einen* Gott, den Vater" und „den *einen* Herrn, Jesus Christus" bezieht.

Mit seiner Auffächerung der theologischen Allmachtsaussage[19] und der differenzierenden Zuordnung der auf den einen und selben Gott bezogenen θεός- und κύριος-Prädikation bringt das Bekenntnis Unerhörtes zu Gehör. Traditionell wird der *eine* und *einzige* Gott, der Vater, als *Ursprung* (ἐξ οὗ) von allem und *Ziel* (εἰς αὐτόν) der ihn Anerkennenden bekannt: εἷς θεὸς ὁ πατὴρ ἐξ οὗ τὰ πάντα καὶ ἡμεῖς εἰς αὐτόν. Jüdisch gesehen völlig unkonventionell wird dieses Bekenntnis zu dem *einen* „Gott aller Götter und Herrn über alle Herren" (Dtn

---

15 Zu den neutestamentlichen Belegen für die Präexistenz Christi insgesamt s. vor allem: Joh 1,1-3°; 8,58*; 16,28*; 17,5°.24° ; 1Kor 8,6°; 2Kor 8,9*; Eph 1,3-14°; Phil 2,6f.*; Kol 1,15-17°; Hebr 1,2f.°; Apk 3,14° (° = vor Schöpfung; * = vor Inkarnation [wohl auch: Röm 8,3; Gal 4,4f. als „Sendungsformeln"; 1Kor 10,3f.]; Schöpfungsmittlerschaft).

16 S. zum Ganzen *O. Hofius*, „Einer ist Gott – Einer ist Herr" (s. Anm. 12), 167-180; *ders.*, Christus als Schöpfungsmittler und Erlösungsmittler. Das Bekenntnis 1Kor 8,6 im Kontext der paulinischen Theologie, in: *Ders.*, Paulusstudien II (s. Anm. 12), 181-192; *J. Woyke*, Götter, ‚Götzen', Götterbilder. Aspekte einer paulinischen ‚Theologie der Religionen', BZNW 132, Berlin / New York 2005, 158-214.

17 In 1Kor 8,4 prononciert in negativer Formulierung: οἴδαμεν ὅτι ... οὐδεὶς θεὸς εἰ μὴ εἷς.

18 Vgl. *J. Woyke*, Götter, ‚Götzen', Götterbilder (s. Anm. 16), 196ff.211ff.

19 Zur *theo*-logischen Allmachtsaussage vgl. Röm 11,36: ὅτι ἐξ αὐτοῦ καὶ δι' αὐτοῦ καὶ εἰς αὐτὸν τὰ πάντα (mit Bezug auf ὁ θεός [Röm 11,32.33] = κύριος [V. 34] als Subjekt). Zur speziell *christo*-logischen Entfaltung der Allmachtsformel s. den Christushymnus in Kol 1,15-18: ὅτι ἐν αὐτῷ ἐκτίσθη τὰ πάντα ... τὰ πάντα δι' αὐτοῦ καὶ εἰς αὐτὸν ἔκτισται ... καὶ αὐτός ἐστιν πρὸ πάντων καὶ τὰ πάντα ἐν αὐτῷ συνέστηκεν, womit zum Ausdruck kommt, dass es Gott „gefallen hat, dass die ganze Fülle in ihm wohne" Kol 1,19; vgl. Kol 2,9: ὅτι ἐν αὐτῷ κατοικεῖ πᾶν τὸ πλήρωμα τῆς θεότητος σωματικῶς.

10,17) aber dann hinsichtlich des *Wirkens* Gottes (δι' οὗ) zugleich *christologisch* auf die Schöpfungsmittlerschaft und Erlösungsmittlerschaft Jesu Christi hin expliziert; durch den „*einen* Herrn, Jesus Christus“ ist – nach der festen Überzeugung der Bekennenden (ἀλλ' ἡμῖν)[20] – alles geschaffen worden, und durch ihn sind sie selbst geworden – „freigekauft“ (1Kor 6,20), von Sünden „abgewaschen“, „geheiligt“ und „gerechtfertigt“ (1Kor 6,11). Oder im Hinblick auf 2Kor 4,6; 5,17 formuliert: Durch den *einen* Kyrios, Jesus Christus, durch den der Vater die ganze Welt erschaffen hat, sind die Christen zur Erkenntnis der Herrlichkeit Gottes im Angesicht Jesu Christi neu erschaffen worden.

Indem hier sowohl das alttestamentlich-jüdische Bekenntnis zur Einzigkeit und Einheit Gottes des Herrn wie selbstverständlich „binitarisch“ auf Gott, den Vater, und Jesus Christus, den Herrn, hin entfaltet wird und indem dem Gekreuzigten und Auferstandenen sowohl die exklusive Erlösungsmittlerschaft als auch bereits die Schöpfungsmittlerschaft des Präexistenten zuerkannt wird, finden wir die entscheidenden Grundlagen für eine sogenannte „hohe Christologie“ nicht etwa am Ende, sondern bereits am Anfang des neutestamentlichen Entstehensprozesses zu Beginn der fünfziger Jahre des 1. Jh. Erkennt man in 1Kor 8,6 wie in anderen christologischen Formeln ein bereits geprägtes Bekenntnis[21], dann reichen die literarisch greifbaren Anfänge der trinitarischen Rede von Gott im Neuen Testament zumindest in die vierziger Jahre des 1. Jh. zurück.

Die Grundlage für die bekannten späteren Entfaltungen der Schöpfungsmittlerschaft Jesu Christi – im Christushymnus Kol 1,15-18, im Johannesprolog Joh 1,1-3 und im Proömium des Hebräerbriefs Hebr

---

20 Zu Bedeutung und Funktion des *Dativus iudicantis* vgl. *O. Hofius*, Christus als Schöpfungsmittler und Erlösungsmittler (s. Anm. 16), 181f.

21 Als geprägte Traditionsstücke bei Paulus gelten meist: 1Thess 1,9f. (Missionsformel); 1Kor 11,23-25 (Abendmahlsparadosis / Einsetzungsworte, ausführlichste Jesus-Tradition bei Paulus); 1Kor 15,3-5 (mehrgliedriges Christusbekenntnis); Röm 1,3f. (Gottessohnformel); Röm 3,25.26 (von Paulus erweiterte soteriologische Formel, Abgrenzung umstritten: nur V. 25a oder V. 25a-26a); Röm 4,24.25 (eingliedrige Auferweckungsformel im Partizipialstil [V. 24]; zweigliedrige Dahingabe- / Auferstehungsformel [V. 25]); Gal 1,4 (soteriologische Formel); Phil 2,6-11 (Christushymnus); zudem Bekenntnisse / Homologien: κύριος Ἰησοῦς Χριστός (1Kor 12,3; Röm 10,9); Glaubenssätze / Pistis-Formeln (Röm 10,9: πιστεύειν ὅτι, vgl. die Auferweckungsformeln mit ὅτι-Satz); Akklamationen: ἀββὰ ὁ πατήρ (stets aram. / griech.: Röm 8,15; Gal 4,6; Mk 14,36); Gebetsrufe: μαραναθά, der gemäß Apk 22,20 (ἀμήν, ἔρχου κύριε Ἰησοῦ) als Bitte: „Unser Herr, komm!“ zu deuten ist. Zu den Auferweckungsformeln und den Auferstehungsformeln s.o. Anm. 10 und *H.-J. Eckstein*, Der aus Glauben Gerechte wird leben (s. Anm. 10), 232-235.

1,2f. – sind in der „binitarischen" Entfaltung des Bekenntnisses εἷς ὁ θεός in 1Kor 8,6 in prägnantester und besonders prononcierter Form artikuliert. Dort wird Christus dann ausführlich als ὁ λόγος, „das Wort (Gottes)" (Joh 1,1f.14), und als τὸ φῶς, „das Licht (der Welt)" (Joh 1,4-9; vgl. 8,12), beschrieben werden, als μονογενὴς παρὰ πατρός, als „der Einziggeborene vom Vater" (Joh 1,14), als θεός, „Gott" (Joh 1,1.18)[22], als μονογενὴς θεός, „der einziggeborene Gott" bzw. „der Einziggeborene, Gott" (Joh 1,18)[23], als εἰκὼν τοῦ θεοῦ, als „Ebenbild Gottes" (Kol 1,15; vgl. 2Kor 4,4), als πρωτότοκος πάσης κτίσεως, als „Erstgeborener aller Schöpfung" (Kol 1,15), als ἀπαύγασμα τῆς δόξης καὶ χαρακτὴρ τῆς ὑποστάσεως αὐτοῦ, als „Abglanz seiner Herrlichkeit und Ausprägung / Abdruck seines Wesens" (Hebr 1,3). Während wir *überlieferungs*geschichtlich bei den ausgeführten Hymnen von einer *Weiterführung* des frühen, prägnanten Grundbekenntnisses 1Kor 8,6 sprechen mögen, haben wir es *traditions*geschichtlich gesehen bei den aufgeführten Prädikationen und Begriffsfeldern gerade umgekehrt mit den Denk- und Begriffs*voraussetzungen* der Ausführungen zu Schöpfungsmittlerschaft und Präexistenz des gekreuzigten Christus als der „Weisheit Gottes" (1Kor 1,24.30) zu tun.

III

Wenn wir danach fragen, wie Paulus selbst und andere Judenchristen neben und mit ihm unter der Voraussetzung ihres unaufgebbaren Bekenntnisses zur Einzigkeit und Einheit Gottes eine solche Christologie nachvollziehen, ja selbst kreativ entfalten und begrifflich ausformulieren konnten, werden wir mit einer isolierten *Begriffsgeschichte* einzelner „messianischer" Titel oder dem Versuch einer einseitigen *religionsgeschichtlichen Zuordnung* oder monokausalen Ableitung kaum zu einem befriedigenden Ergebnis gelangen. Zweifellos sind einerseits die begriffsgeschichtlichen Untersuchungen zum „Menschensohn", zum „Messias / Christus", zum „Kyrios", zum „Gottesknecht" und vor allem zum „Sohn Gottes" in der alttestamentlichen, zwischentestamentarischen und frühjüdischen Literatur für die neutestamentliche Christologie von größter Bedeutung – und haben durch die deutlich erweiterte Quellenlage im letzten Jahrhundert

---

[22] Vgl. das Bekenntnis des Thomas angesichts des Auferstandenen, Joh 20,28: ὁ κύριός μου καὶ *ὁ θεός* μου, und 1Joh 5,20, in dem von „seinem Sohn, Jesus Christus", bekannt wird: οὗτός ἐστιν ὁ ἀληθινὸς θεὸς καὶ ζωὴ αἰώνιος.

[23] Von äußerer Bezeugung (𝔓[66] 𝔓[75] ℵ B C) und inneren Kriterien her kann die Lesart (ὁ) μονογενὴς θεός kaum angezweifelt werden; vgl. *B.M. Metzger*, A Textual Commentary on the Greek New Testament, 2. Aufl., Stuttgart 1994, 169f.

nochmals an Dringlichkeit gewonnen[24]. Unbestreitbar auch haben andererseits alle Verfasser der neutestamentlichen Schriften nicht nur in der griechischen Sprache geschrieben, sondern das Evangelium für Adressaten entfaltet, die – ob als Juden- oder Heidenchristen, ob in Jerusalem, Syrien, Kleinasien, Griechenland oder Rom – in jedem Fall von ihrer hellenistischen Umwelt geprägt waren und ihren Glauben in Auseinandersetzung mit philosophischen, religiösen und gesellschaftlichen Ansprüchen und Kontexten zu vertreten hatten.

Allerdings ist gegen Tendenzen der klassischen Religionsgeschichte hervorzuheben, dass Judentum und Hellenismus zur Zeit des Neuen Testaments und bereits seit dem 3. vorchristlichen Jahrhundert schon längst keine religionsgeschichtlich unvermittelten und gegensätzlichen Welten mehr bildeten, die sich nach dem Pendelschlag von aramäisch sprechender Urgemeinde und hellenistisch-heidenchristlicher Kirche erst auf eine frühkatholische bzw. spätneutestamentliche Vermittlung einpendeln mussten.[25] Wie sehr es sich bei dem postulierten Gegensatz von alttestamentlich-jüdischer Tradition und hellenistischer Sprache und Kultur in hellenistischer Zeit um ein Kunstgebilde handelt, erhellen neben den Schriften des Paulus selbst vor allem die über den Hebräischen Kanon hinausgehenden Schriften der Septuaginta (LXX), die die nicht an Christus glaubenden Juden in der Diaspora, die frühen griechisch sprechenden Judenchristen innerhalb und außerhalb Palästinas und die Heidenchristen miteinander verbanden. Es handelt sich schon vorchristlich viel eher um einen lebendigen Prozess der Begegnung und Auseinandersetzung, der Rezeption und Abwehr.

Für die Entfaltung der neutestamentlichen Christologie und der Anfänge der trinitarischen Rede von Gott ergibt sich aus beiden Aspekten die Konsequenz, dass die Sprach- und Vorstellungswelt, in der

---

[24] S. die in Anm. 3 aufgeführten grundlegenden Werke und die klassischen Wörterbücher *G. Kittel / G. Friedrich* (Hg.), Theologisches Wörterbuch zum Neuen Testament, 10 Bde., Stuttgart 1933-1979 [Studienausgabe 1991]; *H. Balz / G. Schneider* (Hg.), Exegetisches Wörterbuch zum Neuen Testament, 3 Bde., 2., verb. Aufl., Stuttgart u.a. 1992; *L. Coenen / K. Haacker* (Hg.), Theologisches Begriffslexikon zum Neuen Testament, 3 Bde., neubearb. Ausg., Neukirchen-Vluyn 1997-2002; *W. Bauer / K. u. B. Aland*, Griechisch-deutsches Wörterbuch zu den Schriften des Neuen Testaments und der frühchristlichen Literatur, 6., völlig neu bearb. Aufl., Berlin u.a. 1988; *H.G. Liddell / R. Scott*, A Greek-English Lexicon, Nachdr. d. 1940 vervollständigten 9. Aufl., Oxford 1996.

[25] S. zum Ganzen *M. Hengel*, Der Sohn Gottes (s. Anm. 3), vor allem 12-17.32-89; *ders.*, Judentum und Hellenismus. Studien zu ihrer Begegnung unter besonderer Berücksichtigung Palästinas bis zur Mitte des 2. Jh. v.Chr., WUNT 10, 3., durchg. Aufl., Tübingen 1988, hier 565-570.

das bisher Ungehörte – und großenteils auch Unerhörte – der in Christus offenbarten Weisheit Gottes zu Gehör gebracht wird (1Kor 1,18-25), gerade nicht als exklusiv und ausschließlich, sondern als denkbar umfassend und einschließend zu bestimmen ist. So lassen sich auf der traditionsgeschichtlichen Grundlage der *menschlichen* Repräsentanten Gottes gegenüber Israel und der Repräsentanten Israels Gott gegenüber an der Mose-Tradition, an der davidischen Gottessohnschaft, an den Messias-Verheißungen, an der Gottesknecht-Tradition oder der Menschensohnerwartung in Anlehnung und Überbietung bestimmte Aspekte der Person, des Wirkens und des Geschickes Jesu Christi verdeutlichen.[26] Aber in keiner dieser Überlieferungen finden wir eine der Christologie entsprechende *personale Präexistenz*, die *Schöpfungsmittlerschaft*, das *vorzeitliche Wohnen bei Gott* und die *Sendung auf die Erde* ausgesagt.

Umgekehrt lassen sich gerade diese in den christologischen Hymnen und Formeln zentralen Motive samt der aufgeführten spezifischen Begrifflichkeit (ὁ λόγος, τὸ φῶς, μονογενής, εἰκών, πρωτότοκος πάσης κτίσεως, ἀπαύγασμα, χαρακτήρ, ὑπόστασις) im Kontext alttestamentlicher *Weisheitstraditionen* zur Qualifizierung des Wortes und der Weisheit Gottes finden (s. Spr 8,22-31; Sir 24,3-10; SapSal 7,22-30; vgl. Gen 1,3; Ps 33,6.9; 104,24; Spr 3,19f.).[27] Durch den λόγος Gottes sind Himmel und Erde geschaffen (Ps 33 [32 LXX],6; vgl. V. 9: αὐτὸς εἶπεν καὶ ἐγενήθησαν, Gen 1,3: καὶ εἶπεν ὁ θεός· γενηθήτω ... καὶ ἐγένετο ...). Gottes Weisheit war bereits bei der Erschaffung der Welt bei Gott (συμπαρήμην αὐτῷ ... ἤμην παρ' αὐτῷ Spr 8,27.30), denn „Gott hat in Weisheit die Erde gegründet" (ὁ θεὸς τῇ σοφίᾳ ἐθεμελίωσεν τὴν γῆν Spr 3,19) und alles in Weisheit geschaffen (πάντα ἐν σοφίᾳ ἐποίησας Ps 104 [103 LXX], 24). Sie wurde bei ihm auf dem Schoß gehalten (Spr 8,30 MT[28]; vgl. Joh 1,18), sie gilt sogar als Beisitzerin, Mitthronende auf dem Thron Gottes (δός μοι τὴν τῶν σῶν θρόνων πάρεδρον σοφίαν SapSal 9,4). Die Weisheit „wohnte" bei Gott in der Höhe (ἐγὼ ἐν ὑψηλοῖς κατεσκήνωσα Sir 24,4), bis er sie auf der Erde in Israel einwohnen und Eigentum /

---

26 Zu dem Ansatz einer in dieser Weise differenzierenden und biblisch-theologisch reflektierenden Traditionsgeschichte s. grundlegend die Beiträge von *H. Gese*, Zur biblischen Theologie. Alttestamentliche Vorträge, 3., verb. Aufl., Tübingen 1989, darin vor allem: Das biblische Schriftverständnis, 9-30; Der Messias, 128-151; Der Johannesprolog, 152-201; *ders.*, Vom Sinai zum Zion. Alttestamentliche Beiträge zur biblischen Theologie, BEvTh 64, 3., durchg. Aufl., München 1990, darin vor allem: Erwägungen zur Einheit der biblischen Theologie, 11-30; Natus ex Virgine, 130-146.

27 Vgl. zum Ganzen *H. Gese*, Der Johannesprolog (s. Anm. 26), 173-190.

28 A.a.O., 177f.

Erbbesitz nehmen ließ (καὶ εἶπεν ἐν Ιακωβ κατασκήνωσον καὶ ἐν Ισραηλ κατακληρονομήθητι Sir 24,8; vgl. Joh 1,10f.14). Von der Sophia Gottes kann gesagt werden, dass sie „einziggeboren" / „einzigartig" (μονογενές SapSal 7,22; vgl. Joh 1,14.18) ist, „Hauch der Kraft Gottes" (ἀτμὶς ... τῆς τοῦ θεοῦ δυνάμεως SapSal 7,25), „reiner Ausfluss / Ausströmung der Herrlichkeit des Allbeherrschers" (ἀπόρροια τῆς τοῦ παντοκράτορος δόξης εἰλικρινής SapSal 7,25), „Abglanz des ewigen Lichts und makelloser Spiegel des Wirkens Gottes und Ebenbild seiner Güte" (ἀπαύγασμα γάρ ἐστιν φωτὸς ἀϊδίου καὶ ἔσοπτρον ἀκηλίδωτον τῆς τοῦ θεοῦ ἐνεργείας καὶ εἰκὼν τῆς ἀγαθότητος αὐτοῦ SapSal 7,26; vgl. 2Kor 4,4.6); sie ist so herrlicher als die Sonne und verdient den Vorzug vor dem Licht (SapSal 7,29; Joh 1,4ff.; 8,12), „denn dieses übernimmt die Nacht, über die Weisheit aber trägt das Böse nicht den Sieg davon (τοῦτο μὲν γὰρ διαδέχεται νύξ, σοφίας δὲ οὐ κατισχύει κακία SapSal 7,30; vgl. Joh 1,5).

Auf der Grundlage der Logos-Sophia-Tradition lassen sich ganz zweifellos viele der Aspekte der neutestamentlichen Christologie nachvollziehen, die Jesus Christus in Einheit mit Gott und aus seiner Gegenwart kommend, die ihn in Unterschiedenheit zu allen Menschen und zur Schöpfung insgesamt sehen. Aber hier stellt sich nun umgekehrt die grundlegende Frage: Wird die Weisheit Gottes – bei aller anschaulichen und ausmalenden Beschreibung – im alttestamentlich-jüdischen Kontext in der Weise als eigenständige „Person" gedacht, wie es vom Mensch gewordenen Logos, Jesus von Nazareth, vom Sohn Gottes im Gegenüber zu Gott, seinem Vater, vorausgesetzt wird? Die Antwort wird aus jüdischer Sicht und in Respekt vor dem zitierten Grundbekenntnis zur Einzigartigkeit und Einheit Gottes in Dtn 6,4 wohl eindeutig „Nein!" lauten. Ob es um Gottes „Wort" oder Gottes „Weisheit" geht, ob es um Gottes „Namen" oder sein „Angesicht", seine „Herrlichkeit" oder seine „Tora" geht, bei aller Hochschätzung und trotz aller hypostasierender oder metaphorischer Redeweise wird der Respekt vor dem „Eins-Sein" Gottes – unter Absehung der Christuserkenntnis – nicht von einer zweiten „Person" in Gott sprechen, nicht von einem zweiten personalen Wesen, das an Gottes eigenem Wesen und Wirken unmittelbar teilhätte.

Das Geheimnis der Anfänge trinitarischer Rede von Gott im Neuen Testament erschließt sich also nicht durch eine begriffsgeschichtlich enggeführte Ableitung einzelner Hoheitstitel oder eine isolierte religionsgeschichtliche Herleitung einzelner Motive, sondern allererst durch die Gesamtperspektive, wie sie sich vom Ende des Offenbarungs- und damit Traditionsprozesses her ergibt. Erst die Zusammenschau und Überblendung der zu Gott als Schöpfer zugehörigen *Weis-*

heit Gottes einerseits und der zur Schöpfung gehörenden *menschlichen Repräsentanten* Gottes andererseits lassen das Geheimnis der in Jesus Christus, dem Gekreuzigten, erschienenen Weisheit Gottes begrifflich erfassen. Denn Wort und Weisheit Gottes werden schon traditionell als zu Gott gehörig erkannt, aber *nicht* als eigene „Person"; und die menschlichen Repräsentanten Gottes in Israel werden als „Personen" wahrgenommen, aber gerade *nicht* als „Gott". Dass Gott seinen einziggeborenen, himmlischen Sohn als Menschen auf die Erde sendet, um durch sein Wirken, Leiden und Auferstehen die Welt zu erlösen (Röm 8,3; Gal 4,4f.; Joh 3,16; 1Joh 4,9), dass Gottes eigener Logos sterblicher Mensch – „Fleisch"! – wird (Joh 1,14; 1Joh 4,2), ist in dieser umfassenden Perspektive weder von der Logos-Sophia-Tradition an sich noch von einzelnen Verheißungen zum „Propheten", zum „Gottesknecht", zum „Davidssohn", zum „Messias" oder auch zum „Menschensohn" isoliert abzuleiten.

Wer Jesus Christus ist und in welchem Verhältnis er zu dem einen und einzigen Gott steht, beantwortet sich für die neutestamentlichen Verfasser ganz offensichtlich nicht durch die Reduktion der Erkenntnis auf das in einzelnen „messianischen Texten" von „Mose und den Propheten" Gesagte, sondern umgekehrt gewinnt die – im breiten Spektrum der Überlieferung für sich gesehen mehrdeutige – Einzelaussage erst von der Christuserkenntnis her ihre christologische „Eindeutigkeit". Oder um es mit dem – an die Decke vor dem Angesicht des Mose (Ex 34,33-35) anknüpfenden – Bild des Paulus in 2Kor 3,12ff. zu sagen: Nicht das Lesen der Tora nimmt für sich genommen schon die christologische Decke von den Augen, so dass das Ärgernis der im Gekreuzigten offenbaren Weisheit Gottes aufgehoben wäre und das bisher Ungesehene sichtbar würde, sondern in Christus, der als das Ebenbild und die Weisheit Gottes dessen Herrlichkeit unverdeckt widerspiegelt und zur Erkenntnis erleuchtet (2Kor 4,4.6), wird die Decke des Nichterkennens beim Lesen der Schrift von den Augen genommen – ὅτι ἐν Χριστῷ καταργεῖται (2Kor 3,14).[29]

[29] Vgl. zum Ganzen *H. Gese*, Erwägungen zur Einheit der biblischen Theologie (s. Anm. 26), 11-30, hier 29f.: „Es wäre ein Leichtes zu zeigen, wie in bezug auf dies *eine* Geschehen alles zum Abschluß, zur Einheit, zu einer Interpretation gelangt, die aber auch alles vorher Ausgesagte im Wesen ‚aufhebt'. Die neutestamentliche Theologie, d.h. die Christologie, ist die Theologie des Alten Testaments, die das neutestamentliche Geschehen, d.i. das Einbrechen des Heils, die Realisierung des Eschaton, die Gegenwart Gottes beschreibt. Mit ihr nehmen die Zeugen der Auferstehung, die Apostel (und ihre Tradition) dieses Geschehen wahr. Das Neue Testament an sich ist unverständlich, das Alte Testament an sich ist mißverständlich."

So entscheidet z.B. für die neutestamentliche Christologie nicht der Titel „Messias“ / „Christus“ darüber, wie Person und Wirken Jesu zutreffend zu bestimmen sind, sondern die Lehre Jesu und sein Weg durch Kreuz und Auferstehung erschließen, wie das Jünger-Bekenntnis: σὺ εἶ ὁ χριστός (Mk 8,29), angemessen zu interpretieren ist (ὅτι δεῖ τὸν υἱὸν τοῦ ἀνθρώπου πολλὰ παθεῖν καὶ ἀποδοκιμασθῆναι ... καὶ ἀποκτανθῆναι καὶ μετὰ τρεῖς ἡμέρας ἀναστῆναι Mk 8,31 im Kontext von Mk 8,27 – 10,45). – Nicht die „Davidssohn“-Tradition bestimmt darüber, wie der Kyrios-Titel in Hinsicht auf Christus zu begrenzen ist, sondern das Zeugnis der Schrift und des Evangeliums von Christus, dem „Herrn Davids“, verdeutlicht, inwieweit die Rede von Jesus als dem „Sohn Davids“ ihre Berechtigung und wo sie ihre Grenze hat (αὐτὸς Δαυὶδ λέγει αὐτὸν κύριον, καὶ πόθεν αὐτοῦ ἐστιν υἱός; Mk 12,37; vgl. 12,35-37 in Aufnahme von Ps 110,1). – Nicht legen die alttestamentlichen und frühjüdischen „Menschensohn“-Traditionen und -Erwartungen für sich genommen fest, wie das Erscheinen Jesu Christi und seine Herrschaft zu entfalten sind, sondern Christus als der gegenwärtig wirkende, leidende und von Gott verherrlichte Menschensohn offenbart, was Sinn und Zweck seines Erscheinens ist: ὁ υἱὸς τοῦ ἀνθρώπου οὐκ ἦλθεν διακονηθῆναι ἀλλὰ διακονῆσαι καὶ δοῦναι τὴν ψυχὴν αὐτοῦ λύτρον ἀντὶ πολλῶν (Mk 10,45).[30]

IV

Kommen wir nach diesen grundlegenden Beobachtungen nochmals auf die ältesten literarischen Zeugnisse zur Christologie des Neuen Testaments in den Paulusbriefen zurück, so kann es im weisheitlichen Kontext nicht mehr wundern, dass Paulus 1Kor 10,4 den Fels in der Wüste, von dem Israel Wasser zu trinken empfing, mit dem präexistenten Christus in Verbindung bringt: ἔπινον γὰρ ἐκ πνευματικῆς ἀκολουθούσης πέτρας, ἡ πέτρα δὲ ἦν *ὁ Χριστός*. Dementsprechend kann Philo, Det 115-118, den Fels mit der „Weisheit Gottes“ und dem „göttlichen Wort“ (λόγος θεῖος) verbinden und All 2,86 ausdrücklich formulieren: ἡ γὰρ ἀκρότομος πέτρα *ἡ σοφία τοῦ θεοῦ* ἐστιν. Auf dem weisheitlichen Hintergrund (SapSal 9,9f.17; Sir 24,8)

[30] Vgl. *O. Hofius*, Ist Jesus der Messias?, in: *Ders.* Neutestamentliche Studien, WUNT 132, Tübingen 2000, 108-134, hier 133: „Der Sinn des auf Jesus bezogenen ‚Messias‘-Begriffs erschließt sich allererst im Lichte des apostolischen Christuszeugnisses; dagegen läßt sich das Persongeheimnis Jesu keineswegs angemessen von einem allgemeinen ‚Messias‘-Begriff her erfassen, der – vielleicht sogar erst durch Kombinationen und Konstruktionen – aus bestimmten alttestamentlichen und frühjüdischen Traditionen gewonnen worden ist.“

gewinnen auch die traditionellen Wendungen „Gott sandte seinen Sohn, damit ...“ in Gal 4,4f. (ἐξαπέστειλεν ὁ θεὸς τὸν υἱὸν αὐτοῦ, γενόμενον ἐκ γυναικός ... ἵνα) und Röm 8,3f. (ὁ θεὸς τὸν ἑαυτοῦ υἱὸν πέμψας ἐν ὁμοιώματι σαρκὸς ἁμαρτίας ... ἵνα) eine Eindeutigkeit hinsichtlich der Präexistenz des Gesandten bei Gott[31], die mit dem Begriff der „Sendung“ an sich noch nicht gegeben sein müsste: „Bei dir ist die Weisheit, die deine Werke kennt und zugegen war, als du die Welt erschufst ... (καὶ μετὰ σοῦ ἡ σοφία ... καὶ παροῦσα ὅτε ἐποίεις τὸν κόσμον). Sende sie [die σοφία] vom heiligen Himmel herab und schicke sie vom Thron deiner Herrlichkeit, dass sie ...“ (ἐξαπόστειλον αὐτὴν ἐξ ἁγίων οὐρανῶν καὶ ἀπὸ θρόνου δόξης σου πέμψον αὐτήν, ἵνα ... SapSal 9,9f.). Selbst der in Gal 4,4 und 6 vorausgesetzte Zusammenhang der Sendung des *Sohnes* und der anschließenden Sendung des *Geistes* seines Sohnes (ἐξαπέστειλεν ὁ θεὸς *τὸ πνεῦμα τοῦ υἱοῦ αὐτοῦ* εἰς τὰς καρδίας ἡμῶν Gal 4,6) findet in dem Nebeneinander der Sendung der *Weisheit* und des *Heiligen Geistes* in SapSal 9,10 und 17 sein Vorbild: ... εἰ μὴ σὺ ἔδωκας *σοφίαν* καὶ ἔπεμψας τὸ *ἅγιόν σου πνεῦμα* ἀπὸ ὑψίστων.

Dass Christus als der Präexistente und Schöpfungsmittler wie – nein, *als* die σοφία θεοῦ (1Kor 1,24.30) vor seiner Sendung und Menschwerdung bei Gott wohnte und an ihm, seinem Wesen und Wirken teilhatte (vgl. Spr 8,27.30; SapSal 9,4.9), setzt auch der von Paulus in Phil 2,6-11 zitierte Christus-Hymnus voraus, der wiederum wie 1Kor 8,6 den Stand der christologischen Entwicklung zumindest der fünfziger, wahrscheinlicher der vierziger Jahre des 1. Jh. n.Chr. literarisch belegt. Die Knechtsgestalt, die Jesus Christus mit seiner Kenosis annahm (ἑαυτὸν ἐκένωσεν μορφὴν δούλου λαβών), ist die menschliche Gleichgestalt, das Erfundenwerden als ein Mensch (ἐν ὁμοιώματι ἀνθρώπων γενόμενος· καὶ σχήματι εὑρεθεὶς ὡς ἄνθρωπος Phil 2,7); und die Ausgangssituation, aus der heraus er kam und die er nicht wie einen Raub festklammerte, war seine „Gottesgestalt“ (ὃς ἐν μορφῇ θεοῦ ὑπάρχων) und sein „Sein-wie-Gott“ (τὸ εἶναι ἴσα θεῷ Phil 2,6).[32]

---

31 Wie dann später durch die Präexistenzaussagen des Kontextes unbestreitbar auch in Joh 3,16f.; 1Joh 4,9.

32 Auch in dem traditionellen hymnischen Abschnitt 1Tim 3,16 wird – unabhängig von der Frage, ob die Lesart ΟΣ oder ΘΕΟΣ als ursprünglich zu gelten hat – von der Inkarnation des Präexistenten ausgegangen: „Er ist erschienen im Fleisch“, ἐφανερώθη ἐν σαρκί. Auffällig ist zudem die Rede von der „Rechtfertigung“ Christi (ἐδικαιώθη ἐν πνεύματι, vgl. weisheitlich Lk 7,35: καὶ ἐδικαιώθη *ἡ σοφία* ...) und seine endgültige Aufnahme in die göttliche Herrlichkeit durch Gott (ἀνελήμφθη ἐν δόξῃ). Zur Bevorzugung der Textlesart ὅς s. *B.M. Metzger*, A Textual Commentary (s. Anm. 23), 573f. (ΘΕΟΣ könnte durch das unbeabsichtigte Verlesen von ΟΣ in $\overline{\Theta\Sigma}$ als übli-

Mit all dem wird deutlich, dass die sogenannte „hohe Christologie", wie sie sich dann unbestritten im Johannesevangelium deutlich zu Wort meldet, nicht etwa erst ein Spätprodukt neutestamentlicher theologischer Entwicklung ist, sondern bereits die ältesten literarischen Quellen und dort wiederum die als bereits bekannt und anerkannt vorausgesetzten Formeln, Bekenntnisse und Hymnen bestimmt. Dass Paulus diese frühen Zeugnisse der Anfänge trinitarischer Rede von Gott einerseits um ihrer soteriologischen Konsequenzen willen (Röm 8,3; 10,9ff.; Gal 4,4f.; 2Kor 4,4.6) und andererseits – fast wie beiläufig wirkend – in ethischen Zusammenhängen (1Kor 8,6; 10,4; 12,3; Phil 2,6-11) in Erinnerung ruft, nicht aber zum eigenen Thema der Auseinandersetzung macht, zeugt von einer überraschenden Selbstverständlichkeit der christologischen Voraussetzungen in den Gemeinden der Frühzeit. Umstritten ist nach 1Kor 15,12ff. die Frage der „Auferstehung der Toten" (πῶς λέγουσιν ἐν ὑμῖν τινες ὅτι ἀνάστασις νεκρῶν οὐκ ἔστιν; 1Kor 15,12), das von Paulus selbst schon übernommene und der Gemeinde beim Gründungsbesuch bereits überlieferte[33] Bekenntnis zu Sühnetod, Begräbnis, Auferstehung und Erscheinung Christi (1Kor 15,3-5) dient hingegen als konsensfähige Grundlage für die Kontroverse. Strittig ist in 1Kor 8 – 10 die Frage des angemessenen Umgangs mit dem „Götzenopferfleisch"; um eine Gott gegenüber verantwortliche und den „schwachen Bruder" berücksichtigende Lösung zu finden, rekurriert der Apostel auf das literarisch wohl älteste neutestamentliche Bekenntnis zur Schöpfungsmittlerschaft Christi und zur „binitarischen" Entfaltung des Bekenntnisses zur Einheit Gottes (1Kor 8,6). Seine Gemeinde in Philippi will der Apostel aus gegebenem Anlass zur Einmütigkeit und wechselseitigen demütigen Annahme ermahnen (Phil 2,1-5); um ihren Sinn wieder auf das zu richten, „was in Jesus Christus" – d.h. aufgrund seiner Lebenshingabe und in seiner Gemeinschaft – gilt, überliefert er der Nachwelt eines der schönsten frühen Zeugnisse für die Präexistenz und Inkarnation Christi, für seinen Gehorsam bis zum Kreuzestod und für seine Erhöhung zu höchster Würde und seine Einsetzung in die eschatologische Herrschaft durch Gott (Phil 2,6-11).[34]

---

che Abkürzung des *nomen sacrum* entstanden sein oder auch durch bewusste Ergänzung eines Subjekts für die folgenden sechs Verben).

33 Wie bei der Abendmahlsparadosis in 1Kor 11,23ff. kennzeichnet Paulus den Traditionsprozess auch hier mit den *termini technici* der verbindlichen Weitergabe von geprägter Überlieferung („empfangen von" – „weitergeben an" / παραλαμβάνειν ἀπό τινος – παραδιδόναι τινί 1Kor 11,23; 15,[1-]3a; vgl. Abot 1,1 mit der Traditionskette von Mose bis zu den Männern der Großen Synagoge).

34 Entsprechend dem frühen Schema des Philipper-Hymnus wird der Sohn Gottes dann im Johannesevangelium als der aus der Gegenwart beim Vater in die Welt Ge-

V

Blickt man im Wissen um die späteren dogmatischen Positionen bei der Verhältnisbestimmung von Vater und Sohn auf die neutestamentlichen Anfänge der trinitarischen Rede von Gott zurück, so wird man nach allem bisher Gesagten weder einen reinen *Modalismus* noch einen ontologischen *Subordinatianismus* vorbereitet oder sogar ausdrücklich vertreten sehen. Ganz fraglos gilt, dass alle Verfasser der neutestamentlichen Schriften in ihrer Christologie uneingeschränkt um das Herausstellen der Würde und Hoheit des von Gott auferweckten und zu seiner Rechten erhöhten[35] Gekreuzigten bemüht sind.[36] Gerade die Bezeichnung Jesu Christi als „Sohn Gottes" dient – weit über die traditionsgeschichtliche Vorgabe des Begriffes selbst hinaus[37] – durchgängig der Hervorhebung der Würde und Einzigartigkeit, der einmaligen Zugehörigkeit zu Gott und der unvergleichlichen Teilhabe an seinem Wesen und seiner Vollmacht – angefangen bei Paulus[38], über Markus[39] bis hin zum Johannesevangelium[40].

---

kommene, der aus dem Himmel Herabgestiegene und nach seiner Verherrlichung in Kreuz und Auferstehung zum Vater Zurückkehrende, Hinaufsteigende beschrieben – Präexistenz und Kommen Christi: Joh 1,1-3°; 1,18; 6,62; 8,58; 16,28; 17,5°.24°; vgl. 3,13.31; 6,33.50f.58; 7,28f.; 8,14.23.26.42; 10,36; 12,41; 13,3 (° = schon vor der Schöpfung; vor Inkarnation ‚beim Vater'; vom Vater / vom Himmel ‚herabgestiegen' [καταβαίνειν], ‚gekommen' [ἔρχεσθαι, ἐξ-]). – Die Verherrlichung (δοξάζειν / δοξασθῆναι) des Sohnes (in Kreuz und Auferstehung): 7,39; 8,54; 11,4; 12,16; 13,31f.; 17,1.5.10 (unterscheide: ‚Erhöhung' *ans Kreuz* 3,14-16; 8,28; 12,32.34; 18,32). – Die Rückkehr des Sohnes zum Vater: 3,13; 6,62; 7,33.(35*); 8,14; 8,21.22; 13,1.3.33.36; 14,2*.3*.4.5.12*.28*; 16,5.7*.10.17.28*; 17,13; 20,17 (ἀναβαίνειν, μετα- / ὑπάγειν / * = πορεύεσθαι πρὸς τὸν πατέρα).

[35] Wie bereits bei Paulus (Röm 8,34: Χριστὸς [᾿Ιησοῦς] ὁ ἀποθανών, μᾶλλον δὲ ἐγερθείς, ὃς καί ἐστιν ἐν δεξιᾷ τοῦ θεοῦ, vgl. 1Kor 15,25) wird das „Sitzen zur Rechten Gottes" in der Paulusschule (Kol 3,1; Eph 1,20), dem Hebräerbrief (Hebr 1,3; 8,1; 10,12; 12,2) und in breiter Aufnahme von Ps 110,1 bei den Evangelisten (Mk 12,36 par.; 14,62 par. [sek. Mk 16,19]; Apg 2,24f.) hervorgehoben. Vgl. neben Ps 110,1 die Bezeichnung der Weisheit als Beisitzerin, Mitthronende auf dem Thron Gottes in SapSal 9,4 (δός μοι τὴν τῶν σῶν θρόνων πάρεδρον σοφίαν).

[36] Selbst im rein paränetischen Jakobusbrief, der keine ausgeführte Christologie enthält, sondern überhaupt nur zweimal auf Jesus Christus zu sprechen kommt (1,1; 2,1), wird dieser als „Herr der Herrlichkeit" (τοῦ κυρίου ἡμῶν ᾿Ιησοῦ Χριστοῦ τῆς δόξης 2,1) qualifiziert.

[37] S. zum Ganzen *E. Schweizer*, Art. υἱός κτλ D, ThWNT 8, Stuttgart 1969, 364-395. Vgl. zur *Traditionsgeschichte* des Begriffs vor allem: 2Sam 7,12-16; Ps 2,7; 89,27ff.; 110,1; 1Chr 17,11ff.; 28,6.

[38] Röm 1,3.4.9; 5,10; 8,3.29.32; 2Kor 1,19f.; Gal 1,15f.; 2,20; 4,4.6. Gerade bei Paulus erscheint der Titel Sohn Gottes in dezidiert *soteriologischen* Zusammenhängen. S. *H.-J. Eckstein*, Verheißung und Gesetz. Eine exegetische Untersuchung zu Gal 2,15 – 4,7, WUNT 86, Tübingen 1996, 74f.234ff.242ff.; *M. Hengel*, Sohn Gottes (s. Anm. 3), 18ff.

Die durchgängige Betonung der Gottesnähe Christi erklärt sich schon daraus, dass die uneingeschränkte Zugehörigkeit des Gottessohnes zu Gott selbst als Voraussetzung und Garant der universalen und endgültigen Verbindlichkeit des durch ihn bewirkten Heils erkannt wird, dass die *Soteriologie* also ganz in der *Christologie* gründet und die Christologie als verbindliche Entfaltung der *Theologie* gilt: „*Gott* war in Christus, die Welt mit sich selbst versöhnend ..." (2Kor 5,19) – „Wenn wir mit *Gott* versöhnt sind durch den Tod *seines Sohnes* ..." (Röm 5,10) – „Wenn *Gott* für uns ist, wer kann dann gegen uns sein? Welcher auch seinen *eigenen Sohn* nicht verschont hat, sondern hat ihn für uns alle dahin gegeben ..." (Röm 8,32) – „Wer will verdammen? Christus Jesus ist hier, der gestorben ist, ja vielmehr, der auch *auferweckt* ist, der *zur Rechten Gottes ist* und uns vertritt." (Röm 8,34). Die Hoffnung, dass die in Christus Geretteten nichts mehr von der Liebe Gottes scheiden kann (Röm 8,39), steht und fällt also mit der Gewissheit, dass es die Glaubenden „in Christus Jesus" mit *Gott selbst* zu tun haben.

Könnte man in dieser nachdrücklichen Betonung der *Einheit* Jesu Christi mit Gott, dem Vater, bei Paulus oder Johannes Ansätze zu einem soteriologisch motivierten „Modalismus" vermuten – also zu der Auffassung, Jesus sei (nur) eine Erscheinungs*weise* Gottes –, so verdeutlicht gerade die Rede von „Vater" und „Sohn" nicht nur die *Wesensgleichheit*, sondern zugleich ihre „personale" *Unterschiedenheit* und *Unverwechselbarkeit*. Speziell im Johannesevangelium entsprechen den unüberbietbaren Hoheitsaussagen Jesu eindeutige Differenzierungen, die den Unterschied von „Einheit" und „Identität" herausstellen. So ist genau darauf zu achten, dass Joh 1,1: καὶ θεὸς ἦν ὁ λόγος, das Prädikatsnomen θεός – „Gott" – lautet und somit nicht nur θεῖος – also „göttlich". Aber auf der anderen Seite heißt es eben auch nicht determiniert *ὁ* θεός. Durch letzteres wäre im Kontext von Joh 1,1f. die *Identität* des Logos mit dem Vater ausgesagt. Der einziggeborene und damit einzigartige Sohn ist *eines Wesens* mit dem Vater und von Anfang an bei ihm, er ist wie dieser θεός – „Gott" – und nicht nur in einem abgeleiteten oder weiteren Sinne θεῖος – „göttlich". Aber der Sohn ist *nicht* mit dem Vater *identisch*, der Lo-

---

[39] Der Sohn Gottes / ὁ υἱὸς τοῦ θεοῦ: (Mk 1,1 *v.l.*); Mk 1,11 (*vox Dei*); 3,11; 5,7; 9,7 (*vox Dei*); 14,61f. („- des Hochgelobten"); 15,39; „der Sohn" (ὁ υἱός): 12,6 „geliebter Sohn"; 13,32 – vgl. 8,38 (der Menschensohn kommt „in der Herrlichkeit *seines Vaters*").

[40] Der Sohn Gottes / ὁ υἱὸς τοῦ θεοῦ: Joh 1,34.49; 3,18; 5,25; 10,36; 11,4; 11,27; 20,31. „Der Sohn" / ὁ υἱός (18×): Joh 3,16.17.35.36a.b; 5,19b.c.20.21.22.23a.b.26; 6,40; 8,35.36; 14,13; 17,1 (Vater-Sohn-Relation). „Der Einziggeborene" (ὁ μονογενής): 1,14.18; 3,16.18.

gos ist *Gott*, aber nicht Gott, *der Vater*, sondern der *Einziggeborene vom Vater*, der μονογενὴς παρὰ πατρός (Joh 1,14) und als solcher der μονογενὴς *θεός* (Joh 1,18).

Den Aussagen zur Einheit und zum Einssein mit dem Vater (Joh 8,19; 10,15.30.38; 12,45; 14,7-11.20; 17,11.21-23) korrelieren gerade bei Johannes die dezidierten Ausführungen über das Angewiesensein und den Gehorsam des Sohnes gegenüber seinem Vater, der ihn gesandt hat und ohne den er nichts tun und sagen kann oder will (Joh 3,34; 5,19.30; 6,38; 7,17.28; 8,28; 12,49; 14,10). Und wenn das Johannesevangelium in einmaliger Weise davon spricht, dass der *Sohn selbst* die Vollmacht hat, „sein Leben dahinzugeben *und es wieder zu nehmen*" (ἐξουσίαν ἔχω θεῖναι αὐτήν, καὶ ἐξουσίαν ἔχω πάλιν λαβεῖν αὐτήν Joh 10,18)[41], beruht diese Teilhabe an dem Gott allein vorbehaltenen Recht und Vermögen, „das Leben in sich selbst zu haben" (ὥσπερ γὰρ ὁ πατὴρ ἔχει ζωὴν ἐν ἑαυτῷ ... Joh 5,26) und Tote aufzuerwecken und lebendig zu machen (ὥσπερ γὰρ ὁ πατὴρ ἐγείρει τοὺς νεκροὺς καὶ ζῳοποιεῖ οὕτως καὶ ὁ υἱὸς οὓς θέλει ζῳοποιεῖ Joh 5,21), auf der liebenden Zuwendung des gebenden Vaters und dem gehorsamen Hören, Sehen und Empfangen des Sohnes (ὁ γὰρ πατὴρ φιλεῖ τὸν υἱὸν καὶ πάντα δείκνυσιν αὐτῷ ἃ αὐτὸς ποιεῖ Joh 5,20; ... οὕτως καὶ τῷ υἱῷ ἔδωκεν ζωὴν ἔχειν ἐν ἑαυτῷ 5,26; vgl. 5,19-30).

Von einem explizit vertretenen oder auch nur intendierten *Subordinatianismus* könnte man in diesem Fall wie überhaupt in der neutestamentlichen Literatur nur dann sprechen, wenn man den Begriff vordergründig auf die grundsätzliche Unverwechselbarkeit von „Vater" und „Sohn" und auf die Unterordnung und den Gehorsam des Sohnes gegenüber dem Vater beziehen wollte. Versteht man aber darunter im dogmatisch spezifischen Sinne die *wesentliche* Unterordnung des „göttlichen" Sohnes unter den einen und einzigen Gott und die *wesentliche* Unterschiedenheit des „geschaffenen" – nicht aus Gott „gezeugten" – Logos von Gott als Ewigem, so ist er sowohl für Paulus und die Paulusschule wie für den Herbräerbrief und das Corpus Johanneum entschieden abzulehnen. Wenn diese Eindeutigkeit in den synoptischen Evangelien und in der Apostelgeschichte des Lukas vermisst werden sollte, mag das einerseits daran liegen, dass die christologische Reflexion – aber das gilt auch für die soteriologische – nicht überall zu einer solchen Einheitlichkeit und Abgeschlossenheit gelangt ist wie etwa bei Paulus und Johannes. Es mag aber teilweise auch an einer Verkennung der Erzählstruktur der Evangelien

41 Vgl. Joh 2,19: λύσατε τὸν ναὸν τοῦτον καὶ ἐν τρισὶν ἡμέραις ἐγερῶ αὐτόν, und 2,21: ἔλεγεν περὶ τοῦ ναοῦ τοῦ σώματος αὐτοῦ.

liegen, die – in narrativer Kunst und pädagogischer Absicht – aus der Perspektive der abschließenden Erkenntnis die Anfänge noch einmal neu aufschließen und die sich aus der österlichen Bestätigung durch die himmlische Welt des vorösterlichen Zweifels und Nichtverstehens der irdischen Welt erinnern.

VI

Bei der Frage nach dem Beginn der Gottessohnschaft Jesu gilt es hinsichtlich des neutestamentlichen Zeugnisses und vor allem in der Darstellung der Evangelien zwischen der Perspektive der *ratio cognoscendi* und der *ratio essendi* zu differenzieren. Die Frage nach dem Beginn der *Erkennbarkeit* der Gottessohnschaft ist eine andere als die Frage nach dem Anfang seines *Seins* bei Gott und seiner Teilhabe am *Wesen* des Vaters; und die Frage nach der endgültigen Übertragung der eschatologischen Gottesherrschaft auf den Sohn ist wiederum eine andere als die nach dem Beginn seines Sohn-Seins.

Fragen wir zunächst nach der Eröffnung der Christus*erkenntnis* und somit nach dem *Erkenntnisgrund* der Gottessohnschaft, so lautet die Antwort nach dem einhelligen Zeugnis des Neuen Testaments, dass die Geburtsstunde der umfassenden menschlichen Christuserkenntnis in den Erscheinungen des gekreuzigten und auferstandenen Herrn zu sehen ist. Nicht nur für den vorigen Christusverfolger Paulus[42] bedeutete die Erscheinung des Auferstandenen die Offenbarung seiner *Gottessohnschaft* (ὅτε δὲ εὐδόκησεν [ὁ θεὸς] ... ἀποκαλύψαι *τὸν υἱὸν αὐτοῦ* ἐν ἐμοί Gal 1,15) und das Widerspiegeln der Herrlichkeit Gottes im Angesicht Christi die Erkenntnis seines Wesens als εἰκὼν τοῦ θεοῦ (2Kor 4,4.6). Wer Christus als den Auferstandenen sieht, *er*kennt und *an*erkennt ihn als *Kyrios* (1Kor 9,1: οὐχὶ Ἰησοῦν τὸν *κύριον ἡμῶν* ἑόρακα; Phil 3,8: ... τὸ ὑπερέχον τῆς γνώσεως Χριστοῦ Ἰησοῦ *τοῦ κυρίου μου*), und wer durch den Gekreuzigten berufen wird, erkennt und verkündet ihn als „Gottes Kraft" und „Gottes Weisheit" in Person (ἡμεῖς δὲ κηρύσσομεν Χριστὸν ἐσταυρωμένον ... Χριστὸν *θεοῦ δύναμιν* καὶ *θεοῦ σοφίαν* 1Kor 1,23f.).

Nach dem ältesten Evangelium, das den späteren formal wie inhaltlich als Vorlage diente, ist das Geheimnis der Person und des Wir-

---

42 Der sich in 1Kor 15,8 als zeitlich (ἔσχατον) und hinsichtlich seiner persönlichen Würde (ἐλάχιστος 15,9) letzter Zeuge in die traditionelle Liste derer einträgt, denen der Auferstandene erschienen ist (1Kor 15,5-7, nach Kephas und den Zwölfen, nach den 500 Brüdern, nach Jakobus und allen Aposteln).

kens Jesu nicht nur „jenen draußen“ (οἱ ἔξω) – seinen Gegnern, seiner Familie und seiner Heimatstadt – verborgen[43], sondern bis zu Kreuz und Auferstehung verkennen ihn sogar seine eigenen Jünger, was nach dem Evangelisten Markus angesichts der offensichtlichen Vollmachtserweise Jesu als Blindheit gegenüber dem Evidenten, als „Verstockung“ und „Verhärtung der Herzen“ zu verstehen ist (gemäß Jes 6,9f. / Mk 4,11f. und Jer 5,21 / Mk 8,17f.).[44] Dementsprechend kann über das Persongeheimnis Jesu erst nach seiner Auferstehung angemessen gesprochen werden (Mk 8,30; 9,9; 9,30f.). Bis hin zum vierten Evangelium – in dem die Offenbarung der Vollmacht des Gottessohnes in Reden und Handeln bereits für das irdische Wirken Jesu in unüberbietbarer Deutlichkeit dargestellt wird – gilt, dass die Jünger Jesus erst nach seiner Verherrlichung in Kreuz und Auferstehung umfassend verstehen[45], während sie zuvor von mangelndem Verstehen oder Missverstehen bestimmt sind.[46]

Hinsichtlich des *Erkenntnisgrundes* wäre die Frage nach Beginn und Grundlage der Gottessohnschaft zutreffend mit den Erscheinungen des von Gott auferweckten Gekreuzigten beantwortet. Von der Auferstehungserkenntnis her wird rückblickend erschlossen, was bereits zuvor offenbar und wirklich war, aber aufgrund subjektiver Verblendung und Blindheit noch nicht wahrgenommen wurde. Die dramatische Spannung speziell des Markusevangeliums erwächst gerade aus der chronologischen Gegenläufigkeit der *ratio essendi* und der *ratio cognoscendi* des Persongeheimnisses Jesu von Nazareth und des Anbruchs der Gottesherrschaft. Denn der *Seinsgrund* des Christusbekenntnisses liegt nach allen Evangelien nicht erst im Kerygma der Gemeinde oder im Osterglauben, sondern in dem vollmächtigen Wir-

---

43 Pharisäer und Schriftgelehrte Mk 3,5f. (vgl. 2,6f.16; 3,2ff.); „die Seinen“ (οἱ παρ' αὐτοῦ), seine Mutter und seine Geschwister Mk 3,20f.31; „jene draußen“ (οἱ ἔξω) Mk 4,11f. (vgl. Jes 6,9f.); „seine Vaterstadt“, „seine Verwandten“, „sein Haus“ Mk 6,1-6a (πατρίς, οἱ συγγενεῖς, ἡ οἰκία V. 4). Vgl. zum Ganzen *H.-J. Eckstein*, Glaube und Sehen. Markus 10,46-52 als Schlüsseltest des Markusevangeliums, in: *Ders.*, Der aus Glauben Gerechte wird leben (s. Anm. 10), 81-100; 228-231, hier 96-100.

44 Vgl. zur Verkennung der Offenbarung Gottes in seinem Sohn bei seinen Jüngern (οἱ μαθηταὶ αὐτοῦ): Mk 6,52; 7,18; 8,17.18 (Jer 5,21); 8,21.32f.; 9,6.19.32 (vgl. 14,18f.; 14,27ff.37ff.50ff.66ff.). S. als Kontrast zu Unverständnis und Blindheit die beiden – die Jüngerbelehrung rahmenden – Blindenheilungen 8,22-26 und 10,46-52.

45 Vgl. Joh 2,22*; (8,28°); 12,16*.32f.; 14,20°; 16,4*.23.25; 20,9 (mit Hilfe des Parakleten: Joh 14,26*; 16,7.12f.) (* = „erinnern“; ° = „erkennen“).

46 Vgl. das vorherige Missverstehen bzw. mangelnde Verstehen der Jünger: Joh 4,32f.; 6,5ff.; 9,1ff.; 11,12.23ff.; 12,16; 13,8ff.27ff.; 13,36-38; 14,5ff.; 16,12.29-32; 20,9 [21,18f.22f.]; s. Joh 16,12: ἔτι πολλὰ ἔχω ὑμῖν λέγειν, ἀλλ' οὐ δύνασθε βαστάζειν ἄρτι.

ken des von Gott seit Anfang bestätigten Gottessohnes (Mk 1,11; 9,7 durch die *vox Dei*), mit dem die Königsherrschaft Gottes bereits zu seiner irdischen Lebenszeit wirksam angebrochen ist (Mk 1,15; vgl. Mt 12,28 par. Lk 11,20).[47] So spricht der römische Centurio unter dem Kreuz angesichts des sterbenden Jesus: „Dieser Mensch war in Wahrheit Gottes Sohn!" (Mk 15,39).

Auch bei traditionellen Formulierungen wie Röm 1,3.4 und Apg 2,36, denen man in isolierter und literarkritisch reduzierter Form den Gedanken einer erst mit der Auferstehung verbundenen „Adoption" Jesu zum Gottessohn und Messias zuschreiben könnte, lässt der Überlieferungskontext keine Zweifel aufkommen. Wie Paulus sich die „Einsetzung zum Sohn Gottes in Kraft (τοῦ ὁρισθέντος υἱοῦ θεοῦ ἐν δυνάμει) nach dem Geist der Heiligkeit aus / seit der Auferstehung von den Toten (ἐξ ἀναστάσεως νεκρῶν)" vorstellt, ergibt sich aus dem oben beschriebenen Gesamtzusammenhang seiner Christologie[48]: Es geht um die definitive Einsetzung des Sohnes in die eschatologische – d.h. sich „machtvoll"[49], herrlich und wirksam erweisende – Herrschaft durch Gott und die damit verbundene Übertragung des „Namens über alle Namen" durch den Vater auf den Kyrios Jesus Christus. Dass diese Verherrlichung und Erhöhung des Sohnes durch den Vater für Paulus gerade nicht im „adoptianischen" Sinne als die Erhöhung und Apotheose eines kreatürlichen Menschen zum göttlichen Wesen oder zum Gott-Sein mit der Auferweckung verstanden wird, zeigen die oben bezeichneten Aussagen zur Präexistenz und Schöpfungsmittlerschaft, zur Kenosis dessen, der zuvor in göttlicher Gestalt war, und zur Sendung des präexistenten Gottessohnes in die Welt (1Kor 8,6; 10,3f.; 2Kor 8,9; Phil 2,6f.; vgl. Röm 8,3; Gal 4,4). Gerade am Philipperhymnus, Phil 2,6-11, wird deutlich, dass

---

47 Vgl. im Einzelnen *H.-J. Eckstein*, Glaube und Sehen (s. Anm. 43), 96ff.

48 Den vergegenwärtigt er selbst bereits durch seine spezifische Einleitung der traditionellen zweigliedrigen Formel mit περὶ τοῦ *υἱοῦ αὐτοῦ* τοῦ γενομένου ... in Röm 1,3a: „von *seinem Sohn*, der nach dem Fleisch – d.h. hinsichtlich seiner menschlichen Natur – aus dem Geschlecht Davids hervorgegangen ist ..." σάρξ / „Fleisch" ist in dieser traditionellen Formulierung wie in Röm 9,5 (ἐξ ὧν ὁ Χριστὸς τὸ κατὰ σάρκα) nicht pejorativ gemeint, sondern bezeichnet die menschliche Natur, die irdische Herkunft (vgl. auf Menschen bezogen auch Röm 4,1; 9,3.8; 11,14). Zum Dual „Fleisch" / „Geist" im christologischen Zusammenhang s. auch 1Tim 3,16: ὃς ἐφανερώθη ἐν *σαρκί*, ἐδικαιώθη ἐν *πνεύματι*.

49 S. zu der präpositionalen Bestimmung ἐν δυνάμει / „mächtig", „machtvoll" – die die eschatologische Wirklichkeit und offensichtliche Realität hervorhebt – Mk 9,1: ἕως ἂν ἴδωσιν τὴν βασιλείαν τοῦ θεοῦ ἐληλυθυῖαν *ἐν δυνάμει*. Vgl. zur Kennzeichnung der machtvollen zukünftigen Erscheinung des Menschensohns die präpositionalen Bestimmungen: μετὰ δυνάμεως πολλῆς καὶ δόξης / „mit viel Kraft und Herrlichkeit" (Mk 13,26) oder ἐν δόξῃ / „in Herrlichkeit" (Mk 8,38; 10,37).

der durch seine Erhöhung zum Kyrios über alles Eingesetzte nach Paulus und seiner Tradition der Mensch gewordene und sich im Gehorsam bis zum Tode am Kreuz erniedrigende *Präexistente* ist. Oder um es im Anschluss an 2Kor 8,9 zu formulieren: Der, der die Gemeinde durch seine Armut reich gemacht hat, ist der, der aus Gnade um ihretwillen arm geworden ist, obwohl er selbst zuvor reich war (δι' ὑμᾶς ἐπτώχευσεν πλούσιος ὤν).

VII

Vom Kontext der Apostelgeschichte und des Lukasevangeliums her bleibt auch nicht offen, wie Lukas selbst die Auferweckungsaussagen in der Petrusrede Apg 2,36 (2,34f. in Aufnahme von Ps 110,1) und in der Paulusrede Apg 13,30ff. (13,33 in Aufnahme von Ps 2,7) verstanden wissen will. Geht er doch in seiner Darstellung[50] nicht nur wie Markus von der Evidenz der Gottessohnschaft Jesu seit Beginn seines öffentlichen Wirkens aus (Lk 3,21ff.; 4,1ff.; 4,21), sondern betont die Einzigartigkeit dieses „Davidssohns", der nach himmlischem Zeugnis „Sohn Gottes" (Lk 1,32f.35), „Retter" und „Christus, der Kyrios" (Lk 2,11.26) *von Geburt an* ist, bereits mit der Voranstellung der Geburts- und Kindheitsgeschichte Jesu. Wenn Petrus nach Lukas in Apg 2,36 dem ganzen Haus Israel als gewiss kundgibt, ὅτι καὶ κύριον αὐτὸν καὶ χριστὸν ἐποίησεν ὁ θεός, τοῦτον τὸν Ἰησοῦν ὃν ὑμεῖς ἐσταυρώσατε,[51] dann gilt diese Aussage im Sinne des eschatologischen Herrschaftsauftrages für den nunmehr zur Rechten Gottes, des Herrn, sitzenden Christus und Herrn – gemäß der vorangehenden Aufnahme von Ps 110,1 in Apg 2,34: εἶπεν [ὁ] κύριος τῷ κυρίῳ μου· κάθου ἐκ δεξιῶν μου, ἕως ἂν θῶ τοὺς ἐχθρούς σου ὑποπόδιον τῶν ποδῶν σου. Und wenn Paulus im pisidischen Antiochien sich mit Bezug auf die Auferweckung Jesu durch Gott (Apg 13,30.33.34) ausdrücklich auf die Zusage Gottes gegenüber dem davidischen König in Ps 2,7 bezieht: υἱός μου εἶ σύ, ἐγὼ σήμερον γεγέννηκά σε, dann stellt das „Heute" der Auferweckungsstunde für ihn keinen Gegensatz zu dem „Heute" der Geburt Jesu, seiner Ver-

---

[50] Entsprechendes gilt auch für die matthäische Darstellung im Anschluss an die Vorgeschichte in Mt 1 und 2, speziell Mt 1,20-24.

[51] Mit dem hier vorliegenden, bei Lukas beliebten „Kontrastschema" wird der Ton gerade auf den „Erkenntnisaspekt" der Auferweckung Jesu durch Gott gelegt. Den, den Menschen zu Unrecht verworfen und getötet haben, hat Gott bestätigt und rehabilitiert, indem er ihn von den Toten auferweckt und ihn vor der Welt als den „Kyrios und Christus" (Apg 2,36), als den „Fürsten und Retter" (Apg 5,31) als den „Fürsten des Lebens" (τὸν δὲ ἀρχηγὸν τῆς ζωῆς Apg 3,15) dargestellt und erwiesen hat. S. zum „Kontrastschema": Apg 2,23f.; 3,15; 4,10; 5,30; 10,39f.; 13,28-30.

kündigung des Evangeliums und seiner heilbringenden Einkehr bei Sündern dar (Lk 2,11; 4,21; 19,5.9, vgl. 23,43).

Wie wir bereits zur Traditionsgeschichte der Christologie insgesamt erkannten, wird das wahre Verständnis von Christus bei den neutestamentlichen Verfassern nicht von einzelnen alttestamentlich-jüdischen Überlieferungen her begrenzt, sondern umgekehrt wird der Reichtum der Tradition gerade von der Vollendung des Offenbarungsprozesses in Christus her – und speziell bei Lukas mit der Erschließung der Schrift durch den Auferstandenen selbst (Lk 24,25-27 und Lk 24,44-47) – verstanden: οὐχὶ ἡ καρδία ἡμῶν καιομένη ἦν [ἐν ἡμῖν] ... ὡς διήνοιγεν ἡμῖν τὰς γραφάς; (Lk 24,32). Nicht das traditionelle Verständnis des „Davidssohns" (einschließlich der Schriftworte Ps 2,7 und Ps 110,1) oder des „Propheten" (Lk 24,19) legt fest, inwieweit Jesus Christus als Gottessohn und Herr zu verstehen ist,[52] sondern der in der Auferweckung durch Gott bestätigte Gottessohn belehrt seine Jünger darüber, wie alles das, was über ihn in der Schrift geschrieben steht – einschließlich seines Leidens und seiner Auferstehung am dritten Tage – vom Ende her „auszulegen" und „zu erklären" ist: *διερμήνευσεν* αὐτοῖς ἐν πάσαις ταῖς γραφαῖς τὰ περὶ ἑαυτοῦ (Lk 24,27). In Hinsicht auf diesen vom irdischen und auferstandenen Herrn erschlossenen Sinn der Schrift gilt das göttliche δεῖ – die Notwendigkeit und göttliche Bestimmung – ihrer Erfüllung: ὅτι δεῖ πληρωθῆναι πάντα τὰ γεγραμμένα ἐν τῷ νόμῳ Μωϋσέως καὶ τοῖς προφήταις καὶ ψαλμοῖς περὶ ἐμοῦ (Lk 24,44).

Während der menschliche Nachkomme Davids von Geburt Davidide ist und gemäß Ps 2,7 am Tag seiner Inthronisation von Gott zum „Sohn Gottes" und Repräsentanten seiner Herrschaft in Israel adoptiert und eingesetzt wird, gilt von Jesus Christus in Aufnahme und einzigartiger Überbietung umgekehrt, dass er gemäß Lk 1,32f.35 „Sohn Gottes" *von Geburt* ist und in die Linie der „Davididen" erst und nur durch die *Adoption* seines Ziehvaters Joseph, den durch Stammbaum erwiesenen Davididen, aufgenommen wird.[53] Denn beide Varianten des Stammbaums Jesu (Lk 3,23-38; Mt 1,1-17) laufen bekanntlich nicht in direkter Linie auf die leibliche Mutter Jesu zu,

52 S. zu der die historischen Vorgaben „aufhebenden" Überbietung der „Davidssohnschaft" vor allem auch Lk 20,41-44 (par. Mk 12,37-37) mit V. 44: Δαυὶδ οὖν κύριον αὐτὸν καλεῖ, καὶ πῶς αὐτοῦ υἱός ἐστιν; und aus der angesprochenen Petrusrede Apg 2,29-36 die Gegenüberstellung des – gemäß der „prophetischen Verheißung" des Davidspsalms (Ps 16,8-11 / Apg 2,25-28; vgl. 2,30f.) – *auferstandenen* Christus und des bis zu diesem Tage *im Grab befindlichen* „Patriarchen David" (2,29).

53 Vgl. *H. Gese*, Natus ex Virgine (s. Anm. 26), 130-146, hier 134.

sondern enden über die männliche Linie bei Joseph, dem Adoptivvater Jesu, durch dessen Annahme an Kindes statt[54] er die Rechte eines leiblichen Nachkommen erhielt: Καὶ αὐτὸς ἦν Ἰησοῦς ἀρχόμενος ὡσεὶ ἐτῶν τριάκοντα, *ὢν υἱός, ὡς ἐνομίζετο, Ἰωσὴφ* τοῦ Ἠλί (Lk 3,23).[55]

VIII

Die Adoption und Apotheose eines gewöhnlichen Menschen zum Sohn Gottes ist auch bei Markus im Zusammenhang der Taufe (Mk 1,9-11) nicht vorausgesetzt.[56] So nimmt er – im Unterschied zu Lukas in Apg 13,33 (vgl. Hebr 1,5; 5,5) – nicht einmal den Wortlaut von Ps 2,7 auf (υἱός μου εἶ σύ ἐγὼ *σήμερον γεγέννηκά σε*), sondern formuliert in Anlehnung an das erste Gottesknechtslied: σὺ εἶ ὁ υἱός μου ὁ ἀγαπητός, *ἐν σοὶ εὐδόκησα* (Jes 42,1)[57]. Mit einer überraschenden, wenn auch – viele Jahre nach den bei Paulus zitierten Traditionsstücken – nicht unerklärlichen Selbstverständlichkeit kann

---

[54] ὡς ἐνομίζετο / „er wurde gehalten" im rechtlich verbindlichen Sinne.

[55] Vgl. dementsprechend auf „Joseph, den Mann der Maria" zulaufend Mt 1,16: Ἰακὼβ δὲ *ἐγέννησεν τὸν Ἰωσὴφ* τὸν ἄνδρα Μαρίας, ἐξ ἧς ἐγεννήθη Ἰησοῦς ὁ λεγόμενος χριστός.

[56] Vgl. dagegen exemplarisch die Position *Ph. Vielhauers*, Geschichte der urchristlichen Literatur. Einleitung in das Neue Testament, die Apokryphen und die Apostolischen Väter, Nachdr. d. 2. Aufl. v. 1978, Berlin 1985, 343-345, der im Anschluss an ein altägyptisches Thronritual die Geschichte Jesu nach dem Markusevangelium als „Inthronisationsvorgang" in drei Akten deuten will: Mk 1,11 die „Adoption", Mk 9,7 die „Proklamation" und Mk 15,39 die „Akklamation" (a.a.O., 344). „Jesus wird bei der Taufe zum Sohn Gottes adoptiert; er wird bei der Verklärung himmlischen und irdischen Wesen in seiner Würde präsentiert und proklamiert; dem Gekreuzigten wird die Weltherrschaft übertragen" (a.a.O., 344f.). Während Lukas sogar die ursprünglich auf die Adoption des Davididen bezogene Formulierung von Ps 2,7 („heute habe ich dich gezeugt") in Apg 13,33 nicht etwa auf eine *Apotheose* und *Adoption* des Menschen Jesus bezieht, sondern auf die Herrschaftsübernahme des schon bei seiner Geburt als Sohn Gottes bezeichneten Auferstandenen (vgl. so auch Apg 2,36 und Röm 1,3.4 im jeweiligen Kontext), deutet Ph. Vielhauer sogar die Jes 42,1 entlehnte Formulierung „Du bist mein geliebter Sohn, *an dir habe ich Wohlgefallen*" in Mk 1,11 (so wörtlich auch Lk 3,22) auf die – von der Übertragung der Weltherrschaft ausdrücklich unterschiedene (!) – *Adoption* Jesu zum Sohn Gottes.

[57] S. zum Fortgang des Gottesknechtsliedes Jes 42,1 LXX (ἔδωκα τὸ *πνεῦμά μου* ἐπ' αὐτόν, κρίσιν τοῖς *ἔθνεσιν* ἐξοίσει) das mit der *vox Dei* verbundene Herabsteigen des Geistes auf den Gottessohn (Mk 1,10) und die Hinwendung Jesu zu den ἔθνη / „Heiden" nach Mk 13,10 (εἰς *πάντα τὰ ἔθνη* πρῶτον δεῖ κηρυχθῆναι τὸ εὐαγγέλιον, vgl. Mk 7,24ff.31ff.; 15,39 u.ö.). S. zur an Gen 22,2 erinnernden Formulierung ὁ υἱός μου *ὁ ἀγαπητός* neben Mk 12,6 (ἔτι ἕνα εἶχεν υἱὸν ἀγαπητόν· ἀπέστειλεν αὐτὸν ...) vor allem das Zitat von Jes 42,1-4 in Mt 12,18-21: ἰδοὺ ὁ παῖς μου ὃν ᾑρέτισα, *ὁ ἀγαπητός μου* εἰς ὃν εὐδόκησεν ἡ ψυχή μου ... (neben Mt 3,17 par. Mk 1,11).

er bereits in seinem Prolog, Mk 1,2, das Zitat aus Mal 3,1 von der 1. in die 2. Pers. Sg. wenden (ἰδοὺ ἀποστέλλω τὸν ἄγγελόν μου πρὸ προσώπου *σου*, ὃς κατασκευάσει τὴν ὁδόν *σου*). So werden die Aussagen über das „Kommen *Gottes*" (Mal 3,1f.; Jes 40,3ff.) auf das Kommen *Jesu* bezogen, und dieser erscheint als *der Kyrios*, dessen Weg Johannes der Täufer als Bote bereiten soll (Mk 1,3 / Jes 40,3: „In der Wüste bereitet den Weg Jahwes ..."). Damit wird aber in Mk 1,2 wie auch in der messianisch-christologischen Kernstelle Mk 12,35-37 in Aufnahme von Ps 110,1 (Δαυὶδ εἶπεν ἐν τῷ πνεύματι τῷ ἁγίῳ· *εἶπεν κύριος τῷ κυρίῳ μου*) nicht nur vorausgesetzt, dass Gott zur Zeit eines David, Jesaja oder Maleachi bereits *über* den später kommenden „Jesus von Nazareth in Galiläa" (Mk 1,9) spricht, sondern auch, dass er ihn als den himmlischen Präexistenten und den Herrn über David unmittelbar *anspricht*: „Es sprach der Herr zu meinem Herrn ..."[58] Unter dieser Voraussetzung gewinnen auch die – im Johannesevangelium dann bestimmend werdenden – Wendungen von der *Sendung* des geliebten Sohnes (Mk 12,6), vom *Gekommensein* Jesu als des Menschensohns (Mk 2,17; 10,45: καὶ γὰρ ὁ υἱὸς τοῦ ἀνθρώπου οὐκ ἦλθεν διακονηθῆναι ἀλλὰ ...) und vom *Hingehen* des Menschensohns (Mk 14,21: ὁ μὲν υἱὸς τοῦ ἀνθρώπου ὑπάγει) einen eindeutigen Sinn.[59]

So können wir zusammenfassend sagen, dass auf der Ebene der literarischen Überlieferung des Neuen Testaments die Auferstehung Jesu Christi sehr wohl gemäß der *ratio cognoscendi* als Ausgangspunkt der rückwirkenden Erkenntnis der Gottessohnschaft beschrieben wird, nicht aber gemäß der *ratio essendi* als Beginn und Begründung des Sohnesverhältnisses Jesu zu seinem himmlischen Vater. Gewiss kann verschiedentlich die Übertragung der eschatologischen Herrschaft vom Vater auf den Sohn mit dessen Auferstehung verbunden werden, nicht aber der Beginn der wesentlichen Zugehörigkeit des Sohnes zum Vater. Einen programmatischen *Adoptianismus* im Sinne der Annahme eines gewöhnlichen Menschen Jesus von Nazareth an Sohnes statt in der Auferweckung durch Gott vertritt kein neutestamentlicher Verfasser.[60] Vielmehr erscheint von der Erkenntnis des

---

[58] S. zum Ganzen *H.-J. Eckstein*, Glaube und Sehen (s. Anm. 43), 95ff.

[59] S. Phil 2,6-11 und die Sendungsaussagen Röm 8,3; Gal 4,4f.; Joh 3,16; 1Joh 4,9 (vgl. 4,10.14).

[60] Da sowohl Paulus als auch Lukas (wie alle Evangelisten) die Gottessohnschaft bereits für den Gekreuzigten voraussetzen, könnte man eine mit der Auferweckung Jesu verbundene *adoptianische* Christologie, nach der der Mensch Jesus allererst aufgrund der Auferstehung als Sohn Gottes angenommen wird, nur hypothetisch für eine Vorstufe der Formulierungen von Röm 1,3.4 (bei zusätzlicher Streichung von ἐν δυνάμει V. 4) oder Apg 2,32.36 postulieren.

Auferstandenen her rückwirkend das Kreuz Jesu in einem völlig neuen Licht; und angesichts der Kreuzigung des von Gott bestätigten Gottessohnes wird das gesamte öffentliche Verkündigen und Wirken des irdischen Jesus von Anfang – d.h. von seiner Taufe – an erst umfassend verstanden. Mehr aber noch als das vollmächtige Wirken des „geliebten Sohnes", zu dem sich Gott, der Vater, schon bei der Taufe (Mk 1,11) und auf dem Berg der Verklärung (Mk 9,7) ausdrücklich bekannt hat, erschließt die Auferstehungserkenntnis das *Persongeheimnis* Jesu Christi, der als der einzigartige Sohn Gottes seit seiner irdischen Geburt, ja darüber hinaus seit seiner Präexistenz, seiner Schöpfungsmittlerschaft und seinem Bei-Gott-Sein vor Grundlegung der Welt erkannt wird. Fragt man nach dem *Erkenntnisgrund* der Gottessohnschaft, dann bildet die Auferweckung des Gekreuzigten durch Gott den *Beginn*; fragt man nach dem *Realgrund*, dann bildet die Auferstehung Jesu Christi als Konsequenz und Wirkung der Beziehung Gottes zu seinem Sohn die Bestätigung und Vollendung.

IX

Kommen wir zum Abschluss unserer Untersuchung der Anfänge trinitarischer Rede von Gott im Neuen Testament noch auf die Aussagen über den „Heiligen Geist" zu sprechen, so stoßen wir aus ganz verschiedenen Gründen auf eine gewisse Zurückhaltung. Dabei ist der vielleicht naheliegende Gedanke, dass in neutestamentlicher Zeit eben noch nicht von einem pneumatologischen Bewusstsein oder einer trinitätstheologischen Perspektive gesprochen werden kann, eher irreführend. Es hat vielmehr den Anschein, dass die Pneumatologie im Verhältnis zur Christologie weniger Anlass zu Widerspruch, Auseinandersetzung und Verteidigung gibt. Während hinsichtlich des Bekenntnisses zu dem gekreuzigten und auferstandenen Jesus von Nazareth als dem Christus und Sohn Gottes, als dem im Fleisch erschienenen Logos Gottes, vor allem von jüdischer und heidnischer Seite (1Kor 1,18 – 2,16), aber schon zu neutestamentlicher Zeit auch von Gegnern innerhalb der Gemeinde (1Joh 2,22; 4,2f.; 2Joh 1,7; vgl. Joh 1,14) grundsätzliche Anfragen und Anfeindungen laut werden, bietet die Rede von der Existenz und dem Wirken des „Geistes Gottes" zumindest im jüdischen wie im christlichen Kontext an sich noch wenig Anstoß.[61] Sicherlich ist zu klären, in welcher Weise und in welchen Gaben sich Gottes Geist in der Gemeinde wirksam er-

---

61 S. grundlegend *E. Schweizer*, Art. πνεῦμα κτλ E, ThWNT 6, Stuttgart 1959, 394-453; *J. Kremer*, Art. πνεῦμα, EWNT 3, 2., verb. Aufl., Stuttgart u.a. 1992, 279-291.

weist (vgl. 1Kor 12 – 14); und gewiss ist umstritten, welches Bekenntnis oder welche Akklamation sich auf den Heiligen Geist beziehen kann (1Kor 12,3; 1Joh 4,2f.) – aber bei letzterem handelt es sich gerade wieder um die *theologische* und *christologische* Frage, ob *Gottes* Geist seinerseits zu dem 'Ανάθεμα 'Ιησοῦς oder zu dem heilsentscheidenden Bekenntnis Κύριος 'Ιησοῦς (1Kor 12,3) bzw. 'Ιησοῦς Χριστὸς ἐν σαρκὶ ἐληλυθώς (1Joh 4,2) inspiriert.

Auf der Grundlage der alttestamentlich-jüdischen Tradition kann nur fraglich sein, ob der seit Pfingsten unter den *Jüngern Jesu* wirksame Geist (Apg 2,1-42) wirklich mit dem in Joel 3,1-5 zugesagten Geist *Gottes*[62] identisch ist, ob der gekreuzigte Jesus als der von Gott Auferweckte und Erhöhte wirklich den verheißenen heiligen Geist vom Vater empfangen und über seinen Jüngern ausgegossen hat (Apg 2,33: τῇ δεξιᾷ οὖν τοῦ θεοῦ ὑψωθείς, τήν τε ἐπαγγελίαν τοῦ πνεύματος τοῦ ἁγίου λαβὼν παρὰ τοῦ πατρός, ἐξέχεεν τοῦτο, vgl. Lk 24,49; Apg 1,4f.)[63]. Oder, um es mit Paulus zu formulieren: Ist der „Geist Christi" wirklich mit dem „Geist Gottes" identisch (Röm 8,9b: πνεῦμα θεοῦ / 8,9c: πνεῦμα Χριστοῦ)? Kann man sagen, dass *Gott* den *Geist* seines *Sohnes* in unsere Herzen gesandt hat (Gal 4,6: ἐξαπέστειλεν *ὁ θεὸς* τὸ *πνεῦμα* τοῦ *υἱοῦ αὐτοῦ* εἰς τὰς καρδίας ἡμῶν)? Ist die Einwohnung des *Geistes* Gottes (Röm 8,9: πνεῦμα θεοῦ οἰκεῖ ἐν ὑμῖν, vgl. 8,11; 1Kor 3,16) als Einwohnung *Christi* (Röm 8,10: Χριστὸς ἐν ὑμῖν, vgl. Gal 2,20; 3,14) zu verstehen? Kurzum, kann man wirklich formulieren: ὁ δὲ κύριος τὸ πνεῦμά ἐστιν (2Kor 3,17), und damit den *Leben schaffenden Geist* des *lebendigen Gottes* (πνεῦμα θεοῦ ζῶντος 2Kor 3,3, τὸ δὲ πνεῦμα ζῳοποιεῖ 3,6)[64] so unabdingbar und exklusiv mit dem *Kyrios Jesus Christus* verbinden?[65]

---

62 Vgl. die prophetischen Heilsworte, in denen explizit die Verleihung des Geistes Gottes angekündigt wird: Ez 36,27; 37,14; 39,29; Jes 32,15; 44,3; 59,21; Sach 12,10; s. zum Ganzen *R. Albertz / C. Westermann*, Art. *rūᵃh*, THAT 2, München 1976, 726-753, hier 751f.

63 So wird auch im Johannesevangelium neben der Sendung des Parakleten durch den *Vater* (Joh 14,16f.26) zugleich die Sendung und Zueignung des παράκλητος / des πνεῦμα ἅγιον durch den *Sohn* hervorgehoben: ὁ παράκλητος ὃν *ἐγὼ πέμψω* ὑμῖν παρὰ τοῦ πατρός Joh 15,26, *πέμψω* αὐτὸν πρὸς ὑμᾶς Joh 16,7, und unter Aufnahme des Schöpfungsmotivs aus Gen 2,7 (vgl. Joh 1,3) heißt es Joh 20,22 vom Auferstandenen: ἐνεφύσησεν καὶ λέγει αὐτοῖς· λάβετε πνεῦμα ἅγιον.

64 S. zur Verknüpfung von 2Kor 3,6 und 17 auch die Bezeichnung des auferstandenen Christus in 1Kor 15,45 als πνεῦμα ζῳοποιοῦν, als „lebendigmachender, Leben schaffender Geist", durch die ihm wiederum die eschatologische Neuschöpfung Gottes zugeordnet wird (vgl. 1Kor 8,6; 2Kor 5,17).

65 S. zur christologischen Zuordnung des Kyrios-Titels in 2Kor 3,17 den unmittelbaren Kontext 2Kor 3,14.16: ὅτι ἐν *Χριστῷ* καταργεῖται ... ἐὰν ἐπιστρέψῃ πρὸς *κύριον*, περιαιρεῖται τὸ κάλυμμα, vgl. 3,3.4; 4,5.

Für Judenchristen jedenfalls hat die Rede von „Gottes Geist" hinsichtlich des Bekenntnisses zur Einzigkeit und Einheit Gottes auf den ersten Blick weniger traditionsgeschichtliche Herausforderungen geboten als das Bekenntnis zu dem Mensch gewordenen Sohn Gottes und dem Fleisch gewordenen Logos, der als der gekreuzigte und von Gott auferweckte Jesus von Nazareth unweigerlich als eine zweite Person im Gegenüber zum Vater verstanden wird. Die Gefahr, neben Gott, dem Vater, gegen das Bekenntnis zur Einheit Gottes missverständlicherweise einen zweiten oder gar dritten Gott zu denken, legt sich traditionsgeschichtlich in der Pneumatologie noch weniger nahe, da Gottes Geist – wie seine Weisheit, sein Wort oder sein Name – schon alttestamentlich-jüdisch in personifizierender Rede ohne die Gefahr einer die Einheit bedrohenden Verselbständigung gedacht werden kann.

X

Umgekehrt ergibt sich in der frühchristlichen Pneumatologie deshalb auch nicht die Gefahr, den Geist Gottes nach Art einer Substanz oder als ein Gott selbst untergeordnetes Wesen zu denken. Der Geist Gottes existiert wie Gottes Wort und Weisheit selbstredend schon vor Pfingsten[66] und auch vor der Schöpfung bei Gott; er bedarf so wenig wie der präexistente Sohn Gottes einer göttlichen Adoption oder Apotheose, da er wohl in Menschen wohnt, aber selbstverständlich kein Mensch ist. Gilt schon von dem Mensch gewordenen Logos Gottes, Jesus Christus, dass er nicht nur θεῖος / „göttlich", sondern im vollen Sinne θεός / „Gott" ist – sowenig er auch als *ὁ* θεός, d.h. als mit „Gott, dem Vater", identisch verstanden wird (Joh 1,1f.) –, so kann dies umso leichter von Gottes eigenem πνεῦμα gesagt und bekannt werden. Wer es mit Gottes Geist zu tun hat, der hat es mit Gott selbst zu tun (Apg 5,3.4).

Ungeachtet der noch folgenden Erwägungen kann für die neutestamentliche Pneumatologie somit auf jeden Fall festgehalten werden: Der Heilige Geist ist *die Gestalt der persönlichen und wirksamen Gegenwart Gottes* – d.h. des Vaters und des Sohnes – bei den Gläubigen in der Welt. Durch seinen Geist wirkt der Vater persönlich den

---

[66] In Joh 7,39 (*οὔπω* γὰρ *ἦν* πνεῦμα, ὅτι Ἰησοῦς οὐδέπω ἐδοξάσθη) ist nicht etwa von der *Nichtexistenz* des Geistes Gottes vor der Verherrlichung Jesu die Rede, sondern von dem Ausstehen seines Daseins bei den Menschen (s. Joh 16,7; 20,22. Zu εἶναι in der Bedeutung „dasein", „vorhanden sein" vgl. auch Apg 19,2: ἀλλ' *οὐδ'* εἰ πνεῦμα ἅγιον *ἔστιν* ἠκούσαμεν).

Glauben[67], die besonderen Gaben[68], Gottessohnschaft und Gotteserkenntnis, Freiheit und Gerechtigkeit und die Frucht des Geistes wie Liebe, Freude, Friede, Geduld ...[69] In seinem Geist wohnt Jesus Christus als der Sohn Gottes mitten in seiner Gemeinde und in den einzelnen Gläubigen[70] und bezeugt ihnen ihre Zugehörigkeit zu Gott.[71] So erkennen und erfahren die Gläubigen Gott durch seine Gegenwart im Geist, obwohl sie Christus – anders als die Jünger vor Pfingsten – nicht unmittelbar sehen und „begreifen" können.

Wenn wir auch hinsichtlich der Pneumatologie von „Anfängen trinitarischer Rede von Gott im Neuen Testament" ausgehen, lassen sich dafür vor allem drei Gesichtspunkte geltend machen. Zunächst ist ganz offensichtlich, dass die Rede von Gottes Pneuma in den neutestamentlichen Schriften – gerade im Vergleich zu anderen traditionellen theologischen Begriffen wie ὄνομα, δύναμις, σοφία, δικαιοσύνη oder λόγος θεοῦ – eine auffällige *Dominanz* und *Selbständigkeit* gewinnt. Während die anderen genannten Größen theologisch bzw. speziell christologisch zugeordnet werden, wird der Geist Gottes bzw. der Geist Christi in personifizierender Redeweise neben Gott, dem Vater, und dem Herrn, Jesus Christus, gesondert genannt – sei es in „triadischen Formeln" oder in argumentativen bzw. erzählerischen Textzusammenhängen.[72]

Auffällig ist zweitens, dass zumindest im Johannesevangelium wie in den Paulusbriefen in einer derart differenzierten – die Einheit Gottes wie die Unterschiedenheit von Vater, Sohn und Heiligem Geist voraussetzenden – Weise vom Heiligen Geist mit personhaften Begriffen und Merkmalen gesprochen wird, dass die spätere dogmatische Reflexion sich auf eine breite Textbasis beziehen konnte. Dafür stehen einerseits die Abschiedsreden Joh 14 – 16 mit den Parakletsprüchen 14,16f.; 14,26; 15,26f.; 16,7b-11; 16,13-15, nach denen der Geist als „Beistand", „Anwalt" und „Tröster" Jesus nach seinem Hingehen zum Vater bei den Jüngern auf der Erde persönlich ver-

67 1Kor 2,4-16; vgl. 1Thess 2,13; Kol 2,12.

68 1Kor 12-14; Röm 12,4-8.

69 Röm 5,5; 7,6; 8,2.4.15; 14,17; 1Kor 2,6-16; Gal 5,22f.

70 Röm 8,9f.; vgl. Joh 14,16-20.23.28.

71 Röm 8,15f.

72 Zur gemeinsamen Nennung von Vater, Sohn und Heiligem Geist im Neuen Testament s. die triadischen Formulierungen Mt 28,19 („trinitarische Formel"); Röm 8,9-11.15f.; 1Kor 12,4-6; 2Kor 13,13; Eph 4,4-6; vgl. Mt 3,16f. par.; Lk 4,18f.21; Joh 14,16-18.23.26; 15,26f.; 16,7b-11.13-15; 20,21f.; Apg 1,4.8; Röm 1,4; 14,17f.; 15,16.30; 2Kor 1,21f.; Gal 4,6; Eph 1,17; 2,18-21; 3,14-17; Tit 3,4-6; 1Petr 1,2; Hebr 9,14; Jud 20f.

tritt[73], andererseits die pneumatologischen Ausführungen des Paulus speziell in Röm 8 oder in 1Kor 12. Man betrachte nur die reflektierte Argumentation in Röm 8,1f.9-11, in dem das schöpferische Lebendigmachen Gottes durch seinen „Geist des Lebens in Christus Jesus" in einer differenzierten Einheit und einheitlichen Unterschiedenheit von auferweckendem Gott, von auferwecktem Christus und von dem – zugleich Gott, dem Vater, wie Christus zugeordneten (8,9) – Geist entfaltet wird. Könnte man das Zeugnis des göttlichen Geistes gegenüber dem menschlichen Geist noch traditionell erklären wollen (Röm 8,16), so trägt die Rede von dem Geist der Gotteskindschaft, der die Glaubenden „Abba, lieber Vater" rufen lässt (Röm 8,15; vgl. Gal 4,6), der die von sich aus zum Beten Unfähigen im Gebet gegenüber Gott angemessen vertritt (Röm 8,26f.: ... ὁ δὲ ἐραυνῶν τὰς καρδίας οἶδεν τί τὸ φρόνημα τοῦ *πνεύματος*, ὅτι *κατὰ θεὸν* ἐντυγχάνει ὑπὲρ ἁγίων)[74], solch personale Züge, dass eine rein bildhafte oder hypostasierende Deutung schon Probleme bereiten könnte. Aber auch in dem Doppelwerk des Lukas, der sowohl für das Wirken des irdischen Jesus[75] wie vor allem für die Zeit der Gemeinde nach Pfingsten[76] zentral von dem Wirken des Geistes spricht, finden sich in pneumatologischen Zusammenhängen ausgesprochen personhafte Wendungen.[77]

Drittens sind für die spätere Entfaltung der trinitarischen Rede von Gott – wie zuvor im Zusammenhang der Christologie – die *geprägten Wendungen* und *traditionellen Formeln* von besonderer Bedeutung. Sie gehören chronologisch – zumal in den Paulusbriefen der fünfziger Jahre des 1. Jh. n.Chr. – zu den ältesten literarischen Zeugnissen frühchristlicher Theologie und bieten vor allem in liturgischer, aber auch in argumentativer Verwendung einen Einblick in die Vorstellungen und Traditionen, die als allgemein anerkannt und grundlegend akzeptiert gelten konnten. Dies ist gerade im Hinblick

---

[73] S. zur Überlieferungsgeschichte und zum forensischen Kontext der Parakletsprüche vor allem Mk 13,9-13; Mt 10,19f.; Lk 12,11f. Vgl. zum Ganzen *F. Porsch*, Art. παράκλητος, EWNT 3, 2., verb. Aufl., Stuttgart u.a. 1992, 64-67.

[74] Das fürbittende Eintreten für die Heiligen vor *Gott* (ἐντυγχάνειν ὑπὲρ ἁγίων / ἡμῶν) wird also nach Röm 8,27.34 sowohl vom in den Herzen wohnenden *Geist* als auch vom zur Rechten Gottes sitzenden *Christus* wahrgenommen.

[75] Vgl. Lk 3,22 par. Mk 1,10; Lk 4,1.14.18 (Jes 61,1 LXX); vgl. Lk 1,35; 3,16; 12,10.

[76] Vgl. Lk 24,49; Apg 1,4f.8; 2,1ff.38; 4,8.31; 6,5.10; 8,15ff.; 9,17f.; 10,44ff.; 11,15; 19,2ff. u.ö.

[77] S. die auf den Heiligen Geist bezogenen personhaften Wendungen in Lk 12,12 („er lehrt"); Apg 5,32 („er ist Zeuge"); 8,29 („er spricht"; vgl. 10,19; 13,2); 13,4 („er sendet aus"); 15,28 („er beschließt"); 16,7 („der Geist Jesu lässt etwas nicht zu"); 20,28 („er setzt ein").

auf die Wurzeln der trinitarischen Rede von Gott aufschlussreich, da sie offensichtlich im gottesdienstlichen Leben und in der katechetischen Belehrung zu suchen sind und nicht etwa im Bereich der abstrakten Spekulation.

So wird in der triadischen Wendung 1Kor 12,4-6 angesichts der Vielzahl und Verschiedenheit der Geistesgaben von Paulus an die *Einzigkeit* und *Einheit* Gottes in seiner *dreifachen Gestalt* als „Geist", als „Herr" und als „Gott" – d.h. Gott, der Vater – erinnert: τὸ δὲ *αὐτὸ πνεῦμα* ... καὶ ὁ *αὐτὸς κύριος* ... ὁ δὲ *αὐτὸς θεὸς* ὁ ἐνεργῶν τὰ πάντα ἐν πᾶσιν. In der Ermahnung zur Einheit des Geistes (σπουδάζοντες τηρεῖν τὴν *ἑνότητα* τοῦ πνεύματος Eph 4,3) kann auf dieser Grundlage auch der spätere Epheserbrief in einer Kette von Motiven die Trias: *ἓν πνεῦμα* ... *εἷς κύριος* ... *εἷς θεὸς* καὶ πατὴρ πάντων, ὁ ἐπὶ πάντων καὶ διὰ πάντων καὶ ἐν πᾶσιν (Eph 4,4-6) vergegenwärtigen und damit – analog zur binitarischen Entfaltung des Sch^{e}ma von Dtn 6,4f. in 1Kor 8,6 – gerade die *Einzigkeit* Gottes *dreifach* entfalten. Mit einer Einverständnis voraussetzenden Selbstverständlichkeit kann Paulus seinen abschließenden Segenswunsch in 2Kor 13,13 triadisch ausführen, indem er seiner Gemeinde die χάρις τοῦ *κυρίου Ἰησοῦ Χριστοῦ*, die ἀγάπη τοῦ *θεοῦ* und die κοινωνία τοῦ *ἁγίου πνεύματος*[78] wirksam zuspricht. Umgekehrt wird in 1Petr 1,2 die Adressatenangabe im Präskript triadisch ergänzt mit: „auserwählt ... nach dem Vorherwissen *Gottes, des Vaters*, in der Heiligung des *Geistes*, zum Gehorsam und zur Besprengung mit dem Blut *Jesu Christi*". Von der Fülle der Erwähnungen von Gott als Vater, Jesus Christus als Kyrios und dem Pneuma Gottes bzw. Christi war oben bereits ausführlich die Rede (Röm 5,1-5; 8,9-11.15-17.26f.31-34; 2Kor 1,21f.; Gal 4,6 u.v.m.). Dabei braucht es nicht zu wundern, dass in den neutestamentlichen Schriften in triadischen oder „binitarischen" Wendungen in der Regel nicht zugleich in einem Satz explizit vom *Vater* und vom *Sohn* gesprochen wird, da die Bezeichnungen (ὁ) θεός für Gott, den Vater, und (ὁ) κύριος für Jesus Christus, den Sohn Gottes, in zwei- oder dreigliedrigen Formeln (dann einheitlich mit πνεῦμα) als unmissverständlich gelten. Kontextbedingt kann aber sehr wohl entweder auf die Sohnschaft Christi oder auf die Vaterschaft Gottes hingewiesen werden: ἐξαπέστειλεν *ὁ θεὸς* τὸ *πνεῦμα* τοῦ *υἱοῦ αὐτοῦ* ... Gal 4,6 (mit anschließendem Abba-Ruf!) und κατὰ

78 Ob man den *Genitivus* analog zu den beiden vorangehenden als *subiectivus* oder nach sonstigem paulinischen Gebrauch von κοινωνία mit Gen. (1Kor 1,9; 10,16; Phil 3,10) als *obiectivus* versteht, sachlich geht es jedenfalls zunächst um die vom Geist gewährte und gewirkte Teilhabe an der Gemeinschaft mit dem Geist.

πρόγνωσιν *θεοῦ πατρὸς* ἐν ἁγιασμῷ *πνεύματος* εἰς ὑπακοὴν καὶ ῥαντισμὸν αἵματος *Ἰησοῦ Χριστοῦ* 1Petr 1,2.

Die Dreiheit πατήρ, υἱός und πνεῦμα kommt dann erstmalig in der Taufformel von Mt 28,19 zur Geltung, die in ihrer historischen wie theologischen Bedeutung kaum hoch genug eingeschätzt werden kann: βαπτίζοντες αὐτοὺς εἰς τὸ ὄνομα τοῦ *πατρὸς* καὶ τοῦ *υἱοῦ* καὶ τοῦ *ἁγίου πνεύματος*.[79] Hier wird der Täufling dem *einzigen* und *einen* Gott in der Unterschiedenheit von Vater, Sohn und Heiligem Geist übereignet. Und mit der Hervorhebung des auszurufenden *Namens* – nicht nur des Vaters und des Sohnes, sondern ausdrücklich auch – des *Heiligen Geistes*, wird die Anrufung des dreieinigen Gottes vorausgesetzt, die in dem späteren Nizänischen Glaubensbekenntnis zu der pneumatologischen Explikation führt: „Wir glauben an den heiligen Geist, ... der mit dem Vater und dem Sohn angebetet und verherrlicht wird".

[79] Die Ursprünglichkeit dieser triadischen Taufformel in Mt 28,19 ist aufgrund ihrer einhelligen Bezeugung und durch die Parallele in Did 7,1.3 (εἰς [τὸ] ὄνομα τοῦ πατρὸς καὶ τοῦ υἱοῦ καὶ τοῦ ἁγίου πνεύματος) kaum anzufechten.

Das Evangelium Jesu Christi

Zur impliziten Kanonhermeneutik des Neuen Testaments[1]

„Zur impliziten Kanonhermeneutik des Neuen Testaments“ mag als Themenformulierung zunächst etwas kompliziert erscheinen. Warum „implizit“ und nicht „explizit“, also ausdrücklich? Dafür gibt es einen ganz offensichtlichen und einfachen Grund: Zur Zeit der Entstehung des Neuen Testaments – also in der Zeit zwischen 50 und 100 n.Chr. – gab es selbstredend noch keinen Kanon der neutestamentlichen Schriften und damit weder eine offene Diskussion über „Kanonlisten“ noch auch eine ausdrückliche Auseinandersetzung in dogmatischen Fragen unter Bezug auf eine – als „Richtschnur“ und „Maßstab“ allgemein anerkannte – normative und abgeschlossene Schriftensammlung des Neuen Testaments. Genaugenommen gilt diese Einschränkung – wenn auch in weit geringerem Maße – auch für den Kanon des Alten Testaments, präziser formuliert: den Kanon der *Hebräischen* Bibel, des *Hebräischen* Alten Testaments, insofern wir den Abschluss dieses Kanonisierungsprozesses gegen Ende des 1. Jahrhunderts nach Christi Geburt mit den für Israel katastrophalen Ereignissen um 70 n.Chr. und auch mit dem Entstehen der neutestamentlichen Schriften verbinden.

Nun könnte man fragen, ob der Begriff des „Kanons“ sich für eine neutestamentliche Reflexion dann überhaupt schon empfiehlt. Kommt doch der Terminus ὁ κανών in den neutestamentlichen Schriften selbst wohl vereinzelt in der Bedeutung „Richtschnur“, „Maßstab“ vor (so Gal 6,16; 2Kor 10,13.15.16; vgl. Phil 3,16 *varia lectio*)[2], nicht aber im spezifischen Sinne von „Kanonliste“ und nicht in Bezug auf eine als verbindlich anerkannte Sammlung von Schriften. Das Verhältnis zum Zeugnis der alttestamentlichen Schriften

---

[1] Michael Welker zum 60. Geburtstag. S. zum Ganzen *M. Welker*, Art. Biblische Theologie I. Fundamentaltheologisch, RGG 1, 4. Aufl., Tübingen 1998, 1549-1553; *ders.*, Das vierfache Gewicht der Schrift. Die missverständliche Rede vom „Schriftprinzip“ und die Programmformel „Biblische Theologie“, in: *D. Hiller / C. Kress* (Hg.), „Dass Gott eine große Barmherzigkeit habe“ (FS G. Schneider), Leipzig 2001, 9-27; *ders.* mit *H.-J. Eckstein* (Hg.), Die Wirklichkeit der Auferstehung, 3. Aufl., Neukirchen-Vluyn 2007, speziell V-XVI und 311-331.

[2] Vgl. *A. Sand*, Art. κανών, EWNT 2, 2., verb. Aufl., Stuttgart u.a. 1992, 614f.

wird im Neuen Testament zwar eingehend reflektiert, aber auch hier nicht ausdrücklich die Frage des Entstehens und der Abgrenzung des Kanons der – den Christen und Juden gemeinsamen – „Schrift“, d.h. des später so genannten „Alten Testaments“. Sowenig also die Konnotation der „Kanonliste“ und der Einbeziehung oder Ausgrenzung von Schriften in neutestamentlicher Zeit bei dem Begriff ὁ κανών bestimmend ist, sosehr geht es doch seit den Anfängen der Verschriftlichung des Kerygmas *sachlich* um das Problem der inhaltlichen „Richtschnur“ und des theologischen „Maßstabs“. Denn in den grundlegenden inhaltlichen Auseinandersetzungen der frühen Kirche wird seit Anfang um die verbindliche „Wahrheit des Evangeliums“ (ἀλήθεια τοῦ εὐαγγελίου Gal 2,5.14) gerungen, und hinsichtlich des angemessenen Auslebens der verschiedenen Gaben innerhalb der Gemeinde geht es bereits um die angemessene „Übereinstimmung mit dem Glauben“ – d.h. die *analogia fidei* (ἀναλογία πίστεως Röm 12,6). Hier kann der Begriff „Glaube“ schon als eine *Norm* verstanden werden, an der man sich in der Verkündigung und in dem Ausleben der Gaben messen und orientieren soll.

Nicht also um die Frage der Festlegung, Abgrenzung und Auflistung verbindlicher Schriften Alten und Neuen Testaments soll es in diesem Zusammenhang primär gehen, sondern um die Frage der Voraussetzungen, Ansätze und Motive in der neutestamentlichen Überlieferung selbst, die den späteren Prozess der Sammlung und der Kanonisierung des Neuen Testaments als des zweiten Teils der „Heiligen Schrift“ inspirieren und – zu Recht oder zu Unrecht – legitimieren konnten.

I. Die ersten Anfänge eines neutestamentlichen „Kanons“

Auf die Frage nach den ersten Anfängen einer allgemeinen Anerkennung von Maßstäben, Traditionen oder Schriften könnte man zunächst an die *Evangelien* denken wollen; sind sie doch die Zeugnisse des maßgeblichen Wirkens und Verkündigens Jesu, der als der Gekreuzigte und Auferstandene in allen Gemeinden als der Kyrios der Kirche anerkannt wird.[3] Dagegen sprechen aber gleich mehrere ent-

---

[3] Zur Diskussion und zu den historischen Fragen der Weiterentwicklung ab dem 2. Jh. n.Chr. insgesamt s. *H. von Campenhausen,* Die Entstehung der christlichen Bibel, BHTh 39, Tübingen 1968; *W.G. Kümmel*, Einleitung in das Neue Testament, 20. Aufl., Heidelberg 1980, 420ff.; *B.M. Metzger*, Der Kanon des Neuen Testaments. Entstehung, Entwicklung, Bedeutung, Düsseldorf 1993, 243ff.; *U. Schnelle*, Einleitung in das Neue Testament, UTB 1830, 6., neubearb. Aufl., Göttingen 2007, 388-403; *U. Wilckens*, Theologie des Neuen Testaments, Bd. 1/4. Die Evangelien, die

scheidende Gründe. Zunächst steht der Entstehensprozess der vier Evangelien mit einer ungefähren Datierung zwischen 70 und 100 n.Chr. chronologisch keineswegs am Anfang; die unangefochten echten Paulusbriefe sind insgesamt deutlich früher – nämlich in den Fünfzigerjahren – zu datieren. Zudem werden bis in die Mitte des zweiten Jahrhunderts hinein wohl die „Worte des Herrn" und damit die zunächst mündlich überlieferten Evangelientraditionen mit höchstem Respekt tradiert[4], ohne dass sich dieser autoritative Anspruch schon explizit und eindeutig auf die vier verfassten Evangelienschriften als solche bezöge.

Dementsprechend gehen auch die frühen Evangelienüberschriften im Anschluss an Mk 1,1 von dem *einen* Evangelium von *Jesus Christus* aus (ἀρχὴ τοῦ εὐαγγελίου Ἰησοῦ Χριστοῦ [υἱοῦ θεοῦ]), dessen „Anfang" und „Beginn" (ἀρχή) in den vier Berichten der Evangelisten bezeugt und entfaltet worden ist: Das Evangelium *nach* Markus, *nach* Matthäus usw. (εὐαγγέλιον κατὰ Μάρκον, κατὰ Μαθθαῖον κτλ). Mit „Evangelium" wird also zu Anfang der *Inhalt* – nicht die *Gattung* oder das *Einzelexemplar* des Buches bezeichnet: Es ist das Evangelium *Gottes* (Mk 1,14 εὐαγγέλιον τοῦ θεοῦ, *Genitivus subiectivus* resp. *auctoris*), das Jesus Christus nicht nur zum Bringer und Verkündiger (1,14f.), sondern zum zentralen *Inhalt* hat (Mk 1,1 εὐαγγέλιον Ἰησοῦ Χριστοῦ, *Genitivus obiectivus*).[5] Die Evangelienharmonie des Tatian – das Diatessaron – lässt sowohl die Verbreitung

Apostelgeschichte, die Johannesbriefe, die Offenbarung und die Entstehung des Kanons, Neukirchen-Vluyn 2005, 290-334; zur frühen Überlieferung des Neuen Testaments s. *K. Aland / B. Aland*, Die Entstehung des Corpus Paulinum, in: *Dies.*, Neutestamentliche Entwürfe, TB 63, München 1979, 302-350; *dies.*, Der Text des Neuen Testaments. Einführung in die wissenschaftlichen Ausgaben sowie in Theorie und Praxis der modernen Textkritik, 2. erg. u. erw. Aufl., Stuttgart u.a. 1989, 57ff.

[4] Vgl. schon die Verwendung von Jesustraditionen bei Paulus, voran die Abendmahlsüberlieferung 1Kor 11,23-25, dann 1Thess 4,15 „mit einem Wort des Herrn": ... ἐν λόγῳ κυρίου, ὅτι ἡμεῖς οἱ ζῶντες οἱ περιλειπόμενοι εἰς τὴν παρουσίαν τοῦ κυρίου οὐ μὴ φθάσωμεν τοὺς κοιμηθέντας. 1Kor 7,10 „nicht ich, sondern der Herr": τοῖς δὲ γεγαμηκόσιν παραγγέλλω, οὐκ ἐγὼ ἀλλὰ ὁ κύριος, γυναῖκα ἀπὸ ἀνδρὸς μὴ χωρισθῆναι (Mk 10,11f. par.); 1Kor 9,14 „der Herr hat befohlen": ὁ κύριος διέταξεν τοῖς τὸ εὐαγγέλιον καταγγέλλουσιν ἐκ τοῦ εὐαγγελίου ζῆν (Lk 10,7). Vgl. Röm 12,14 (Mt 5,44; Lk 6,28); Röm 12,17.19 (Mt 5,39; Lk 6,29f.); Röm 13,8-10; Gal 5,14 (Mk 12,31; Mt 22,39f.).

[5] Vgl. *H.-J. Eckstein*, Glaube und Sehen. Markus 10,46-52 als Schlüsseltext des Markusevangeliums, in: *Ders.*, Der aus Glauben Gerechte wird leben. Beiträge zur Theologie des Neuen Testaments, BVB 5, 2. Aufl., Münster u.a. 2007, 81-100, hier 95ff. Auf die Bedeutung der Einheitlichkeit der *Inscriptiones* der Evangelien für die Bestimmung ihres hohen Alters und auf die Besonderheit der Vermeidung des *Genitivus auctoris* bei der Namensangabe weist *M. Hengel*, The Four Gospels and the One Gospel of Jesus Christ, London 2000, 48ff., hin.

und Anerkennung der vier Evangelien als Quellen der Jesusüberlieferung als auch zugleich den noch freien Umgang mit den kanonischen Evangelien in der Syrischen Überlieferung gegen Ende des 2. Jh. erkennen.[6] Eine deutliche Zäsur des Kanonisierungsprozesses im formalen Sinne wird auch hier mit guten Gründen in der zweiten Hälfte des 2. Jh. gesehen und namentlich mit Irenäus um 180 n.Chr. verbunden.[7]

Freilich darf andererseits auch nicht vernachlässigt werden, dass wir literarkritisch für Matthäus und Lukas bereits kurz nach 70 n.Chr. die Kenntnis des Markusevangeliums voraussetzen und für das Johannesevangelium die Aufnahme zumindest der synoptischen Tradition, wenn nicht des Markus- und des Lukasevangeliums, was eine offensichtlich schnelle Verbreitung der Evangelien voraussetzt. Dies hat umso mehr Gewicht, als wir die Entstehung der vier Evangelien traditionellerweise keineswegs mit ein und derselben Gemeindesituation, kulturellen Verankerung und geographischen Verortung verbinden. Mit Palästina, Syrien, Kleinasien, Mazedonien, Griechenland und Rom sowie mit den Gemeindetypen „judenchristlich", „heidenchristlich" und „gemischt" erwägen wir für die Entstehensverhältnisse der vier Evangelien insgesamt alle Kontexte, die für die frühe Kirche des 1. Jh. überhaupt in Frage kommen.

Für die *Anfänge* einer impliziten Kanonhermeneutik des Neuen Testaments sind wir allerdings sowohl *chronologisch* als vor allem auch *sachlich-inhaltlich* auf die sieben unangefochten echten Paulusbriefe – sowie auch auf die Deuteropaulinen in ihrer Bezugnahme auf diese – gewiesen. Zunächst haben wir es bei Paulus schon zeitlich mit dem eindeutig *ersten* Verfasser neutestamentlicher Briefe und neutestamentlicher Schriften überhaupt zu tun; den 1. Thessalonicherbrief datieren wir als das älteste Schreiben in das Jahr 50 n.Chr.[8] Zum Zweiten handelt es sich bei Paulus als Apostel nicht um ein Mitglied des Zwölferkreises und einen Begleiter des irdischen Jesus, weshalb sich das Problem der Legitimierung und damit der Begründung seiner Verkündigung und Lehrentscheidungen zwangsläufig und grund-

---

6 S. *K. Aland / B. Aland*, Der Text des Neuen Testaments (s. Anm. 3), 199.

7 Vgl. *W.G. Kümmel*, Einleitung in das Neue Testament (s. Anm. 3), 428ff.; *U. Schnelle*, Einleitung in das Neue Testament (s. Anm. 3), 395.

8 Zur Chronologie des Paulus und der Paulusbriefe s. *H.-J. Eckstein*, Der aus Glauben Gerechte wird leben (s. Anm. 5), 209ff.; *U. Schnelle*, Einleitung in das Neue Testament (s. Anm. 3), 32ff.61ff.

sätzlich ergibt[9]. Zum Dritten ist Paulus als Protagonist der Heidenmission und als engagierter Vertreter einer Abendmahls- und Tischgemeinschaft von Heiden- und Judenchristen unabwendbar in der Situation, seinen exponierten Standpunkt gegenüber den toraobservant lebenden Schülern des Herrenbruders Jakobus und den schwankenden Aposteln wie Petrus und Barnabas sowie vor allem gegenüber den verunsicherten Gemeinden hermeneutisch zu reflektieren und zu legitimieren. Dies wird mit wünschenswerter Deutlichkeit sowohl in der Darstellung des Antiochenischen Konflikts in Gal 2,11-21 wie in der gesamten Auseinandersetzung des Galaterbriefs über die „Wahrheit des Evangeliums" (Gal 2,5.14) und um das „*eine* Evangelium" (Gal 1,6-12) erkennbar. Der Römerbrief als ein werbendes Schreiben an eine ihm bisher noch unbekannte Gemeinde gibt sich wohl im Stil verbindlicher, in der Sache aber nicht weniger programmatisch und entschieden.[10]

Sowenig sich hier also einerseits schon eine „explizite Kanonhermeneutik" findet, sosehr lässt sich im *Corpus Paulinum* andererseits nicht nur eine implizite, sondern eine ausgeführte und differenzierte „Hermeneutik des Wortes Gottes" erkennen. Denn die Frage nach der Wahrheit des Evangeliums ist für Paulus eine Frage nach der verbindlichen inhaltlichen Bestimmung, Begründung und Abgrenzung des „Wortes Gottes" (ὁ λόγος τοῦ θεοῦ)[11], wie es in Verkündigung und Lehre durch den engsten Kreis der Apostel und dann durch begabte Glieder der Gemeinde als „Apostel, Propheten und Lehrer" zu bezeugen und entfalten ist (1Kor 12,28; vgl. 12,4-11; Röm 12,6-8: ... εἴτε προφητείαν κατὰ τὴν ἀναλογίαν τῆς πίστεως). Was als im „Wort Gottes" gründend erkannt, beschrieben und verkündigt werden kann, das qualifiziert sich erstens bezüglich seiner *Verbindlichkeit,* zweitens hinsichtlich seiner *Wirksamkeit* und drittens im Hinblick auf seine *Lebenszuträglichkeit.*[12]

---

[9] Zu den legitimierenden Hinweisen auf die Berufung zum Apostel durch die Erscheinung des Auferstandenen s. Röm 1,1.5; 1Kor 9,1; 15,8-10; Gal 1,1.11f.15f. (Jer 1,5; Jes 49,1); vgl. Röm 15,15f.; 2Kor 4,6; 5,18-20; Gal 2,7-9; Phil 3,8.

[10] S. zum Ganzen *H.-J. Eckstein*, Verheißung und Gesetz. Eine exegetische Untersuchung zu Gal 2,15 – 4,7, WUNT 86, Tübingen 1996, 3ff.; *ders.*, Gott ist es, der rechtfertigt. Rechtfertigungslehre als Zentrum paulinischer Theologie?, in diesem Band, 75-86.

[11] „Das Wort Gottes" / ὁ λόγος τοῦ θεοῦ 1Kor 14,36; 2Kor 2,17; 4,2; 1Thess 2,13; vgl. Phil 1,14 (*varia lectio*).

[12] 1Thess 2,13: „Und darum danken wir auch Gott ohne Unterlass dafür, dass ihr das von uns verkündigte Wort Gottes (λόγον ἀκοῆς παρ' ἡμῶν τοῦ θεοῦ), als ihr es empfangen habt (παραλαβόντες), nicht als Menschenwort aufgenommen habt (ἐδέξασθε), sondern als das, was es in Wahrheit ist, als *Gottes* Wort (καθώς ἐστιν ἀληθῶς λόγον θεοῦ), das *in euch wirkt*, die ihr glaubt (ὃς καὶ ἐνεργεῖται ἐν ὑμῖν τοῖς πιστεύ-

II. Schrift und Wort Gottes

Es mag auf den ersten Blick erstaunen, dass die *grundsätzliche* Anerkennung des von uns so genannten Alten Testaments als „Heilige Schrift" zur neutestamentlichen Zeit als selbstverständlich vorausgesetzt werden kann. Die ersten Christen ringen miteinander und mit ihren jüdischen Geschwistern aus der Synagoge wohl um die richtige Interpretation der Schrift, nicht aber über deren Autorität als Wort Gottes oder um deren Abgrenzung als Kanon im Bereich der „Propheten" und der „Schriften". Dies erklärt sich zwanglos aus der jüdischen Herkunft und judenchristlichen Zugehörigkeit fast aller Verfasser neutestamentlicher Schriften. Wahrscheinlich haben wir es nur bei *Lukas* mit einem Autor *heidenchristlicher* Herkunft zu tun,[13] der sich freilich in Evangelium und Apostelgeschichte eher vorsichtiger und zurückhaltender mit der jüdischen Tradition auseinandersetzt – als z.B. Matthäus oder Johannes – und der bis ins Sprachliche hinein den ausdrücklichen Anschluss an die ins Griechische übersetzte Heilige Schrift – die Septuaginta (LXX) – sucht. Diese griechische Version der Schrift wird im 1. Jh. n.Chr. sowohl in den jüdisch-hellenistischen Synagogen der Diaspora unter den Griechisch sprechenden Juden anerkannt wie auch von dem unbestreitbar jüdisch geborenen Heidenapostel Paulus[14] bei all seinen Schriftzitaten und Auslegungen verwendet.[15] Das Problem der Kanonzugehörigkeit weisheitlicher Schriften wie Jesus Sirach oder Sapientia Salomonis – die für die Entwicklung der neutestamentlichen Christologie von prägender Bedeutung gewesen sein mögen[16] – stellt sich vor der endgültigen Gestalt des *Hebräischen* Kanons noch nicht als kontroverses Thema.

ουσιν). – Zur *Wirksamkeit* und *Lebenszuträglichkeit* s. auch Röm 1,16 (... τὸ εὐαγγέλιον, *δύναμις* γὰρ *θεοῦ* ἐστιν *εἰς σωτηρίαν* παντὶ τῷ πιστεύοντι); Röm 10,17; 1Kor 1,18 (ὁ λόγος γὰρ ὁ τοῦ σταυροῦ ... τοῖς δὲ *σῳζομένοις* ἡμῖν *δύναμις θεοῦ* ἐστιν); 2,4f. (ἀλλ' ἐν ἀποδείξει *πνεύματος καὶ δυνάμεως*, ἵνα ἡ πίστις ὑμῶν ... ἐν *δυνάμει θεοῦ*); Gal 3,2.5.

13 Eine heidenchristliche Herkunft der Verfasser des *Markus*- oder des *Johannes*evangeliums ist m.E. höchst unwahrscheinlich; vgl. *H.-J. Eckstein*, Die Gegenwart im Licht der erinnerten Zukunft, in: *Ders.*, Der aus Glauben Gerechte wird leben (s. Anm. 5), 187-206, hier 191ff.; vgl. zur Diskussion *U. Schnelle*, Einleitung in das Neue Testament (s. Anm. 3), 240ff.505ff., der selbst, a.a.O., 242, Markus „als griechisch-sprachigen Heidenchristen [...], der auch Aramäisch beherrschte," identifiziert.

14 Vgl. Röm 11,1; 2Kor 11,22; Gal 1,14; Phil 3,5f.

15 S. zum Ganzen *D.-A. Koch*, Die Schrift als Zeuge des Evangeliums. Untersuchungen zur Verwendung und zum Verständnis der Schrift bei Paulus, BHTh 69, Tübingen 1986, 11ff.

16 Vgl. *H.-J. Eckstein*, So haben wir doch nur einen Herrn. Die Anfänge trinitarischer Rede von Gott im Neuen Testament, in diesem Band, 3-33, speziell 10ff.

So braucht es auch nicht zu verwundern, dass innerhalb des Neuen Testaments die göttliche Autorität bzw. das Inspiriertsein der „Schrift" nur in zwei späteren, für die griechisch-hellenistische Umwelt zurüstenden Schriften ausdrücklich herausgestellt werden muss, während ihre Anerkennung ansonsten als selbstverständlich vorausgesetzt wird – 2Tim 3,16f.: „Denn alle Schrift, von Gott eingegeben, ist nütze zur Lehre ...", oder: „Denn alle Schrift ist von Gott eingegeben / inspiriert ... (πᾶσα γραφὴ θεόπνευστος); und 2Petr 1,20f.: „Und das sollt ihr vor allem wissen, dass keine Weissagung in der Schrift eine Sache eigener Auslegung ist. Denn es ist noch nie eine Weissagung aus menschlichem Willen hervorgebracht worden, sondern *getrieben von dem heiligen Geist* haben Menschen im Namen Gottes geredet (ὑπὸ πνεύματος ἁγίου φερόμενοι ἐλάλησαν ἀπὸ θεοῦ ἄνθρωποι)."

Die *Bezeichnungen* für das Alte Testament in den neutestamentlichen Schriften sind vor allem die „Schrift" / γραφή[17] oder „Heilige Schrift(en)" / γραφαὶ ἅγιαι (Röm 1,2). Diese kann auch nach ihrem ersten Teil insgesamt (*prima pars pro toto*) als „Gesetz" / Tora / νόμος[18] benannt werden oder nach ihren ersten beiden Kanonteilen als „Gesetz und Propheten" / ὁ νόμος καὶ οἱ προφῆται[19]. In Lk 24,44 findet sich schließlich ausnahmsweise auch schon die Benennung nach allen drei Kanonteilen, deren letzter wiederum nach seinem wichtigsten Buch (*prima pars pro toto*) angeführt wird: „Was geschrieben ist im *Gesetz des Mose* und den *Propheten* und den *Psalmen*" (πάντα τὰ γεγραμμένα ἐν τῷ νόμῳ Μωϋσέως καὶ τοῖς προφήταις καὶ ψαλμοῖς)[20]. Die uns vertraute Bezeichnung der Schrift als „Bibel" geht auf die Begriffe τὸ βιβλίον und ἡ βίβλος zurück und meint im Neuen Testament jeweils das einzelne biblische „Buch", die „Buchrolle", nicht die Schrift insgesamt, – z.B. Gal 3,10: Torarolle (ἐν τῷ βιβλίῳ τοῦ νόμου); Lk 4,17.20: Rolle des Propheten Jesaja; Mk 12,26: das Buch des Mose (ἐν τῇ βίβλῳ Μωϋσέως); Lk 3,4: das Buch der Worte des Propheten Jesaja.

Die in der christlichen Tradition gebräuchliche Bezeichnung der Israel und der Kirche gemeinsamen Heiligen Schrift mit „Altem Testament", dem dann als zweiter Kanonteil das „Neue Testament" zur Seite tritt, findet sich in dieser Form noch nicht in den neutestament-

---

17 Z.B. Gal 3,8.22; 4,30; Röm 4,3; 9,17; 10,11; 11,2.

18 Z.B. Röm 3,19a; 3,31; vgl. Joh 12,34; 1Kor 14,21.

19 Z.B. Röm 3,21; vgl. Mt 5,17; 7,12; 11,13; 22,40; Lk 16,29-31; 24,27.

20 Vgl. Sirach Prolog 1f.: „das *Gesetz*, die *Propheten* und die *übrigen ihnen Folgenden*" (τῶν ἄλλων τῶν κατ' αὐτοὺς ἠκολουθηκότων).

lichen Schriften selbst, sondern ab dem Anfang des 3. Jh. n.Chr. (z.B. bei Clemens Alexandrinus † 215 und Origenes † 254).[21] In 2Kor 3,6 und 14 kann Paulus wohl in Aufnahme der Verheißung von Jer 31,31 (38,31 LXX) und der Einsetzungsworte Jesu nach 1Kor 11,25 par. Lk 22,20 die Apostel Jesu Christi als Diener des „Neuen Bundes" (d.h. der „Neuen Verfügung" / der καινὴ διαθήκη) dem Dienst des Mose entgegenstellen, der sich auf den „Alten Bund" (d.h. die „Alte Verfügung" / die παλαιὰ διαθήκη) bezieht; aber seine Kontrastierung von Evangelium und Gesetz stellt nicht die zwei Kanonteile gegenüber, die sich erst noch ausbilden sollten, sondern die zwei Verfügungen Gottes, die in Gestalt der lebensspendenden Verheißung an Abraham (Gen 12,1-3; 15,1-6 u.ö.) und der bei der Sünde behaftenden Tora vom Sinai (Ex 19 – Dtn 34) beide schon in derselben aus Gesetz, Propheten und Schriften bestehenden Heiligen Schrift zu Wort kommen (Gal 3,6-14; Röm 4,1-25).[22]

III. Gottes Reden durch die Propheten und durch den Sohn

„Nachdem Gott vorzeiten vielfach und auf vielerlei Weise geredet hat zu den Vätern *durch die Propheten* (πολυμερῶς καὶ πολυτρόπως πάλαι ὁ θεὸς λαλήσας τοῖς πατράσιν ἐν τοῖς προφήταις), hat er in diesen letzten Tagen zu uns geredet *durch den Sohn* (ἐπ' ἐσχάτου τῶν ἡμερῶν τούτων ἐλάλησεν ἡμῖν ἐν υἱῷ), den er eingesetzt hat zum Erben über alles, durch den er auch die Welt gemacht hat" (Hebr 1,1f.). Mit dieser programmatischen und rhetorisch kunstvollen Eröffnung (mit fünffacher Alliteration auf π)[23] lässt der Verfasser des Hebräerbriefes in unüberbietbarer Prägnanz seine Hermeneutik des Wortes Gottes und damit die Grundlage seiner im Folgenden ausführlich entfalteten „Biblischen Theologie" anklingen. Gottes vormaliges Reden (πάλαι ὁ θεὸς λαλήσας) zu den Vätern, wie es in der Heiligen Schrift bewahrt ist, wird einerseits als unbestritten festgehalten; andererseits aber wird die Steigerung der Offenbarung durch die Hervorhebung seines eschatologischen und endgültigen Redens „am Ende der Zeit", „in der Endzeit" (ἐπ' ἐσχάτου τῶν ἡμερῶν τούτων) hervorgehoben.

---

21 Bei Melito von Sardes findet sich wohl erstmalig die Bezeichnung „die Bücher des Alten Testaments" / τὰ τῆς παλαιᾶς διαθήκης βιβλία, Eus HE IV 26,14; vgl. *B.M. Metzger*, Der Kanon des Neuen Testaments (s. Anm. 3), 124f.; *U. Schnelle*, Einleitung in das Neue Testament (s. Anm. 3), 396.

22 S. zum Ganzen *H.-J. Eckstein*, Verheißung und Gesetz (s. Anm. 10), 94ff.111ff. 171ff.254ff.

23 Die Alliteration ist in der deutschen Übersetzung nachempfunden durch v / ph.

Das Reden durch die Propheten (ἐν τοῖς προφήταις) findet in dem Reden durch den Sohn (ἐν υἱῷ) seine Überbietung, Erfüllung und letztgültige Vollendung. Die grundlegende Würde und unüberbietbare Autorität und Verbindlichkeit des Redens durch den Sohn kommt darin zur Geltung, dass der Sohn zugleich als der eschatologische Allherrscher zur Rechten Gottes und als der Mittler der Schöpfung Gottes bekannt wird. Als unmittelbarer Abglanz seiner Herrlichkeit und als Abbild seines Wesens (ὃς ὢν ἀπαύγασμα τῆς δόξης καὶ χαρακτὴρ τῆς ὑποστάσεως αὐτοῦ) trägt der *Sohn Gottes* nicht nur alles mit seinem mächtigen Wort, sondern ist selbst den größten denkbaren Repräsentanten Gottes wie den *Engeln* oder *Mose* an Würde und Autorität weit überlegen (Hebr 1,3; 1,5 – 3,6). Damit wird das Reden Gottes durch den Sohn zugleich als Gottes erstes wie als Gottes letztes Wort, als sein grundlegendes wie auch sein endgültiges Offenbaren erkannt, durch welches Gottes „vorläufiges" Reden durch Mose und die Propheten protologisch wie eschatologisch eingeschlossen und letztgültig überboten wird.

Was der Hebräerbrief in unübertrefflicher Prägnanz programmatisch formuliert und in seiner gesamten christologischen Entfaltung inhaltlich durchführt[24], kann als Grundmodell einer impliziten Kanonhermeneutik der neutestamentlichen Schriften insgesamt gelten. Über das Verhältnis des in Christus offenbarten Wortes Gottes zu der ihrem kanonischen Abschluss entgegengehenden „Heiligen Schrift" aus „Gesetz, Propheten und Psalmen" resp. „Schriften" war damit Grundlegendes gesagt. Für die frühe Kirche schieden verschiedene Möglichkeiten des Umgangs mit der bisher Schrift gewordenen Offenbarung von der Christusoffenbarung her aus: *Erstens* konnte sie das Reden Gottes nicht als mit den „Schriften" des Alten Testaments abgeschlossen betrachten und sich mit dem Kanon der Hebräischen Bibel oder des weiteren Umfangs der Septuaginta als Wort Gottes begnügen. – *Zweitens* legte sich hinsichtlich der Überbietung und unvergleichlichen Würde des Sohnes Gottes auch nicht die Möglichkeit nahe, „Gesetz, Propheten und Schriften" durch das Reden Gottes im Sohn nur ergänzt zu sehen und den Kanon um einen weiteren, vierten Teil des „Evangeliums von Jesus Christus", des εὐαγγέλιον Ἰησοῦ Χριστοῦ, zu erweitern oder durch einen weiteren Redaktionsprozess die bisherigen Überlieferungen lediglich zu überarbeiten. – *Drittens* schied aber für die judenchristlichen Verfasser des 1. Jh. n.Chr. im Sinne des Hebräerbriefes auch völlig die Möglichkeit aus, wie später Markion das „Alte Testament" und mit ihm den Schöpfer der Welt

24 S. die theologischen Grundlegungen in Hebr 1,1-14; 2,5-18; 5,1-10; 7,1 – 10,18; 11,1-40; 12,18-24.

und den Gott der Juden gering zu schätzen und nur das in einigen Paulusbriefen und dem Lukasevangelium bezeugte wahre Evangelium gelten zu lassen.[25] – So wurde schon mit dem Verfassen der neutestamentlichen Schriften selbst der Weg der *vierten* Möglichkeit beschritten, der mit der grundsätzlichen Anerkennung eines aus zwei unterschiedenen, aber nicht getrennten Teilen der „Heiligen Schrift" Ende des 2. Jh. n.Chr. seinen vorläufigen Höhepunkt erreicht. Aber wie verfahren die Autoren der neutestamentlichen Schriften bei ihrem Umgang mit den als „Heilige Schrift" anerkannten alttestamentlichen Schriften? Und wie bestimmen sie selbst ihre eigene Autorität im Verhältnis zur Schrift einerseits und andererseits zum Reden Gottes in seinem Sohn – zum Evangelium Jesu Christi?

IV. Das Zeugnis der Apostel vom Evangelium Jesu Christi

Wie wir bereits erkannten, empfiehlt sich der Apostel Paulus für die Darstellung einer neutestamentlichen Hermeneutik des Wortes Gottes sowohl aus *zeitlichen* wie vor allem aus *sachlichen* Gründen als entscheidender Repräsentant. Dies gilt umso mehr, als wir es hier eindeutig mit einem Verfasser neutestamentlicher Schriften zu tun haben, der sich selbst zum engsten Kreis der *Apostel* zählen konnte, was bei allen übrigen Schriften des Neuen Testaments bekanntlich umstritten ist. Ausgehend von 1Thess 2,13 haben wir auch schon gesehen, dass Paulus hinsichtlich des Wortes Gottes und seiner menschlichen Verkündigung keineswegs trennt, wohl aber klar differenziert, wodurch sich hermeneutisch bei ihm auch eine eindeutige Hierarchie der Verbindlichkeit für den Fall der innergemeindlichen theologischen Auseinandersetzung ergibt.

Zunächst ist festzuhalten, dass nach Paulus nicht nur für die Apostel, sondern auch für deren Mitarbeiter und die „Apostel, Propheten und Lehrer" der Gemeinden (1Kor 12,28) gilt, dass unter deren Verkündigung des Evangeliums von Christus durch Gottes Geist Glauben geweckt und Geist und Leben vermittelt werden (1Kor 2,4f.; Gal 3,2.5). Denn zum Glauben kommt es bei den Hörern durch die im Wort Gottes selbst wirkende Kraft seines Geistes. Glaube und Geistempfang kommen aus der Verkündigung (ἄρα ἡ πίστις ἐξ ἀκοῆς Röm 10,17; ἐξ ἀκοῆς πίστεως Gal 3,2.5), und diese empfängt ihre Vollmacht aus der Kraft des Evangeliums von Christus als des Wor-

---

25 Vgl. *H. v. Campenhausen*, Die Entstehung der christlichen Bibel (s. Anm. 3), 174ff.; *B.M. Metzger*, Der Kanon des Neuen Testaments (s. Anm. 3), 96ff.

tes Gottes selbst (δύναμις θεοῦ Röm 1,16f.; 1Kor 1,18; ὃς καὶ ἐνεργεῖται ἐν ὑμῖν 1Thess 2,13).

Gelten diese Aussagen grundsätzlich für alle Verkündiger, sofern sie das „*eine* Evangelium" und die „Wahrheit des Evangeliums" (Gal 1,6-12; 2,5.14) verkündigen, so haben die *Apostel* im spezifischen Sinne[26] – also der Zwölferkreis, der Herrenbruder Jakobus, Paulus und Barnabas[27] – innerhalb der Urgemeinde und in den frühen Kirchen der ersten Jahrzehnte ein besonderes Ansehen. Ihnen ist der auferstandene Christus persönlich erschienen („er ist erschienen" / ὤφθη)[28], so dass er von ihnen „gesehen" / ἑόρακα (1Kor 9,1) und erkannt worden ist[29]. Das heißt nicht weniger, als dass Gott selbst ihnen seinen auferstandenen Sohn offenbart („Offenbarung" / ἀποκάλυψις – „offenbaren" / ἀποκαλύψαι Gal 1,12.16) und sie zum Apostelamt berufen und eingesetzt hat[30]. Dementsprechend kann Paulus in seinem wohl inhaltsreichsten temporalen Nebensatz in Gal 1,15 formulieren: „Als es aber Gott wohlgefiel, der mich von meiner Mutter Leib an ausgesondert und durch seine Gnade berufen hat (καὶ καλέσας διὰ τῆς χάριτος αὐτοῦ), dass er mir seinen Sohn offenbarte (ἀποκαλύψαι τὸν υἱὸν αὐτοῦ ἐν ἐμοί), damit ich ihn durchs Evangelium verkündigen sollte unter den Heiden ... (ἵνα εὐαγγελίζωμαι αὐτὸν ἐν τοῖς ἔθνεσιν)". So verwundert es nicht, dass drei aus ihrem Kreis in Jerusalem um 48 n.Chr. als die „Säulen" der „Gemeinde Gottes" angesehen werden – nämlich der Herrenbruder Jakobus, Kephas und Johannes der Zebedaide (Gal 2,9)[31] – und dass Paulus selbst in den

---

26 Im *weiteren* Sinne werden als „Apostel" die „Missionare" – im Wortsinn – bezeichnet: 1Kor 12,28; 2Kor 11,13; Röm 16,7 (Andronikus und Junia ['Ιουνίαν weiblich, nicht: 'Ιουνιᾶν männlich]; im weitesten Sinne sind Apostel Gesandte, die eine Gemeinde mit einem bestimmten Auftrag aussendet: 2Kor 8,23; Phil 2,25.

27 S. 1Kor 9,1.5f.; 15,5-9; Gal 1,17.19. Vgl. Röm 1,1; 1Kor 1,1; 2Kor 1,1; Gal 1,1; 1Thess 2,7; für das Apostelamt / ἡ ἀποστολή: Röm 1,5; Gal 2,8; vgl. Apg 14,14.

28 S. 1Kor 15,5-10; vgl. Lk 24,34.

29 S. 2Kor 4,6; Phil 3,8; Vgl. zum Ganzen *H.-J. Eckstein*, Die Wirklichkeit der Auferstehung Jesu, in: *Ders.*, Der aus Glauben Gerechte wird leben (s. Anm. 5), 152-176.232-238.

30 S. Röm 1,1.5; Gal 1,1.11f.15f. (Jer 1,5; Jes 49,1); vgl. Röm 15,15f.; 2Kor 4,6; 5,18-20; Gal 2,7-9; Phil 3,8). Zur Berufung des Paulus nach Lukas s. Apg 9,1ff.; 22,6ff.; 26,12ff. und zum Apostelbegriff neben Lk 6,13 vor allem Apg 1,21f.25. Wie sich aus den Kriterien für die Nachwahl des zwölften Jüngers ergibt, bildet für Lukas neben der Erscheinung und Beauftragung des Auferstandenen die Begleitung des irdischen Jesus von den Anfängen seines Wirkens an ein entscheidendes Kriterium.

31 Von der Reihung der Apostel in Gal 2,9 her erklärt sich wohl auch die spätere Abfolge der katholischen Briefe in Handschriften und Kanonlisten: 1. Jakobus, 2. Petrus, 3. Johannes – neben bzw. nach den bis zu 13 (bzw. mit dem anonymen Hebräerbrief 14) Paulusbriefen. Die Reihung der Lutherbibel ergibt sich durch das „Vorziehen" von Petrus- und Johannesbriefen vor Hebräer, Jakobus und Judas.

Auseinandersetzungen mit Gegnern die Autorität seines eigenen Apostolats hervorhebt: „Bin ich nicht ein Apostel? Habe ich nicht den Herrn gesehen?“ (οὐκ εἰμὶ ἀπόστολος; οὐχὶ Ἰησοῦν τὸν κύριον ἡμῶν ἑόρακα; 1Kor 9,1).[32]

Durch das *apostolische Kerygma* spricht Gott selbst, indem er den Glauben bei den Hörenden hervorruft und seinen lebenschaffenden Geist vermittelt. Die Begriffe für dieses für die frühe Kirche verbindliche *Zeugnis der Apostel* können dabei variieren: Paulus spricht von der „Kunde“, „Predigt“ / ἡ ἀκοή[33], von der „Verkündigung“, dem „Kerygma“ / τὸ κήρυγμα[34], von dem „Zeugnis“ / τὸ μαρτύριον[35], vereinzelt von der „Ermunterung“, „Ermahnung“ / ἡ παράκλησις[36] – vor allem und speziell aber von dem „Verkündigen des Evangeliums“ / εὐαγγελίζεσθαι[37]. Dabei ist für die folgenden Differenzierungen die im Deutschen nicht einfach übertragbare griechische *figura etymologica* besonders aufschlussreich: „das *Evangelium* als *Evangelium* verkündigen“ / τὸ εὐαγγέλιον εὐαγγελίζεσθαι[38]. Indem die Hörer das durch die Apostel verkündigte Wort Gottes (λόγον ἀκοῆς παρ’ ἡμῶν τοῦ θεοῦ) nicht nur als *Menschen*wort „empfangen“ (παραλαβόντες), sondern als das, was es in Wahrheit ist, Gottes eigenes Wort (καθώς ἐστιν ἀληθῶς λόγον θεοῦ) „auf-“ und „angenommen“ haben (ἐδέξασθε), erweisen sie sich als solche, in denen Gottes Wort im Glauben wirkt (1Thess 2,13).

V. Das Evangelium Christi als offenbartes Wort Gottes

Nun könnte man in der Differenzierung zwischen der allgemeinen und vielfältigen Verkündigung des Evangeliums in den Gemeinden und dem diesem als Quelle und Maßstab vorgegebenen Zeugnis der Apostel bereits eine hinreichende und praktikable Lösung sehen. Es sollte sich aber zeigen, dass nicht nur Verkündigung und Lehrentscheidungen der Schüler der Apostel in entscheidenden Punkten von-

---

32 Vgl. Gal 1,1: „Paulus, ein Apostel nicht von Menschen, auch nicht durch einen Menschen, sondern durch Jesus Christus und Gott, den Vater (ἀλλὰ διὰ Ἰησοῦ Χριστοῦ καὶ θεοῦ πατρός), der ihn auferweckt hat von den Toten.“

33 S. Röm 10,16f.; Gal 3,2.5; 1Thess 2,13.

34 S. 1Kor 1,21; 2,4; 15,14.

35 S. 1Kor 1,6; vgl. 2Thess 1,10.

36 S. 1Thess 2,3.

37 εὐαγγελίζεσθαι absolut: Röm 1,15; 15,20; 1Kor 1,17; 9,16.18; 2Kor 10,16; Gal 4,13; mit Objektsakkusativ: Röm 10,15; Gal 1,16; 1,23; vgl. abweichend 1Thess 3,6.

38 S. τὸ εὐαγγέλιον ὃ εὐηγγελισάμην ὑμῖν 1Kor 15,1; τὸ τοῦ θεοῦ εὐαγγέλιον εὐηγγελισάμην ὑμῖν 2Kor 11,7; τὸ εὐαγγέλιον τὸ εὐαγγελισθὲν ὑπ’ ἐμοῦ Gal 1,11.

einander abweichen können, sondern auch die der Apostel selbst. In der Frage der Verbindlichkeit der Toraobservanz für an Christus glaubende Juden wie für Heidenchristen, in der Frage der Legitimität und Gestalt der Heidenmission an sich und der darauf folgenden Abendmahls- und Tischgemeinschaft in gemischten Gemeinden besteht nicht nur Dissens zwischen untergeordneten Mitarbeitern und einzelnen Gemeindegliedern, sondern – wie im antiochenischen Konflikt nach Gal 2,11-21 in Gestalt von Paulus und Petrus ganz unbestreitbar – zwischen den durch den Auferstandenen selbst berufenen *Aposteln*.

Für diesen Fall ist es für Paulus von grundlegender Bedeutung, dass er sich in der öffentlichen Auseinandersetzung mit Petrus und den Jakobusschülern auf die allen Aposteln vorgegebene „Wahrheit des Evangeliums“ (Gal 2,5.14)[39] und auf das von Christus selbst offenbarte „*eine* und *einzige* Evangelium“ (Gal 1,6-12) als „Wort Gottes“ jenseits der apostolischen Meinungen und des davon abweichenden Verhaltens beziehen kann. Damit ist die *Einheit* und *Wahrheit* des Evangeliums sogar jenseits – nicht nur einer innergemeindlichen, sondern speziell – der *apostolischen* Widersprüchlichkeit in der dem apostolischen Zeugnis vorgeordneten Größe des *Evangeliums* festgehalten. Das apostolische Kerygma *gründet* untrennbar in dem ihm vorgegebenen Evangelium, ist aber hermeneutisch gesehen von ihm als der übergeordneten Größe zu *unterscheiden*.[40]

Nach Paulus ist nämlich für den Apostolat neben der *Erscheinung* des Auferstandenen und der persönlichen *Berufung* zum Apostelamt durch den Auferstandenen konstitutiv, dass den Aposteln auch das *Evangelium selbst* von Christus erschlossen und übertragen wurde: „Denn ich tue euch kund, liebe Brüder, dass das Evangelium, das von mir gepredigt ist, nicht von menschlicher Art ist (οὐκ ἔστιν κατὰ ἄνθρωπον). Denn ich habe es nicht von einem Menschen empfangen oder gelernt (οὐδὲ γὰρ ἐγὼ παρὰ ἀνθρώπου παρέλαβον αὐτὸ οὔτε ἐδιδάχθην), sondern durch eine Offenbarung Jesu Christi“ (ἀλλὰ δι᾽ ἀποκαλύψεως Ἰησοῦ Χριστοῦ Gal 1,11f.). Da Gott selbst in Christus das Wort von der Versöhnung unter den Aposteln aufgerichtet hat (καὶ θέμενος ἐν ἡμῖν τὸν λόγον τῆς καταλλαγῆς 2Kor 5,19; vgl. 4,6), handelt es sich bei dem „Evangelium von *seinem Sohn*“ (εὐαγγέλιον τοῦ υἱοῦ αὐτοῦ – *Genitivus obiectivus*, Röm 1,9; vgl. 1,3)[41]

---

[39] Vgl. *O. Hofius*, „Die Wahrheit des Evangeliums“, in: *Ders.*, Paulusstudien II, WUNT 143, Tübingen 2002, 17-37.

[40] S. zum Ganzen *H.-J. Eckstein*, Verheißung und Gesetz (s. Anm. 10), 86ff.

[41] Mit *Gen. obiectivus*: Röm 1,9 („seines Sohnes“ / „von seinem Sohn“ / τοῦ υἱοῦ

um das „Evangelium *Gottes*" (εὐαγγέλιον θεοῦ – *Genitivus subiectivus* resp. *auctoris*, Röm 1,1).[42] Kanonhermeneutisch ist von größter Bedeutung, dass damit das *Evangelium* – und nicht nur die „Heilige Schrift" Alten Testaments – bereits innerneutestamentlich als „Wort Gottes" (1Thess 2,13)[43] verstanden und anerkannt worden ist.

VI. Der Inhalt des Evangeliums

Wie sowohl aus den Ausführungen zur Verkündigung der Apostel als auch aus denen zum Evangelium Gottes eindeutig hervorgeht, wird der *Inhalt* des Evangeliums nicht nur sachlich umschrieben oder gar auf bestimmte Bekenntnisformeln reduziert, sondern mit der *Person* des von Gott gesandten Sohnes, des gekreuzigten und auferstandenen Herrn Jesus Christus, identifiziert. Er ist der zentrale und eigentliche Inhalt des Evangeliums und infolgedessen der apostolischen Verkündigung: „Denn ich hielt es für richtig, unter euch nichts zu wissen als allein Jesus Christus, den Gekreuzigten" (1Kor 2,2)[44]. Dementsprechend bestand die Offenbarung des *Evangeliums* durch Gott in der Offenbarung seines *Sohnes* (Gal 1,11f.15f.) und demzufolge besteht die erhellende Erkenntnis des *Evangeliums* in der Erkenntnis der Herrlichkeit Gottes in dem *Angesicht Jesu Christi*.[45]

Hermeneutisch gesehen ergibt sich damit bereits in den frühesten Schriften des Neuen Testaments ein Verständnis vom „Wort Gottes", das in seiner Differenzierung und Abstufung die *Einheit* des Evange-

---

αὐτοῦ); 15,19 (wie im Folgenden „Christi" / „von Christus" / τοῦ Χριστοῦ); 1Kor 9,12; 2Kor 2,12; 9,13; 10,14; Gal 1,7; Phil 1,27; 1Thess 3,2; 2Kor 4,4 („der Herrlichkeit Christi" / „von der Herrlichkeit Christi" / τῆς δόξης τοῦ Χριστοῦ); Röm 10,8.17 wegen Kontext (Dtn 30,14): „das Wort (Christi)" / τὸ ῥῆμα (Χριστοῦ).

42 Mit *Gen. subiectivus* „Evangelium Gottes" / εὐαγγέλιον [τοῦ] θεοῦ: Röm 1,1; 15,16; 2Kor 11,7; 1Thess 2,2.8.9. Dies wird bei Paulus auch dort vorausgesetzt, wo „das Evangelium" / τὸ εὐαγγέλιον absolut gebraucht wird: Röm 1,16; 10,16; 11,28; 1Kor 4,15; 9,14.18.23; 2Kor 8,18; 11,4; Gal 1,11; 2,2.5.14; Phil 1,5.7.12.16.27; 2,22; 4,3.15; 1Thess 2,4; Phlm 13; vgl. Gal 1,6 („anderes Evangelium" / ἕτερον εὐαγγέλιον). – Vgl. noch „mein Evangelium" / τὸ εὐαγγέλιόν μου (Röm 2,16; 16,25); „unser Evangelium" / τὸ εὐαγγέλιον ἡμῶν (2Kor 4,3; 1Thess 1,5 – „das von mir/von uns verkündigte Evangelium"); „das Evangelium der Unbeschnittenheit" / τὸ εὐαγγέλιον τῆς ἀκροβυστίας (Gal 2,7 – „das Evangelium für die Unbeschnittenen").

43 „Das Wort" / ὁ λόγος Phil 1,14 (*varia lectio*); 1Thess 1,6; „das Wort Gottes" / ὁ λόγος τοῦ θεοῦ 1Kor 14,36; 2Kor 2,17; 4,2; 1Thess 2,13; vgl. Phil 1,14 (*varia lectio*) – „das Wort vom Kreuz" / ὁ λόγος τοῦ σταυροῦ (1Kor 1,18); „das Wort von der Versöhnung" / ὁ λόγος τῆς καταλλαγῆς (2Kor 5,19).

44 Vgl. 1Kor 1,23; 2Kor 1,19; 2Kor 4,5; Gal 3,1.

45 S. 2Kor 4,4.6: τὸν φωτισμὸν τοῦ εὐαγγελίου τῆς δόξης τοῦ Χριστοῦ ... πρὸς φωτισμὸν τῆς γνώσεως τῆς δόξης τοῦ θεοῦ ἐν προσώπῳ ['Ιησοῦ] Χριστοῦ.

liums angesichts der *Vielstimmigkeit* des apostolischen Zeugnisses und hinsichtlich der *Auseinandersetzung* über das Verständnis der Tora des Mose festzuhalten vermag. Zudem sind mit diesem christozentrischen Verständnis des Evangeliums und mit dieser differenzierten Einheit von Evangelium und apostolischem Zeugnis auch die späteren kanongeschichtlichen Entwicklungen bis hin zu der Anerkennung des neutestamentlichen Kanons als „Heilige Schrift" sachlich vorbereitet.

Selbst die spätere Frage nach der „Mitte der Schrift" angesichts der Vielfältigkeit des biblischen Zeugnisses erhält im Kontext der paulinischen Hermeneutik bereits entscheidende Inspirationen. Da nicht bestimmte menschliche Persönlichkeiten oder Schriften im Gegensatz zu anderen an sich unfehlbar und unhinterfragbar sind und erwiesenermaßen sogar Apostel irren können, kann eine an dieser Hermeneutik des Wortes orientierte Lösung kaum nach einem „*Kanon im Kanon*" suchen wollen – nicht einmal nach dem der Paulusbriefe als formaler Mitte der neutestamentlichen Überlieferung. Denn dem „Eventualfluch" in Gal 1,8f. gegenüber allen, die das Evangelium Christi verkehren wollen (θέλοντες μεταστρέψαι τὸ εὐαγγέλιον τοῦ Χριστοῦ), unterstellt Paulus ausdrücklich auch sich selbst und die Engel Gottes: „Aber auch wenn wir oder ein Engel vom Himmel euch ein Evangelium predigen würden, das anders ist, als wir es euch gepredigt haben, der sei verflucht" (εὐαγγελίζηται [ὑμῖν] παρ' ὃ εὐηγγελισάμεθα ὑμῖν, ἀνάθεμα ἔστω). Selbst Apostel und Engel beziehen ihre Autorität aus der Übereinstimmung ihrer Aussagen mit dem im Evangelium von Christus vorgegebenen Wort Gottes.

Aber auch die zweite Möglichkeit, die „Mitte der Schrift" inhaltlich in einer zentralen Aussage oder in Formeln umfänglich und hinreichend beschreiben zu wollen, scheitert im Rahmen dieser „Wort-Gottes-Theologie" daran, dass der eigentliche Inhalt nicht nur eine sachliche Mitteilung, sondern die *Person* des gekreuzigten und auferstandenen Herrn selbst ist, der sich wohl in Akklamationen anrufen und in Bekenntnissen und Hymnen verehren und anerkennen lässt[46], aber selbst in dem zentralen und heilbringenden Bekenntnis κύριος Ἰησοῦς Χριστός / „Herr ist Jesus Christus"[47] nicht einfach aufgeht. So können selbst so zentrale und zutreffende Bestimmungen der Mitte der Schrift wie „die Rechtfertigung des Gottlosen" oder „die Ver-

---

46 S. zum Ganzen *H.-J. Eckstein*, So haben wir doch nur einen Herrn, in diesem Band, 3ff.

47 S. Röm 10,9f.; vgl. 1Kor 12,3; Phil 2,9-11.

Wort Gottes bei Paulus

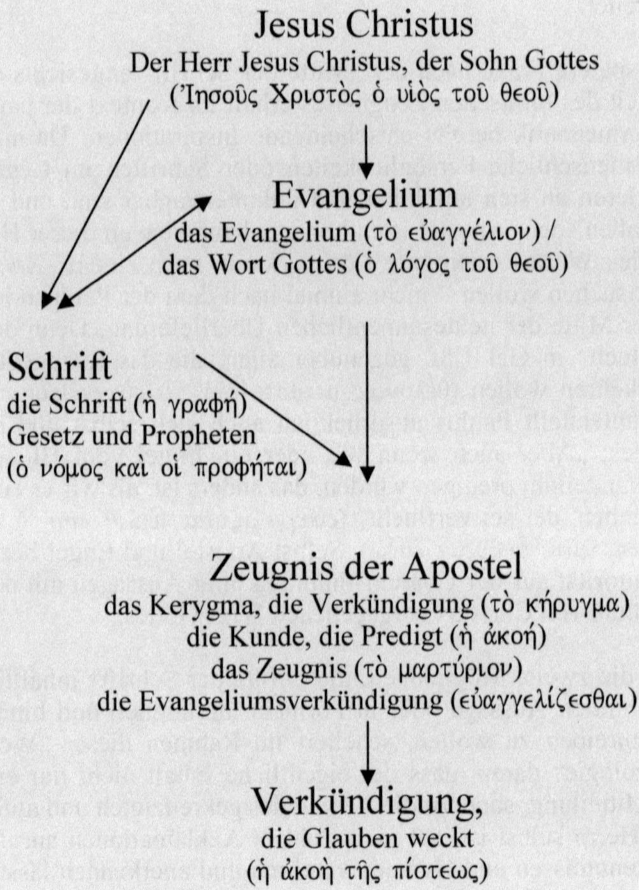

söhnung der Welt mit Gott“ aus eben diesem christologischen Grunde nicht als umfänglich und hinreichend akzeptiert werden.

Die *Mitte der Schrift* und der zentrale Inhalt des Evangeliums und damit der *Kanon im Kanon* – d.h. das „Kriterium“, der „Maßstab“ und die „Richtschnur“ für die Beurteilung der „Wahrheit des Evangeliums“ und der *Einheit* des Wortes Gottes in der *Vielfalt* des apostolischen Zeugnisses – ist nach Paulus die Person des gekreuzigten, auferstandenen und erhöhten Christus, an dessen Handeln und Geschick, an dessen Sein und Wort sich alle menschliche Verkündigung und alles menschliche Handeln immer wieder erneut messen lassen muss. Sosehr diese „Mitte der Schrift“ dem Zugriff menschlicher Verfügbarkeit und Bestimmbarkeit grundsätzlich entzogen bleiben mag, sosehr wird sie im „Evangelium von Jesus Christus“ und im „Wort vom Gekreuzigten“ ansichtig und anschaulich – denn in der vielstimmigen Verkündigung der Apostel und derer, die ihr Zeugnis weitertradieren, wird Jesus Christus als der Gekreuzigte vor Augen gestellt[48], und in dem hellen Licht des Evangeliums von der Herrlichkeit Christi als des Ebenbildes Gottes kommt es zur Erkenntnis der Herrlichkeit Gottes selbst[49]. So kommt mit der Anerkennung Jesu Christi als der „Mitte“ des Evangeliums das *vielfältige Ganze* des apostolischen Zeugnisses – und später des zweiteiligen Kanons Alten und Neuen Testaments – von dem einmütig bekannten „Einen“ her hermeneutisch als *differenzierte Einheit* in den Blick.

VII. Apostolische Verkündigung, Schriftzeugnis und allgemeines Bekenntnis

Über diese hermeneutischen Grundentscheidungen hinaus sollte für die spätere kirchliche Entwicklung aber auch die Art und Weise prägend wirken, in der Paulus das *eine* Evangelium in Auseinandersetzung mit anderslautenden Interpretationen und gegenüber Zweifeln und Anfragen begründet und entfaltet. Wie sich schon in den Präskripten des Römerbriefs oder des Galaterbriefs mit wünschenswerter Deutlichkeit erkennen lässt, plausibilisiert er seine in Frage stehende Verkündigung in *dreifacher* Weise. *Erstens* hebt er – wie wir breit entfaltet haben – auf die Autorität seines in Gottes Berufung und in der Erscheinung des Auferstandenen begründeten Apostelamtes ab: „Paulus, Knecht Christi Jesu, berufener Apostel (κλητὸς ἀπό-

---

48 S. Gal 3,1: οἷς κατ’ ὀφθαλμοὺς ’Ιησοῦς Χριστὸς προεγράφη ἐσταυρωμένος.

49 S. 2Kor 4,6: ὃς ἔλαμψεν ἐν ταῖς καρδίαις ἡμῶν πρὸς φωτισμὸν τῆς γνώσεως τῆς δόξης τοῦ θεοῦ ἐν προσώπῳ [’Ιησοῦ] Χριστοῦ (vgl. V. 4).

στολος), ausgesondert für das Evangelium Gottes" (ἀφωρισμένος εἰς εὐαγγέλιον θεοῦ Röm 1,1). Noch nachdrücklicher als diese dreifache Intitulation muss die Absenderangabe des Galaterbriefs erscheinen, die die apostolische Autorität gleich durch zwei Negationen unterstreicht: „Paulus, ein Apostel – *nicht* von Menschen, auch *nicht* durch einen Menschen, sondern durch *Jesus Christus* und *Gott, den Vater* (ἀλλὰ διὰ Ἰησοῦ Χριστοῦ καὶ θεοῦ πατρός), der ihn auferweckt hat von den Toten" (Gal 1,1). Es kann nicht fraglich sein, dass die folgenden Schreiben nicht als private menschliche Meinungsäußerungen, sondern als Entfaltung des von Gott offenbarten Evangeliums durch einen von ihm selbst dazu berufenen Apostel gelesen sein wollen (Gal 1,11f.15f.). Hier wird das Kriterium der *Apostolizität* geltend gemacht.

„Ausgesondert für das Evangelium Gottes, das er zuvor verheißen hat (ὃ προεπηγγείλατο) durch seine Propheten in der Heiligen Schrift (ἐν γραφαῖς ἁγίαις) ..." (Röm 1,2). Wie wir bei der eindrücklichen Eröffnung des Hebräerbriefes bereits erkannt haben, geht es jedem Verfasser der neutestamentlichen Schriften – und vor allem Paulus selbst – um den Erweis der *Schriftgemäßheit* des von ihm verkündigten Evangeliums und damit um die Betonung der Kontinuität und Einheitlichkeit des Redens Gottes in der „Heiligen Schrift" und im „Evangelium" – denn beide werden im Vollsinn als „Wort Gottes" anerkannt und das Evangelium von Jesus Christus als die wahre Vollendung und Erfüllung der Vorausverkündigung durch Mose und die Propheten gesehen. So beansprucht Paulus für die Offenbarung von der Gerechtigkeit Gottes allein im Glauben an Christus und unabhängig von der Sinai-Tora (χωρὶς νόμου δικαιοσύνη θεοῦ πεφανέρωται), gerade *diese* sei „bezeugt von dem Gesetz und den Propheten (μαρτυρουμένη ὑπὸ τοῦ νόμου καὶ τῶν προφητῶν)" (Röm 3,21).

Auf die Frage, ob Paulus mit diesem Glaubensverständnis von der Rechtfertigung ohne Toraobservanz (δικαιοῦσθαι πίστει ἄνθρωπον χωρὶς ἔργων νόμου Röm 3,28) nicht das „Gesetz" – d.h. die Tora und mit ihr als *prima pars pro toto* die Schrift – aufhebe und für ungültig erkläre (νόμον οὖν καταργοῦμεν διὰ τῆς πίστεως;), kontert er entschieden: „Ganz und gar nicht, sondern wir richten das Gesetz – d.h. die Schrift – auf" (μὴ γένοιτο· ἀλλὰ νόμον ἱστάνομεν Röm 3,31; vgl. Röm 4,3). Und er lässt im unmittelbaren Anschluss mit Röm 4,1-25 einen umfänglichen Erweis der Schriftgemäßheit folgen, indem er – wie schon im Briefthema Röm 1,17 mit dem Zitat aus Hab 2,4: „Der aus Glauben Gerechte wird leben" – aufzeigt, dass schon *Abraham* und *David* sich vor Gott auf dessen Gnade berufen haben und nicht infolge ihres gelebten Lebens, sondern allein im Glauben gerechtfertigt worden sind: „Dem aber, der nicht mit Werken umgeht (τῷ δὲ μὴ ἐργαζομένῳ), glaubt aber an den, der *die Gottlosen gerecht macht* (τὸν δικαιοῦντα τὸν ἀσεβῆ), dem wird sein Glaube gerechnet zur Gerechtigkeit" (Röm 4,5).[50]

Dabei ist hermeneutisch höchst beachtenswert, dass Paulus die „Heilige Schrift" und das „Evangelium von Christus" nicht etwa undifferenziert nach dem dualistischen Schema von „Gesetz und Evangelium" kontrastiert oder auch nur nach dem Dual von „Verheißung und Erfüllung" auseinander definiert, so dass dem „Alten Testament" insgesamt allein die Rolle des Gerichtes und der Anklage oder der unerfüllten Voraussage in einer christuslosen Zeit zufiele. Vielmehr ist für ihn – wie es auch in Hebr 1,1ff. vorausgesetzt wird – der auferstandene und erhöhte Gottessohn zugleich der präexistente Schöpfungsmittler Gottes (1Kor 8,6; vgl. 2Kor 8,9; Phil 2,6f.), so dass es wohl eine Zeit vor der Sendung des Sohnes in die Welt gibt – *ante Christum natum* –, aber keine Zeit in der Geschichte Israels und der Welt ohne die Gegenwart und das Wirken des Sohnes als der Weisheit und des Wortes Gottes – also keine Zeit *ante Christum*.[51] Und die Reihenfolge und Rangfolge der Verfügungen Gottes sind aus der Sicht des Paulus nicht „Gesetz und Evangelium", sondern „*Evangelium* in Gestalt der *Verheißung – Gesetz – Evangelium*" (Gal 3,6ff. 15ff.19ff.; Röm 4,1-25). Das Wort der Anklage und des Gerichtes Gottes ist umgriffen von Gottes Wort des Segens und des gnädigen Freispruchs. Gottes erstes und letztes Wort ist die Zusage des endgültigen Segens und des Lebens in Christus auf der Grundlage des Glaubens. Für Abraham persönlich hat sich die Segensverheißung von Gen 12,1ff. bereits mit der Rechtfertigung aus Glauben zum Zeitpunkt von Gen 15,1-6 erfüllt: „Denn was sagt die Schrift? ‚Abraham hat Gott geglaubt, und das ist ihm zur Gerechtigkeit gerechnet worden'" (ἐπίστευσεν δὲ Ἀβραὰμ τῷ θεῷ καὶ ἐλογίσθη αὐτῷ εἰς δικαιοσύνην Röm 4,3; vgl. Gal 3,6). Insofern ist Abraham nicht nur die Verheißung vorangekündigt worden, sondern ihm ist die in seinem Samen Christus verwirklichte Segensverheißung bereits zuvor wirksam und lebenschaffend als rechtfertigendes Evangelium zugesprochen worden – προευηγγελίσατο τῷ Ἀβραάμ (von προ – εὐαγγελίζεσθαι Gal 3,8).

---

[50] Vgl. zum Schriftbeweis anhand der Segensverheißung an Abraham auch Gal 3,6ff. und 4,21ff.; s. *H.-J. Eckstein*, Verheißung und Gesetz (s. Anm. 10), 94ff.; 246f.; 253ff.

[51] Vgl. zum Ganzen *H.-J. Eckstein*, So haben wir doch nur einen Herrn, in diesem Band, 3ff.9ff.

Neben dem Hinweis auf die Autorität des *Zeugnisses der Apostel* und der *Schriftgemäßheit* findet sich auch schon bei Paulus selbst die Argumentation auf der Grundlage des einmütig und allgemein Anerkannten und Bekannten. So rekurriert er gleich nach dem Hinweis auf das Zeugnis der Schrift in Röm 1,2 auf ein traditionelles christologisches mehrgliedriges Bekenntnis (Röm 1,3f.) und erweitert in Gal 1,4 bereits den anfänglichen Segensgruß um eine geprägte christologisch-soteriologische Selbsthingabeformel: „der sich selbst für unsre Sünden dahingegeben hat (τοῦ δόντος ἑαυτὸν ὑπὲρ τῶν ἁμαρτιῶν ἡμῶν), dass er uns errette von dieser gegenwärtigen, bösen Welt ...", der zum Abschluss der antiochenischen Rede als *Inclusio* die Selbsthingabeformel in Gal 2,20 korrespondiert: „... das lebe ich im Glauben an den Sohn Gottes, der mich geliebt hat und sich selbst für mich dahingegeben" (τοῦ ἀγαπήσαντός με καὶ παραδόντος ἑαυτὸν ὑπὲρ ἐμοῦ).

Diese Bezugnahme auf verbreitete Akklamationen, Bekenntnisformeln und Hymnen findet sich bei Paulus vielfältig.[52] Sie setzt voraus, dass das als „Wahrheit des Evangeliums" Erkannte und Bekannte sich bereits in Formeln und Bekenntnissen der Kirchen Jesu Christi ausspricht und damit einen sprachlichen Zusammenhalt der über die Welt verbreiteten und verschiedenartigen Gemeinden garantiert, die noch nicht über eine kanonisch anerkannte Sammlung neutestamentlicher Schriften verfügen. Gegenüber den ferngelegenen, ihm persönlich unbekannten Gemeinden in Rom argumentiert Paulus *als Apostel* auf der Grundlage einerseits der – Juden und Christen gemeinsamen – *Heiligen Schrift* und andererseits des christlichen *Bekenntnisses*.

Als in den Gemeinden von Korinth einige die Auferstehung der Toten bestreiten wollen (πῶς λέγουσιν ἐν ὑμῖν τινες ὅτι ἀνάστασις νεκρῶν οὐκ ἔστιν;), eröffnet der Apostel seine werbende Auseinandersetzung mit dem Hinweis auf das *eine* Evangelium, durch das sie gerettet worden sind (1Kor 15,1f.), und auf dessen grundlegende *Aussage* (τίνι *λόγῳ* εὐηγγελισάμην ὑμῖν), die er im Wortlaut eines viergliedrigen Christusbekenntnisses und unter Hinweis auf die verbindliche Traditionskette wiedergibt: „Denn vor allem habe ich euch *weitergegeben*, was ich auch *empfangen* habe (παρέδωκα γὰρ ὑμῖν ἐν πρώτοις, ὃ καὶ παρέλαβον): Dass Christus gestorben ist für unsre

[52] S. vor allem: Röm 1,3f.; 3,25.26; 4,24.25; 1Kor 11,23-25; 15,3-5; Gal 1,4; Phil 2,6-11; 1Thess 1,9f. Vgl. zum Ganzen *H.-J. Eckstein*, Die Wirklichkeit der Auferstehung Jesu (s. Anm. 29), 152ff.232ff.; *ders.*, So haben wir doch nur einen Herrn, in diesem Band, 3ff.

Sünden *nach der Schrift*, und dass er begraben worden ist; und dass er auferstanden ist am dritten Tage *nach der Schrift*; und dass *er gesehen worden ist von Kephas*, danach von *den Zwölfen*" (1Kor 15,3-5). In diesem alten – wahrscheinlich in Antiochien oder sogar bereits in Jerusalem entstandenen – Christusbekenntnis samt seiner paulinischen Einführung sind die hier beschriebenen Kriterien der *Apostolizität*, der *Schriftgemäßheit* und der *Bekenntnisgemäßheit* ausdrücklich benannt. Die *Verkündigung* vom *Zeugnis der Apostel* von dem von Gott gegebenen *Evangelium* von *Jesus Christus*, wie es *in der Schrift* bezeugt ist, findet schon zu Beginn des Entstehens der neutestamentlichen Schriften und vor ihnen eine in *Bekenntnissen* geprägte Form. Deren hohe Bedeutung für die Einheit der frühen Kirche erhellt aus dem paulinischen Abschluss seiner Erinnerung an das vorgegebene Evangelium nach der einheitlichen Verkündigung der Apostel als Auferstehungszeugen in 1Kor 15,11: „Es sei nun ich oder jene: so predigen wir, und so habt ihr geglaubt" (οὕτως κηρύσσομεν καὶ οὕτως ἐπιστεύσατε).

VIII. Erste Verbreitung und Sammlung neutestamentlicher Schriften

Der Prozess der *Verbreitung* und *Sammlung* von Schriften, die als Entfaltung des Evangeliums und als Zeugnis der Apostel gehört und gelesen werden, beginnt wiederum eindeutig mit den Briefen des Paulus – ausgehend von den Empfängergemeinden. So adressiert Paulus selbst schon nach 2Kor 1,1 seinen Brief nicht nur an die Gemeinde Gottes in Korinth (τῇ ἐκκλησίᾳ τοῦ θεοῦ τῇ οὔσῃ ἐν Κορίνθῳ), sondern zugleich an alle Heiligen, die in der ganzen Provinz Achaja sind (σὺν τοῖς ἁγίοις πᾶσιν τοῖς οὖσιν ἐν ὅλῃ τῇ ᾿Αχαΐᾳ); und der Galaterbrief gibt sich in der Adressatenangabe Gal 1,2 unmittelbar als ein *Zirkularschreiben* zu erkennen: „an die Gemeinden in [der Landschaft bzw. der Provinz] Galatien" (ταῖς ἐκκλησίαις τῆς Γαλατίας). So sind alle unangefochten echten Paulusbriefe[53] weder stilisierte *Kunstbriefe* – sogenannte literarische „Episteln" – noch auch *Privatschreiben*[54], sondern zur öffentlichen und offiziellen Verlesung in den Adressatengemeinden und zur Weiterleitung an umliegende Gemeinden bestimmte Briefe des zur Verkündigung des Evan-

[53] Zu denen wir in der exegetischen Diskussion Röm, 1/2Kor, Gal, Phil, 1Thess, Phlm zählen.

[54] Dies gilt auch für den Philemonbrief, der sich nicht als ein intimes Privatschreiben versteht, sondern neben Philemon selbst (Phlm 1) auch Appia und Archippus sowie die Gemeinde in seinem Hause insgesamt anschreibt (καὶ τῇ κατ' οἶκόν σου ἐκκλησίᾳ Phlm 2).

geliums berufenen Apostels: „Ich beschwöre euch bei dem Herrn, dass ihr diesen Brief lesen lasst vor allen Brüdern (ἀναγνωσθῆναι τὴν ἐπιστολὴν πᾶσιν τοῖς ἀδελφοῖς)" (1Thess 5,27).

Bezieht man die Briefe mit ein, deren paulinischer Autorschaft widersprochen wird, dann erfährt man in Kol 4,16 von einem empfohlenen Briefaustausch zwischen den Gemeinden von Kolossä und Laodicea – jeweils nach dem offiziellen Verlesen in den Gemeinden der Erstadressaten; und in 2Thess 2,2 liest man von Irritationen, die durch einen vermeintlich von Paulus geschriebenen umlaufenden Brief entstanden sind (μήτε δι' ἐπιστολῆς ὡς δι' ἡμῶν). Ein etwas schillerndes innerkanonisches Zeugnis von der Verbreitung und Sammlung der Paulusbriefe noch zu neutestamentlicher Zeit ist in 2Petr 3,15f. zu erkennen: „Davon redet er [‚unser lieber Bruder Paulus', V. 15] in allen Briefen, in denen einige Dinge schwer zu verstehen sind (ἐν αἷς ἐστιν δυσνόητά τινα), welche die Unwissenden und Ungefestigten verdrehen (ἃ οἱ ἀμαθεῖς καὶ ἀστήρικτοι στρεβλοῦσιν) ..." (2Petr 3,16).[55]

Von besonderer Bedeutung für eine neutestamentliche Kanonhermeneutik sind aber zweifellos vor allem die „Pastoralbriefe" – also 1. und 2. Timotheus- und Titusbrief. Sie gewinnen an Gewicht, wenn man sich bewusst macht, dass sie die Überlieferung der Verkündigung des Evangeliums durch den Apostel nicht *ersetzen* wollen, sondern diese vielmehr in Gestalt einer ersten Sammlung von Paulusbriefen gerade *voraussetzen* und *bewahren* wollen. Eine Theologie der Pastoralbriefe lässt sich also nicht einfach im Kontrast zu den unangefochten echten Paulusbriefen entfalten, sondern nur unter deren Voraussetzung und Anwendung auf die durch das Verstorbensein des Apostels grundsätzlich veränderte Situation. So gehen wir bei den Pastoralbriefen von der Kenntnis von mindestens sechs der Paulusbriefe aus – zu denen Röm, 1/2Kor, Phil, Kol und Phlm gehören.[56] Entsprechendes gilt auch für den *Kolosserbrief* – der wohl die Kenntnis von Röm, 1/2Kor, Gal, Phil, Phlm voraussetzt – und den

---

55 Dass Paulus auf seiner Reise nach Jerusalem noch selbst den Grundstock seiner Briefsammlung in Verbindung mit einer nachträglichen Autorenrezension verantwortet haben soll, wird sich wohl kaum erhärten lassen; gegen *D. Trobisch*, Die Entstehung der Paulusbriefsammlung. Studien zu den Anfängen christlicher Publizistik, NTOA 10, Freiburg u.a. 1989, 119ff.

56 S. zu den Bezügen, Quellen und Traditionen im Einzelnen *J. Roloff*, Der erste Brief an Timotheus, EKK 15, Neukirchen-Vluyn 1988, 39ff.; *W.G. Kümmel*, Einleitung in das Neue Testament (s. Anm. 3), 420ff.; *U. Schnelle*, Einleitung in das Neue Testament (s. Anm. 3), 380ff.388ff.

mit diesem verwandten *Epheserbrief* – der auf Röm, 1Kor, Gal und eben Kol Bezug nimmt.[57]

Eine weitere Besonderheit der Pastoralbriefe ist darin zu sehen, dass Paulus nach seinem Ableben (um 64 n.Chr.?) hier als der *eine, wahrhaftige* und *normstiftende* Apostel gilt, als dessen „Testamentarische Mahnrede" der 2Tim (vgl. Apg 20,17-35) gelesen sein will: „Dazu bin ich eingesetzt als Prediger und Apostel (εἰς ὃ ἐτέθην ἐγὼ κῆρυξ καὶ ἀπόστολος) – ich sage die Wahrheit und lüge nicht (ἀλήθειαν λέγω οὐ ψεύδομαι) –, als Lehrer der Heiden im Glauben und in der Wahrheit (διδάσκαλος ἐθνῶν ἐν πίστει καὶ ἀληθείᾳ)" (1Tim 2,7 par. 2Tim 1,11)[58]. Dementsprechend gewinnt die auf Paulus zurückgehende Überlieferung und die durch ihn weitergegebene Tradition zunehmende Bedeutung als zu bewahrende und authentisch zu tradierende παραθήκη – was als juristischer *terminus technicus* das „Depositum", das „anvertraute Gut" bezeichnet: „Denn ich weiß, an wen ich glaube, und bin gewiss, er kann mir bewahren, was mir anvertraut ist / die mir anvertraute Überlieferung (τὴν παραθήκην μου φυλάξαι), bis an jenen Tag" (2Tim 1,12)[59]. Wie die apostolische „Überlieferung" sind nun die „gesunde Lehre" (ὑγιαίνουσα διδασκαλία als Entfaltung des Evangeliums für Predigt und Praxis, 1Tim 1,10; 2Tim 4,3; Tit 1,9; 2,1) und die „gesunden Worte unseres Herrn Jesus Christus" (ὑγιαίνοντες λόγοι τοῦ κυρίου ἡμῶν Ἰησοῦ Χριστοῦ 1Tim 6,3)[60] maßgeblich und richtungweisend.[61]

Um diesen Traditionszusammenhang zu gewährleisten, gilt es, in jeder neuen Generation zuverlässige und zur Lehre fähige Menschen zu unterrichten; denn nach Paulus als dem herausragenden Apostel der *ersten* Generation und nach den unmittelbar als Adressaten angeredeten Paulusschülern Timotheus und Titus bildet die adressierte Gemeinde bereits die *dritte* Generation, die ihrerseits tüchtig sein soll, andere als die *vierte* Generation zu unterrichten: „Und was *du* [2.] von *mir* [1.] gehört hast (ἃ ἤκουσας παρ' ἐμοῦ) vor vielen Zeugen,

---

[57] S. *U. Schnelle*, a.a.O., 335ff.350f.388ff.; vgl. in nachneutestamentlicher Zeit: 1. Clemensbrief (96 n.Chr. in Rom): Röm; 1/2Kor (+ Hebr!); vgl. 1Clem 47,1-3; – Ignatiusbriefe (um 110 n.Chr. in Kleinasien): Röm; 1/2Kor; – Polykarp von Smyrna († 156 n.Chr.): Röm; 1/2Kor; Gal; Phil; 1Tim.

[58] Vgl. 1Tim 1,1; 2Tim 1,1; Tit 1,1.

[59] Vgl. 1Tim 6,20; 2Tim 1,14.

[60] Vgl. 2Tim 1,13; Tit 2,8.

[61] S. zu διδασκαλία (vgl. Röm 12,7; 15,4): 1Tim 1,10 (τῇ ὑγιαινούσῃ διδασκαλίᾳ); 4,1.6.13.16; 5,17; 6,1.3; 2Tim 3,10.16; 4,3; Tit 1,9; 2,1.7.10; zu διδαχή: 2Tim 4,2; Tit 1,9; „Lehren" / διδάσκειν: 1Tim 2,12; 4,11; 6,2; 2Tim 2,2; Tit 1,11; „Lehrer" / διδάσκαλος 1Tim 2,7; 2Tim 1,11; 4,3.

das befiehl treuen Menschen [3.] an (ταῦτα παράθου πιστοῖς ἀνθρώποις), die tüchtig sind, auch andere [4.] zu lehren“ (οἵτινες ἱκανοὶ ἔσονται καὶ ἑτέρους διδάξαι 2Tim 2,2).[62]

Wir stehen mit der späten Briefliteratur zeitlich wie sachlich also an der fließenden Grenze, mit der die implizite in eine explizite Kanonhermeneutik und dann noch innerhalb des 2. Jh. n.Chr. zügig zum Prozess der Kanonisierung auch des „Neuen Testaments“ als „Heiliger Schrift“ überleitet. Entscheidende hermeneutische Impulse und differenzierte Ansätze dazu finden sich – wie wir erkennen konnten – bereits in den ältesten neutestamentlichen Schriften selbst. Deren Rezeption, Würdigung und Sammlung beginnt mit der späteren Briefliteratur schon innerhalb der Gruppe von Schriften, die sich der Kirche der folgenden Generationen dann selbst noch als „kanonisch“ imponieren werden.

[62] Dass wir es, wie zu Beginn angedeutet, auch bei den Evangelien zeitlich wie sachlich nicht etwa mit dem ersten Stadium der Kanongeschichte zu tun haben, erhellt am deutlichsten aus dem kunstvollen lukanischen Proömium, mit dem sich der Evangelist selbst als von der vorgegebenen apostolischen Überlieferung abhängig erklärt. Vergleichbar mit der differenzierten Abstufung bei Paulus unterscheidet Lukas *erstens* die Erfüllungsereignisse (περὶ τῶν πεπληροφορημένων ἐν ἡμῖν πραγμάτων Lk 1,1) bzw. „das, was Jesus anfing zu tun und zu lehren“ (ὧν ἤρξατο ὁ Ἰησοῦς ποιεῖν τε καὶ διδάσκειν Apg 1,1), *zweitens* die verbindliche Überlieferung derer, die selbst Augenzeugen und Diener des Wortes gewesen sind (καθὼς παρέδοσαν ἡμῖν οἱ ἀπ' ἀρχῆς αὐτόπται καὶ ὑπηρέται γενόμενοι τοῦ λόγου Lk 1,2; vgl. 24,46ff.; Apg 1,2ff.21ff.), *drittens* die Berichte / Erzählungen, die vor Lukas bereits „viele“ über die Ereignisse verfasst haben (πολλοὶ ἐπεχείρησαν ἀνατάξασθαι διήγησιν Lk 1,1, unter denen wir den nach *Markus* benannten „Bericht“ kennen), *viertens* sich selbst, der alles in guter Ordnung für Theophilus aufschreibt, nachdem er es von Anfang an sorgfältig erkundet hat (ἔδοξε κἀμοὶ παρηκολουθηκότι ἄνωθεν πᾶσιν ἀκριβῶς καθεξῆς σοι Lk 1,3). – Damit stuft sich Lukas selbst nicht als Apostel des irdischen Jesus und Augenzeugen des Auferstandenen der *ersten* Generation ein, sondern als Vertreter der *zweiten* oder *dritten* Generation der Tradenten. Dasselbe lässt sich unbestreitbar von dem an sich anonymen und in der Überschrift *Markus* zugeordneten Evangelium sagen. Kontrovers konnte die Diskussion nur in Hinsicht auf das *Matthäus*- und das *Johannes*evangelium werden, da ersteres mit dem Namen eines Apostels aus dem Zwölferkreis verbunden wurde (vgl. Mt 9,9; 10,3) und die Verfasserschaft des letzteren im Nachtragskapitel Joh 21,24 ausdrücklich mit dem *Lieblingsjünger* als Augenzeugen des Irdischen und Auferstanden verknüpft wird.

Durch ihn ist alles geschaffen worden und wir durch ihn

Schöpfung aus neutestamentlicher Perspektive

Es wird nicht überraschen, dass die neutestamentlichen Überlieferungen bei all ihrer Vielfältigkeit und Vielgestaltigkeit einheitlich den alttestamentlich-jüdischen Schöpfungsglauben explizit aufnehmen oder zumindest implizit voraussetzen.[1] Sind doch fast ausnahmslos alle Verfasser neutestamentlicher Schriften selbst Judenchristen, d.h. als Juden geboren und mit der *einen* „Schrift" (ἡ γραφή) Israels und der frühen Kirche aufgewachsen und zum Glauben an Christus als den Israel verheißenen Messias gekommen. Und selbst da, wo wir wie bei Lukas einen heidenchristlichen Verfasser zu erkennen meinen, legt dieser umso mehr Wert darauf, dass das Evangelium von dem gekreuzigten und auferstandenen Sohn Gottes gerade dem Zeugnis „im Gesetz des Mose, in den Propheten und in den Psalmen" (Lk 24,44) – d.h. „in der ganzen Schrift" (Lk 24,27.32) – entspricht.

So knüpfen die neutestamentlichen Schöpfungsaussagen an der Traditionsgeschichte des alttestamentlichen Schöpfungsglaubens an und setzen diesen bewusst voraus. Dies gilt gerade auch da, wo sie – wie in den christologischen Zusammenhängen – bisher „Unerhörtes" zu Gehör bringen und vormals „Unbekanntes" im Bekenntnis formulieren. Dass die neutestamentlichen Schriften von Anfang an in der Griechischen Sprache und für eine mit dem Hellenismus mehr oder weniger vertraute judenchristliche wie heidenchristliche Kirche verfasst worden sind, darf dabei keineswegs übersehen werden. Denn mit der Übersetzung in eine andere Sprache ist in jedem Fall auch

---

1 S. *H. Braun*, Art. ποιέω κτλ, ThWNT 6, Stuttgart 1958, 456-483; *C. Breytenbach*, Art. Schöpfung, TRE 30, Berlin u.a. 1999, 283-292 (zur Literatur s. a.a.O., 291f.); *W. Foerster*, Art. κτίζω κτλ, ThWNT 3, Stuttgart 1938, 999-1034 (zur Literatur s. ebd. und ThWNT 10/2, Stuttgart 1979, 1150-1152); *O. Hofius*, Art. καταβολή, EWNT 2, 2., verb. Aufl., Stuttgart u.a. 1992, 630f.; *K. Haacker / H.H. Esser*, Art. Schöpfung, TBLNT, neubearb. Aufl., Neukirchen-Vluyn u.a. 2005, 1558-1567; *G. Petzke*, Art. κτίζω κτλ, EWNT 2, 2., verb. Aufl., Stuttgart u.a. 1992, 803-808; *W. Radl*, Art. ποιέω κτλ, EWNT 3, 2., verb. Aufl., Stuttgart u.a. 1992, 294-300; *E. Thiele*, Art. Arbeit/Last / ποιέω κτλ, TBLNT, neubearb. Aufl., Neukirchen-Vluyn u.a. 2005, 64-67; *O. Wischmeyer*, Art. Schöpfung, RGG 7, 4. Aufl., Tübingen 2004, 973f.

die differenzierte Auseinandersetzung mit deren je eigener Begriffs-, Religions- und Geistesgeschichte verbunden. Doch stand die frühe Kirche dabei keineswegs am Anfang dieses einschneidenden Prozesses der Konfrontation von jüdischem und hellenistischem Glauben und Denken. Dieser hatte schon mehr als 200 Jahre zuvor in Palästina und im Judentum der hellenistischen Diaspora begonnen und in der griechischen Version der Heiligen Schrift, der Septuaginta (LXX), bereits vorchristlich ihren Niederschlag gefunden. Auf sie beziehen sich auch die ersten Christen bei der Entfaltung ihres Evangeliums von Jesus Christus, und sie setzt auch der Judenchrist Paulus in seinen Schreiben nach Text und Umfang als Bezugsgröße bei seinen Gemeinden voraus, was gerade bei weisheitlich-schöpfungstheologischen Texten wie Jesus Sirach 24,3-10 und Sapientia Salomonis 7,22-30[2] von entscheidender Bedeutung sein sollte.

In stringenter Fortentwicklung dieses spezifisch alttestamentlich-jüdischen Schöpfungsglaubens[3] bleibt durchgehend die grundsätzliche Gegenüberstellung und Unterscheidung von Schöpfer und Geschöpf, von Gott und Mensch, von göttlichem Geist und menschlichem Fleisch gewahrt. Nirgendwo wird der Schöpfungsprozess als *Emanation* – als Ausfluss des Göttlichen zur Welt hin ohne Verringerung des Ursprungs – dargestellt, auch und gerade da nicht, wo die Schöpfung wie in Joh 1,3 und Hebr 11,3 als „Werden“ und „Entstehen“ beschrieben wird.[4]

Unbestritten ist es der Gott Israels, der als Schöpfer der Welt und Vater Jesu Christi bekannt wird, der in derselben Vollmacht alles erschaffen und seinen von Menschen gekreuzigten Sohn von den Toten auferweckt hat. Durchgehend wird Gottes Erschaffen der Welt und des Menschen als durch sein vollmächtiges Wort vollzogener souveräner Akt beschrieben – und in diesem dezidierten Sinne als *creatio ex nihilo*, als „Schöpfung aus dem Nichts“.[5] Dies gilt speziell auch

---

2 Vgl. Gen 1,3; Ps 33,6.9; 104,24; Spr 3,19f.; 8,22-31.

3 S. zur alttestamentlich-jüdischen Entwicklung *W.H. Schmidt*, Art. *br'*, THAT 1, München 1971, 336-339; *W. Foerster*, Art. κτίζω κτλ, ThWNT 6 (s. Anm. 1), 1004ff.; *H.H. Esser*, Art. Schöpfung, TBLNT (s. Anm. 1), 1560ff.

4 Schöpfungstheologisch im *alttestamentlich-jüdischen* Sinne sind vor allem auch die doxologischen Allmachtsaussagen zu verstehen: „So haben wir doch nur *einen* Gott, den Vater, *von dem* alle Dinge sind (ἐξ οὗ τὰ πάντα) und wir zu ihm“ (1Kor 8,6). „Denn *von ihm* (ἐξ αὐτοῦ) und durch ihn und zu ihm sind alle Dinge (τὰ πάντα) ...“ (Röm 11,36). Gedanken an ein *pantheistisches* oder *panentheistisches* Welt- und Gottesverständnis liegen der alttestamentlichen wie der neutestamentlichen Tradition fern.

5 Vgl. zum alttestamentlichen Verständnis von ברא „schaffen“ *W.H. Schmidt*, Art. *br'*, THAT 1 (s. Anm. 3), 338: „Von sich aus bezeichnet das Verbum also keine

da, wo man wie in Röm 4,17 (τοῦ ... καλοῦντος τὰ μὴ ὄντα ὡς ὄντα)[6] und Hebr 11,3 (εἰς τὸ μὴ ἐκ φαινομένων τὸ βλεπόμενον γεγονέναι) spezifisch griechische Terminologie zu erkennen glaubt. Wie beim hebräischen *terminus technicus* für Gottes „Erschaffen" (ברא) gilt für die neutestamentlichen Schöpfungsaussagen – allemal, wenn sie Gottes eschatologische Neuschöpfung und Auferweckung der Toten umfassen: „Entscheidend ist [...] nicht, daß vor der Schöpfung ‚nichts' vorhanden war, sondern daß Gottes Wirken etwas Neues, das (so) zuvor nicht da war, entstehen läßt."[7]

Man könnte – entgegen dem Verdacht der hellenistischen Überfremdung – sogar sagen, dass in der neutestamentlichen Schöpfungstheologie die für die Frühzeit der alttestamentlichen Traditionsgeschichte konstitutive Verbindung von *Schöpfungs-* und *Erlösungs*glauben, von Gottes grundlegendem *Erschaffen der Welt* und seinem bewahrenden und rettenden *Handeln in der Geschichte* auf eine ganz neue Weise – und quasi im Rückgriff auf die Anfänge – neu begründet wird.[8] Denn die Hoffnung auf Gottes neue Schöpfung gründet in der geschichtlichen Erfahrung der Kreuzigung und Auferstehung Jesu Christi, und die unvergleichliche Stellung und Bedeutung des präexistenten Sohnes Gottes wird angesichts des wirksamen Eingreifens Gottes bei seiner Errettung aus dem Tode erkannt.

I. Der neutestamentliche Befund

Rein begrifflich ist im Neuen Testament vor allem die Wortgruppe κτίζειν „gründen", „schaffen", „erschaffen"[9], κτίσις „Schöpfung",

---

creatio ex nihilo, aber es meint gerade das, was in anderer Denkweise (...) die Rede von der creatio ex nihilo sichern will: Gottes außerordentliches, souveränes, sowohl müheloses wie völlig freies, ungebundens Schaffen."

6 Vgl. 2Makk 7,28: „Erkenne: Gott hat dies nicht aus schon Bestehendem – d.h. aus dem Nichts, aus nichts – gemacht, und das Geschlecht der Menschen ist auch so geworden" (γνῶναι ὅτι οὐκ ἐξ ὄντων ἐποίησεν αὐτὰ ὁ θεός καὶ τὸ τῶν ἀνθρώπων γένος οὕτω γίνεται. Vgl. Vulgata: *ex nihilo fecit illa Deus*).

7 So *W.H. Schmidt*, Art. *br'*, THAT 1 (s. Anm. 3), 338 unter Hinweis auf Jes 41,20; Ps 51,12; 102,19.

8 Vgl. den Einwand *H.H. Essers*, Art. Schöpfung, TBLNT (s. Anm. 1), 1561f., gegenüber der „zeitgenössischen Vorrangstellung des Schöpferglaubens vor dem Erlösungsglauben" in der späten Weisheits- und legendären Geschichtsliteratur: „Die Betonung der Präexistenz der ersterschaffenen hypostasierten Weisheit birgt die Gefahr einer Entgeschichtlichung des Gottesverständnisses" (a.a.O., 1562).

9 Das Verb κτίζειν findet sich im NT 15-mal, davon 10-mal in der Briefliteratur – bei Paulus selbst Röm 1,25; 1Kor 11,9; mehrmals in Eph (2,10.15; 3,9; 4,24), Kol (1,16 [2×]; 3,10) und Apk (4,11 [2×]; 10,6).

„Geschöpf"[10], κτίσμα „Geschöpf", „(das) Geschaffene"[11] und als *hapax legomenon* κτίστης „Schöpfer", „Begründer"[12] zu berücksichtigen. Das Verb κτίζειν „gründen", „schaffen", „erschaffen" ist – wie im Alten Testament der hebräische Begriff ברא „schaffen" – ausschließlich der Bezeichnung der Schöpfertätigkeit Gottes vorbehalten und hebt dieses „Erschaffen" damit von allem menschlichen „Bilden" und „Schaffen" grundsätzlich ab. Daneben können für Gottes schöpferisches Tun – wie in der LXX[13] – ποιέω „tun", „machen"[14] und ποίημα „Werk" verwendet werden.[15]

Hinzu kommt vor allem noch der Begriff καταβολή „Gründung", „Grundlegung", speziell „Grundlegung der Welt" (καταβολὴ κόσμου, ohne Artikel) zur festen Bezeichnung für den Ursprung der Geschichte, *seit* dem[16] oder *vor* dem[17] etwas bereits gilt. Da diese Welt mit der Schöpfung ihren Anfang nahm, kann diese auch mit dem

---

[10] Das Substantiv κτίσις begegnet im NT 19-mal, davon 15-mal in den Briefen (bei Paulus allein 9-mal: Röm 1,20.25; 8,19.20.21.22.39; 2Kor 5,17; Gal 6,15). „Schöpfung" im Sinne von „Geschaffenes" kann es in Röm 1,25; 8,39; Hebr 4,13 bezeichnen.

[11] κτίσμα findet sich nur in 1Tim 4,4; Jak 1,18; Apk 5,13; 8,9. – Die statistische Häufung der Begriffe des Wortstamms spiegelt zugleich die inhaltliche Bedeutung der Schöpfungsthematik für die jeweiligen Kontexte wider: zunächst Homologoumena des Paulus, Kol, Eph, Apk, danach 1Tim, Hebr, 1Petr. Unter den Evangelien ragt Markus mit insgesamt drei Belegen bereits heraus (Mk 10,6; 13,19 [2×]; vgl. 16,15).

[12] Nur 1Petr 4,19 (vgl. Sir 24,8; 4Makk 11,5), in dem der Hinweis auf das Schöpfersein Gottes das berechtigte Vertrauen in seine *Treue* begründet: Die Leidenden sollen ihm als dem treuen Schöpfer (πιστῷ κτίστῃ) ihre Seelen anbefehlen.

[13] Vor allem in Genesis (Gen 1,1.7.16.21.25.27.31; 2,2.4; 3,1; 5,1.2; 6,7 u.ö.) und Jes 41 – 45 (s. Jes 42,5; 43,1; 45,18).

[14] Besonders in der Apostelgeschichte: Apg 4,24 („der Schöpfer" ὁ ποιήσας); 17,24 („der Schöpfer der Welt" ὁ ποιήσας τὸν κόσμον); vgl. Apg 7,50; 14,15; 17,26; Hebr 1,2.

[15] Im NT aber nicht ποίησις „Gebilde, Werk (des Künstlers)" und ποιητής „der Schaffende". – Vereinzelt findet sich πλάσσειν „formen", „bilden" (1Tim 2,13 von Adam und Eva) und πλάσμα „Gebilde", „Geschöpf" (Röm 9,20 in Verbindung mit dem Bildwort von Töpfer und Ton V. 21); κατασκευάζειν „bereiten" (Hebr 3,4); θεμελιοῦν „gründen" (vom Gründen der Erde, Hebr 1,10). Nur einmal findet sich der außerbiblisch verbreitete Begriff δημιουργός „Bildner", „Schöpfer" (Hebr 11,10); vgl. *W. Foerster*, Art. κτίζω κτλ, ThWNT 3 (s. Anm. 1), 1025: „δημιουργεῖν ist ein handwerklich-technischer, κτίζειν ein geistiger und willentlicher Vorgang".

[16] Z.B. Mt 13,35 („was von der Grundlegung der Welt an verborgen war") oder Mt 25,34 (vom Reich, das den Gesegneten von der Grundlegung der Welt an bereitet ist); vgl. die negativen Wendungen in Apk 13,8; 17,8.

[17] Joh 17,24 (von der Herrlichkeit des Sohnes Gottes); Eph 1,4 (von der Erwählung der Gläubigen); 1Petr 1,20 (von dem Ausersehensein Christi). Der Hinweis dient Mt 13,35; Joh 17,24; Hebr 9,26 und 1Petr 1,20 der Hervorhebung der Einmaligkeit und einzigartigen Stellung Jesu Christi.

Begriff ἀρχή „Beginn“, „Anfang“ umschrieben sein.[18] Schließlich kann mit „All“-Ausagen (τὰ πάντα)[19] oder der Aufzählung der Schöpfungsräume „Himmel, Erde, Meer ...“[20] umfassend auf die Bereiche, die Instanzen und Personen innerhalb der Schöpfung hingewiesen werden, die Gott als Schöpfer grundsätzlich gegenübergestellt und untergeordnet sind.

Zentrale Aussagen zur Schöpfung finden sich darüber hinaus in Verbindung mit Begriffen wie „rufen“ καλεῖν[21], „bereiten“ καταρτίζειν[22] oder „werden“, „entstehen“ γίνεσθαι[23]. Zudem kommt der Schöpfungsglaube zur Sprache, wenn wörtlich oder umschreibend auf den Schöpfungsbericht angespielt wird – wie in Mk 10,6 par. (Gen 1,27); Mk 10,7 par. (Gen 2,24)[24] oder bei der breiten Entfaltung von Gen 1 – 3 und der Adam-Christus-Typologie in Röm 5,12-21; 7,7-25 (Aufnahme von Gen 2,7.16f.; 3,1-7.13.19) und in 1Kor 15,21f.35ff. (Gen 2,7; 3,17) sowie bei der Bezugnahme auf die Erschaffung des Lichts von Gen 1,3 in 2Kor 4,6.[25]

II. Gott als souveräner Schöpfer und Herr

Da der neutestamentliche – wie der alttestamentlich-jüdische – Schöpfungsglauben zugleich das Bekenntnis zu Gott als kontinuierli-

---

18 Mt 24,21 („von Anfang der *Welt*“ ἀπ᾽ ἀρχῆς *κόσμου*, für Mk 13,19 ἀπ᾽ ἀρχῆς *κτίσεως* „vom Anfang der *Schöpfung*“); Mt 19,4 („von Anfang“ ἀπ᾽ ἀρχῆς, absolut); für Mk 10,6 („vom Anfang der Schöpfung“ ἀπ᾽ ἀρχῆς κτίσεως, vgl. Mk 13,19; 2Petr 3,4). Anders verhält es sich bei der absoluten Angabe „im Anfang“ ἐν ἀρχῇ in Joh 1,1, da hier die Präexistenz des Logos, des Sohnes Gottes, bei Gott bereits *vor* der Grundlegung der Welt im Blick ist; vgl. Joh 17,5 („*bevor* die Welt war“ *πρὸ* τοῦ τὸν κόσμον εἶναι); 17,24 („*vor* Grundlegung der Welt“ *πρὸ* καταβολῆς κόσμου, vgl. 1Joh 1,1; 2,13f.).

19 S. Joh 1,3; Röm 11,36; 1Kor 8,6; Eph 3,9; Kol 1,15-20; Apk 4,11.

20 Apg 4,24; 14,15; Apk 10,6; vgl. 5,13.

21 Röm 4,17 als partizipiale Gottesprädikation: „der das Nichtseiende ins Dasein ruft“ (τοῦ ... καλοῦντος τὰ μὴ ὄντα ὡς ὄντα).

22 Hebr 11,3: „Durch den Glauben erkennen wir, dass die Welt durch Gottes Wort bereitet worden ist ...“ (πίστει νοοῦμεν κατηρτίσθαι τοὺς αἰῶνας ῥήματι θεοῦ).

23 Joh 1,3: „alles ist durch ihn [den Logos] geworden“ (πάντα δι᾽ αὐτοῦ ἐγένετο); Hebr 11,3: „... so dass das Sichtbare aus dem Unsichtbaren – d.h. Nichtexistierenden, aus nichts – geworden ist“ εἰς τὸ μὴ ἐκ φαινομένων τὸ βλεπόμενον γεγονέναι).

24 Vgl. auch die Anspielung auf Gen 1,26 in Mt 6,26a („die Vögel unter dem Himmel“) oder auf Gen 1,11f.20.24 in 1Kor 15,38f.

25 Dass dabei die priesterschriftliche Erzählung von Gen 1,1-2,4a „als die maßgebende angesehen wurde“ (wie *G. Petzke*, Art. κτίζω κτλ, EWNT 2 [s. Anm. 1], 804f., vertritt), trifft angesichts der ausgiebigen paulinischen Bezugnahmen auf Gen 2,7.16f.; 3,1-7.13.17.19 oder hinsichtlich der synoptischen Zusammenstellung von Gen 1,27 und 2,24 kaum zu.

chem Erhalter und Bewahrer der Schöpfung einschließt, kann von ihm her auch das dem Geschöpf entsprechende Vertrauen zu seinem Schöpfer und Bewahrer begründet werden. Als der Schöpfer der Welt gilt Gott zugleich als der fürsorgliche und verlässliche „himmlische Vater" – Mt 6,25-34: „Seht die Vögel unter dem Himmel an ... Schaut die Lilien auf dem Feld an ... Darum sollt ihr nicht sorgen ... Denn euer himmlischer Vater weiß, dass ihr all dessen bedürft." Der Hinweis auf das Erbarmen und die Güte des Schöpfers kann freilich für die „Kinder" dieses himmlischen Vaters auch das Gebot der „Feindesliebe" (Mt 5,43-48) plausibilisieren: „Denn er lässt seine Sonne aufgehen über Böse und Gute und lässt regnen über Gerechte und Ungerechte" (Mt 5,45). So können auch Fragen der *Sabbatheiligung*[26], der *Ehe und der Ehescheidung*[27] sowie der *Speisegebote*[28] im Hinblick auf *die in der Schöpfung erkennbare gute Schöpfungsabsicht Gottes* entfaltet werden. Diese Formulierung trifft die Intention in diesem Kontext vielleicht besser als die nicht unproblematische Kategorie der „Schöpfungsordnung"[29].

Freilich ergibt sich aus dem Bekenntnis zu Gott als Schöpfer auch die *Verantwortung* und *Rechenschaftspflicht* des Geschöpfes gegenüber seinem Schöpfer[30] sowie dessen *Verehrungs- und Anbetungswürdigkeit*.[31] Dies tritt vor allem hervor, wenn wie bei Paulus explizit die grundsätzliche Erkennbarkeit der Existenz Gottes angesichts der Schöpfung vorausgesetzt wird – Röm 1,19f.: „Denn was man von Gott erkennen kann, ist unter ihnen offenbar (τὸ γνωστὸν τοῦ θεοῦ φανερόν ἐστιν ἐν αὐτοῖς); denn Gott hat es ihnen offenbart. Denn Gottes unsichtbares Wesen, das ist seine ewige Kraft und Gottheit,

---

26 S. Mk 2,27 par.: „Der Sabbat ist um des Menschen willen gemacht / geworden" (ἐγένετο).

27 S. Mk 10,6-9: „von Anbeginn der Schöpfung (ἀπὸ δὲ ἀρχῆς κτίσεως) hat Gott sie geschaffen als Mann und Frau ..."

28 Implizit Mk 7,14-23 par. (vgl. Röm 14,14); explizit 1Tim 4,3f.: „Denn alles, was Gott geschaffen hat, ist gut ..." πᾶν κτίσμα θεοῦ καλόν); besonders hintergründig im Kontext der Heidenmission: Apg 10,15.

29 So z.B. *A. Oepke*, Art. γυνή, ThWNT 1, Stuttgart 1933, 784f.; *F. Hauck*, Art. ὀφείλω κτλ, ThWNT 5, Stuttgart 1954, 563f.

30 S. Hebr 4,13: „Kein Geschöpf ist vor ihm verborgen (οὐκ ἔστιν κτίσις ἀφανὴς ἐνώπιον αὐτοῦ), sondern es ist alles bloß und aufgedeckt vor den Augen Gottes, dem wir Rechenschaft geben müssen".

31 S. Apk 4,11: „Herr, unser Gott, du bist würdig, zu nehmen Preis und Ehre und Kraft; denn du hast alle Dinge geschaffen, und durch deinen Willen waren sie und wurden sie geschaffen" (σὺ ἔκτισας τὰ πάντα καὶ διὰ τὸ θέλημά σου ἦσαν καὶ ἐκτίσθησαν). Dabei schließt die einmalige Würde des Schöpfers auch hier die *Vollmacht zum Weltgericht* ein; s. Apk 20,11-15; vgl. 5,12f. („jedes Geschöpf, das im Himmel ist und auf Erden (καὶ πᾶν κτίσμα ὃ ἐν τῷ οὐρανῷ καὶ ἐπὶ τῆς γῆς ...) und unter der Erde und auf dem Meer und alles, was darin ist").

wird seit der Schöpfung der Welt mit dem Auge der Vernunft (bzw. wenn es verstanden wird bzw. da es sich erkennen lässt) ersehen aus seinen Werken (τὰ γὰρ ἀόρατα αὐτοῦ ἀπὸ κτίσεως κόσμου τοῖς ποιήμασιν νοούμενα καθορᾶται), so dass sie keine Entschuldigung haben."[32] In Aufnahme von Gen 1 – 3[33] und an der Person des „ersten Menschen, Adam" (ὁ πρῶτος ἄνθρωπος 'Αδάμ 1Kor 15,45), kann der Apostel in Röm 5,12-21; 7,7-25; 1Kor 15,21ff.35ff. seine anthropologischen Einsichten zu Verantwortung, Schuld, Schicksal und Vergänglichkeit des Menschen – nach seiner *wesentlichen Bestimmung* und seiner *wirklichen Existenz* differenziert – entfalten.

Die Gläubigen wiederum besinnen sich auf die Schöpfung als Willens- und Entscheidungsakt Gottes, da sie in Gottes *Vorsehung und Erschaffen* ihre eigene *Bestimmung und Gewissheit* als erlöste Geschöpfe begründet sehen – Eph 1,4: „Denn in ihm hat er uns erwählt, *ehe der Welt Grund gelegt war* (πρὸ καταβολῆς κόσμου), dass wir, heilig und untadelig vor ihm sein sollten."[34] Die in ihrer definitorischen Form einzigartige Bestimmung des Glaubens in Hebr 11,1[35] erfährt ihre – in dieser expliziten Form wiederum herausragende – schöpfungstheologische Begründung in 11,3: „Durch den Glauben erkennen wir, dass die Welt durch Gottes Wort geschaffen ist, so dass alles, was man sieht, aus nichts geworden ist" (εἰς τὸ μὴ ἐκ φαινομένων τὸ βλεπόμενον γεγονέναι).

III. Jesus Christus als Schöpfungsmittler und damit als Herr der Schöpfung und der Welt

Der Bereich, in dem schöpfungstheologisch nun in der Tat gegenüber der alttestamentlich-jüdischen Tradition grundlegend Neues gesagt wird, ist ohne Zweifel die *Christologie*.[36] Der innere Zusammenhang von Schöpfung und Weltherrschaft, Erlösung und eschatologischer Vollendung kommt hier im Bekenntnis zu Jesus Christus als dem

---

[32] Vgl. SapSal 13,10-19. Im Kontext des gesamten Abschnitts Röm 1,18 – 3,20 (vgl. 3,9.20.23) wird man den Rekurs auf die Schöpfung in Röm 1,19-32 kaum als Etablierung einer positiven „natürlichen Theologie" oder einer Relativierung der Wortoffenbarung bzw. der Christusoffenbarung missverstehen können.

[33] Speziell Gen 2,7.16f.; 3,1-7.13.17.19.

[34] Vgl. Mt 25,34.

[35] Hebr 11,1: „Es ist aber der Glaube eine feste Zuversicht auf das (bzw. ein festes Stehen bei dem [ὑπόστασις]), was man hofft, und ein Überzeugtsein (ἔλεγχος) von dem, was man nicht sieht."

[36] S. zum Ganzen *H.-J. Eckstein*, So haben wir doch nur einen Herrn. Die Anfänge trinitarischer Rede von Gott im Neuen Testament, in diesem Band, 3-33.

Kyrios und präexistenten Sohn Gottes zur Entfaltung.[37] In 1Kor 8,6 erinnert Paulus seine korinthische Gemeinde in Abgrenzung zu den „sogenannten Göttern" (8,5) an das Bekenntnis zur Einheit und Einzigkeit Gottes – εἷς ὁ θεός – im Anschluss an das alttestamentlich-jüdische Grundbekenntnis, das Schᵉma Jisrael aus Dtn 6,4: „Höre Israel, der Herr, unser Gott, ist *ein* Herr." Ohne dass Paulus seiner um 50 n.Chr. gegründeten Gemeinde dies näher begründen müsste, kann er das Bekenntnis zu dem „einen Gott" bereits „binitarisch" entfalten, indem er es auf „den *einen* Gott, den Vater", und „den *einen* Herrn, Jesus Christus," bezieht. Traditionell wird der *eine* und *einzige* Gott, der Vater, als *Ursprung* (ἐξ οὗ) von allem und *Ziel* (εἰς αὐτόν) der ihn Anerkennenden bekannt. Jüdisch gesehen völlig unkonventionell wird dieses Bekenntnis zu dem *einen* „Gott aller Götter und Herrn über alle Herren" (Dtn 10,17) aber dann hinsichtlich des *Wirkens* Gottes (δι' οὗ) zugleich *christologisch* auf die Schöpfungsmittlerschaft und Erlösungsmittlerschaft Jesu Christi hin expliziert: „... und einen Herrn, Jesus Christus, durch den alle Dinge sind und wir durch ihn." Durch den *einen* Kyrios, Jesus Christus, durch den der Vater die ganze Welt erschaffen hat, sind die Christen zur Erkenntnis der Herrlichkeit Gottes im Angesicht Jesu Christi *neu erschaffen* worden (2Kor 4,6; 5,17).

Indem hier sowohl die exklusive Erlösungsmittlerschaft als auch bereits die Schöpfungsmittlerschaft des Präexistenten vorausgesetzt wird, finden wir die entscheidenden Grundlagen für eine sogenannte „hohe Christologie" nicht etwa am Ende, sondern bereits am Anfang des neutestamentlichen Entstehungsprozesses. Die Grundlage für die bekannten späteren Entfaltungen der Schöpfungsmittlerschaft Jesu Christi (im Christushymnus Kol 1,15-18, im Johannesprolog Joh 1,1-3 und im Proömium des Hebräerbriefs Hebr 1,2f.) sind in der „binitarischen" Entfaltung des Bekenntnisses zu dem einen Gott – εἷς ὁ θεός – in 1Kor 8,6 in prägnantester und besonders prononcierter Form bereits artikuliert. Dort wird Christus dann ausführlich als „das Wort (Gottes)" ὁ λόγος (Joh 1,1f.14) und als „das Licht (der Welt)" τὸ φῶς (Joh 1,4-9; vgl. 8,12) beschrieben werden, als „der Einziggeborene vom Vater" μονογενὴς παρὰ πατρός (Joh 1,14), als „Gott" θεός (Joh 1,2.18), als „der einziggeborene Gott" bzw. „der Einziggeborene, Gott" μονογενὴς θεός (Joh 1,18), als „Ebenbild Gottes" εἰκὼν τοῦ

[37] Zu den neutestamentlichen Belegen für die Präexistenz Christi insgesamt s. *vor der Inkarnation*: Joh 8,58; 16,28; 2Kor 8,9; Phil 2,6f. (vgl. auch: Röm 8,3; Gal 4,4f. als „Sendungsformeln"; 1Kor 10,3f.); – jeweils *vor der Schöpfung*: Joh 1,1-3; 17,5.24; 1Kor 8,6; Eph 1,3-14; Kol 1,15-17; Hebr 1,2f.; Apk 3,14 ; – jeweils mit *Schöpfungsmittlerschaft* verbunden: Joh 1,1-31; 1Kor 8,6; Kol 1,15-17; Hebr 1,2f.

θεοῦ (Kol 1,15; vgl. 2Kor 4,4), als „Erstgeborener aller Schöpfung" πρωτότοκος πάσης κτίσεως (Kol 1,15), als „Abglanz seiner Herrlichkeit und Ausprägung / Abdruck seines Wesens" ἀπαύγασμα τῆς δόξης καὶ χαρακτὴρ τῆς ὑποστάσεως αὐτοῦ (Hebr 1,3). Während wir *überlieferungs*geschichtlich bei den ausgeführten Hymnen von einer *Weiterführung* des frühen, prägnanten Grundbekenntnisses 1Kor 8,6 sprechen mögen, haben wir es *traditions*geschichtlich gesehen bei den aufgeführten Prädikationen und Begriffsfeldern gerade umgekehrt mit den Denk- und Begriffs*voraussetzungen* der Ausführungen zu Schöpfungsmittlerschaft und Präexistenz des gekreuzigten Christus als der „Weisheit Gottes" (1Kor 1,24.30) zu tun.

Zentrale Motive dieser christologischen Hymnen und Formeln samt der aufgeführten spezifischen Begrifflichkeit (ὁ λόγος, τὸ φῶς, μονογενής, εἰκών, πρωτότοκος πάσης κτίσεως, ἀπαύγασμα, χαρακτήρ, ὑπόστασις) finden sich im Kontext alttestamentlicher *Weisheitstraditionen* zur Qualifizierung des Wortes und der Weisheit Gottes.[38] Durch den λόγος Gottes sind Himmel und Erde geschaffen (Ps 33 [32 LXX],6; vgl. V. 9: αὐτὸς εἶπεν καὶ ἐγενήθησαν, Gen 1,3: καὶ εἶπεν ὁ θεός· γενηθήτω ... καὶ ἐγένετο ...). Gottes Weisheit war bereits bei der Erschaffung der Welt bei Gott (συμπαρήμην αὐτῷ ... ἤμην παρ' αὐτῷ Spr 8,27.30), denn „Gott hat in Weisheit die Erde gegründet" (ὁ θεὸς τῇ σοφίᾳ ἐθεμελίωσεν τὴν γῆν Spr 3,19) und alles in Weisheit geschaffen (πάντα ἐν σοφίᾳ ἐποίησας Ps 104 [103 LXX],24). Sie wurde bei ihm auf dem Schoß gehalten (Spr 8,30 MT; vgl. Joh 1,18), sie gilt sogar als Beisitzerin, Mitthronende auf dem Thron Gottes (δός μοι τὴν τῶν σῶν θρόνων πάρεδρον σοφίαν SapSal 9,4). Die Weisheit „wohnte" bei Gott in der Höhe (ἐγὼ ἐν ὑψηλοῖς κατεσκήνωσα Sir 24,4), bis er sie auf der Erde in Israel einwohnen und Eigentum / Erbbesitz nehmen ließ (καὶ εἶπεν ἐν Ιακωβ κατασκήνωσον καὶ ἐν Ισραηλ κατακληρονομήθητι Sir 24,8; vgl. Joh 1,10f.14). Von der Sophia Gottes kann gesagt werden, dass sie „einziggeboren" / „einzigartig" ist (μονογενές SapSal 7,22; vgl. Joh 1,14.18), „Hauch der Kraft Gottes" (ἀτμὶς ... τῆς τοῦ θεοῦ δυνάμεως SapSal 7,25), „reiner Ausfluss / Ausströmung der Herrlichkeit des Allbeherrschers" (ἀπόρροια τῆς τοῦ παντοκράτορος δόξης εἰλικρινής SapSal 7,25), „Abglanz des ewigen Lichts und makelloser Spiegel des Wirkens Gottes und Ebenbild seiner Güte" (ἀπαύγασμα γάρ ἐστιν φωτὸς ἀϊδίου καὶ ἔσοπτρον ἀκηλίδωτον τῆς τοῦ θεοῦ ἐνεργείας καὶ εἰκὼν τῆς ἀγαθότητος αὐτοῦ SapSal 7,26; vgl. 2Kor 4,4.6); sie ist somit

[38] S. Spr 8,22-31; Sir 24,3-10; SapSal 7,22-30; vgl. Gen 1,3; Ps 33,6.9; 104,24; Spr 3,19f.

herrlicher als die Sonne und verdient den Vorzug vor dem Licht (SapSal 7,29; Joh 1,4ff.; 8,12).

An den *menschlichen* Repräsentanten Gottes gegenüber Israel[39] lassen sich traditionsgeschichtlich vielfältige Aspekte des neutestamentlichen Zeugnisses von der Person, dem Wirken und Geschick Jesu Christi verdeutlichen; aber in keiner dieser alttestamentlichen Überlieferungen findet sich eine der Christologie entsprechende *personale Präexistenz*, die *Schöpfungsmittlerschaft*, das *vorzeitliche Wohnen bei Gott* vor der *Sendung auf die Erde* ausgesagt. Mithilfe der *Logos-Sophia-Tradition* wiederum lassen sich diese Aspekte – die Jesus Christus in Einheit mit Gott und aus dessen Gegenwart kommend, die ihn in Unterschiedenheit zu allen Menschen und zur Schöpfung insgesamt sehen – gut nachvollziehen, aber gerade nicht die für das Christusbekenntnis zentrale *Inkarnation*, das *Fleischwerden des Wortes*, das *Menschwerden Gottes* und das *stellvertretende Leiden* des präexistenten und in die Welt gekommenen Sohnes Gottes für die Seinen. Erst die traditionsgeschichtliche Zusammenschau der Gott als Schöpfer zugehörigen *Weisheit Gottes* einerseits und der zur Schöpfung gehörenden *menschlichen Repräsentanten* Gottes andererseits lassen das Geheimnis der in Jesus Christus, dem Gekreuzigten, erschienenen Weisheit Gottes begrifflich und gedanklich erfassen. Nur von *ihm* – und erst in Folge der Erkenntnis des *auferstandenen Kyrios*[40] – können die neutestamentlichen Autoren bezeugen, dass er die Herrlichkeit Gottes teilte, „*ehe die Welt war*" (πρὸ τοῦ τὸν κόσμον εἶναι Joh 17,5) und dass er von Gott bereits geliebt wur-

---

[39] Ob an der Mose-Tradition, der davidischen Gottessohnschaft, an den Messias-Verheißungen, an der Gottesknecht-Tradition oder der Menschensohnerwartung.

[40] Fragt man nach dem „Erkenntnisgrund" – also gemäß der *ratio cognoscendi* –, ist theologisch wie auch historisch zunächst das *Auferstehungsgeschehen* grundlegend für die Erkennbarkeit Jesu als des „Gottessohns", des „Kyrios" und „Christus" (s. Röm 1,3.4; vgl. 1Kor 9,1; 15,8-10; Gal 1,1.11f.15f.; Apg 2,36; 13,32f. [Zitat Ps 2,7]); und das Bekenntnis zur Präexistenz und Schöpfungsmittlerschaft ergibt sich als *Folge* der Erkenntnis des Auferstandenen. Demgegenüber bekennt der Christushymnus des *Johannes*prologs gleich zu Beginn (Joh 1,1-18), was nach der *ratio essendi* – also bei der Frage nach dem „Seinsgrund" der soteriologischen Bedeutung des Christusgeschehens – Grundlage und Voraussetzung bildet: Das präexistente Wohnen des einziggeborenen Gottessohnes beim Vater, seine Schöpfungsmittlerschaft und seine einzigartige Bedeutung als Leben und Licht der Welt. – Nach dem *Markus*evangelium offenbart sich das Geheimnis der Person Jesu „objektiv" bereits in dem öffentlichen Wirken Jesu seit seiner *Taufe* (Mk 1,9-11; vgl. Mk 1,11; 3,11; 5,7; 9,7; 14,61f.; 15,39), „subjektiv" wird es allerdings selbst von den Jüngern – wie auch von den Lesern des Evangeliums – erst nach der Auferstehung aus der Retrospektive wahrgenommen. Nach dem *Matthäus-* und dem *Lukas*evangelium schließlich gilt dies bereits für die Geburt Jesu (Lk 1,32f.35; vgl. Mt 1,20-24).

de, „*ehe der Grund der Welt gelegt war*“ (ὅτι ἠγάπησάς με πρὸ καταβολῆς κόσμου Joh 17,24).[41]

IV. Neue Schöpfung (soteriologisch)

Die Einsicht in den inneren Zusammenhang von Gottes *rettendem* und seinem *schöpferischen* Handeln, von *Erlösungs*theologie und *Schöpfungs*theologie – somit von *Soteriologie* und *Protologie* – ist auch für das christologische Bekenntnis so bestimmend, wie es im Einklang mit dem alttestamentlich-jüdischen Zeugnis für das Bekenntnis zu dem *einen* Gott Israels und der Väter gilt.[42] Denn der Gott, „der die Toten lebendig macht und das Nichtseiende ins Dasein ruft“ (τοῦ ... καλοῦντος τὰ μὴ ὄντα ὡς ὄντα Röm 4,17) bestätigt den Weg seines Sohnes bis zur Hingabe am Kreuz dadurch, dass er ihn in eben dieser Vollmacht von den Toten auferweckt (Röm 4,24). Dass die Gläubigen an diesem heilvollen Geschehen zu ihren Gunsten im Glauben bereits gegenwärtig teilhaben, kann einerseits aufgrund des Einbezogenseins in das Sterben und Auferstehen Jesu entfaltet werden (Gal 2,19f.; Röm 6,1-11)[43], andererseits aber auch in Aufnahme der *Schöpfungsterminologie* und der eschatologischen Erwartung einer *Neuschöpfung*[44].

---

41 Im „Revelationsschema“ 1Petr 1,20: „Er ist zwar zuvor ausersehen, *ehe der Welt Grund gelegt wurde* (προεγνωσμένου μὲν πρὸ καταβολῆς κόσμου), aber offenbart am Ende der Zeiten um euretwillen.“ Vgl. Eph 1,3-14; Apk 3,14: „der Anfang der Schöpfung Gottes“ ἡ ἀρχὴ τῆς κτίσεως τοῦ θεοῦ.

42 Dass die „spekulativ weisheitliche Schöpfungschristologie“ mit einer apokalyptischen Neuschöpfungschristologie „sachlich nicht vereinbar“ sei (so *O. Wischmeyer*, Art. Schöpfung, RGG [s. Anm. 1], 974), lässt sich angesichts der differenzierten Soteriologie der Paulusbriefe, des Kolosser- und Epheserbriefs sowie der Apokalypse des Johannes oder des Johannesprologs (Joh 1,1-18) schwer nachvollziehen. Schöpfungstheologie und Schöpfungsmittlerschaft der Weisheit – d.h. Christi als des Logos Gottes – stehen nicht im Widerspruch zur Erlösung und Erneuerung der Schöpfung, sondern bedingen einander. „Sachlich unvereinbar“ nennen die Texte vielmehr das Verhalten der Geschöpfe gegenüber ihrem Schöpfer – „Er war in der Welt, und die Welt ist durch ihn gemacht; aber die Welt erkannte ihn nicht“ (Joh 1,10).

43 S. *H.-J. Eckstein*, Auferstehung und gegenwärtiges Leben nach Röm 6,1-11. Präsentische Eschatologie bei Paulus? In: *Ders.*, Der aus Glauben Gerechte wird leben. Beiträge zur Theologie des Neuen Testaments, BVB 5, 2. Aufl., Münster u.a. 2007, 36-54.

44 S. zum Ganzen *H. Lichtenberger*, Neuschöpfung und Wiedergeburt. Überlegungen zu ihrer eschatologischen Bedeutung im Neuen Testament, in: *M. Bauks / K. Liess / P. Riede* (Hg.), Was ist der Mensch, dass du seiner gedenkst? (Psalm 8,5). Aspekte einer theologischen Anthropologie (FS B. Janowski), Neukirchen-Vluyn 2008, 63-75; *U. Mell*, Neue Schöpfung. Eine traditionsgeschichtliche und exegetische Studie zu einem eschatologischen Grundsatz paulinischer Theologie, BZNW

Die an Christus Glaubenden sind nach Paulus einerseits „mit Christus gekreuzigt worden“ – d.h. dem Anspruch der Sünde als Macht „abgestorben“ („sterben“ mit *Dat. incommodi)* – und dürfen bereits die Realität und Gegenwart des Auferstandenen in ihrem irdischen Leben erfahren, d.h. in einem neuen Leben, in der „Neuheit des Lebens“[45] wandeln (Röm 6,4; vgl. Gal 2,19f.).[46] Genauso kann aber auch gesagt werden, dass die Gläubigen bereits gegenwärtig eine „neue Schöpfung“ sind: „Darum: Ist jemand in Christus, so ist er eine neue Schöpfung / Kreatur (καινὴ κτίσις); das Alte ist vergangen, siehe, Neues ist geworden“ (2Kor 5,17). Das impliziert, dass die zuvor bestimmenden menschlichen Unterschiede in dem universalen eschatologischen Heilshandeln Gottes an dem Gekreuzigten aufgehoben sind: „Denn in Christus Jesus gilt weder Beschneidung noch Unbeschnittensein etwas, sondern eine neue Schöpfung“ (καινὴ κτίσις Gal 6,15).

Traditionsgeschichtlich kann man in 2Kor 5,17 und Gal 6,15 eine Aufnahme der Erwartung einer Neuen Schöpfung nach Jes 43,18f.[47] und 65,17 erkennen[48], die auch im Judentum vereinzelt nicht nur kosmologisch[49], sondern auf die individuelle Erneuerung der Erlösten angewandt werden kann[50]. Das Spezifische an dieser Anwendung der Vorstellung bei Paulus ist die messianologische, d.h. christologische, Perspektive. „In Christus“ – d.h. aufgrund seiner stellvertretenden Lebenshingabe und in Gemeinschaft mit ihm – sind die Glaubenden schon gegenwärtig zu einem Leben mit Gott und für Gott „neu geschaffen“ (vgl. 2Kor 5,14f.). Sosehr diese neue Existenz ausschließlich in der Gemeinschaft mit dem Gekreuzigten und Auferstandenen besteht, sosehr versteht Paulus sie als bereits gegenwärtig real und wirksam.

56, Berlin 1989; *P. Stuhlmacher*, Erwägungen zum ontologischen Charakter der καινὴ κτίσις bei Paulus, EvTh 27, 1967, 1-35.

45 Röm 6,4: ἐν καινότητι ζωῆς, vgl. 6,8: πιστεύομεν ὅτι καὶ συζήσομεν αὐτῷ, „so werden wir – wie wir glauben – auch mit ihm leben“; 6,11: λογίζεσθε ἑαυτοὺς ... ζῶντας δὲ τῷ θεῷ ἐν Χριστῷ Ἰησοῦ, „lebendig für Gott in Christus Jesus“; 6,13: ὡσεὶ ἐκ νεκρῶν ζῶντας, „als Lebende aus den Toten“.

46 S. im Einzelnen *H.-J. Eckstein*, Verheißung und Gesetz. Eine exegetische Untersuchung zu Gal 2,15 – 4,7, WUNT 86, Tübingen 1996, 55ff.

47 Einschließlich der Aufforderung, des „Alten“ nicht mehr zu gedenken (τὰ ἀρχαῖα μὴ συλλογίζεσθε Jes 43,18), und der Ankündigung, „Neues“ zu „erschaffen“ (ἰδοὺ ποιῶ καινά Jes 43,19).

48 Hinsichtlich der individuellen Anwendung könnte man zudem an die in Schöpfungsterminologie formulierte Bitte um die „Erschaffung“ eines neuen Herzens in Ps 51,12 denken (vgl. Ez 36,26f.).

49 S. kosmologisch auch äthHen 72,1; 4Esr 7-8; Jub 1,29 (vgl. 4,26).

50 S. 1QH 3,19ff. [Suk] XI,19ff.; JosAs 8,9; 15,9.

Die eindrücklichste Verknüpfung von Soteriologie und Protologie bei Paulus findet sich vielleicht bei der Beschreibung der apostolischen Berufung in Analogie zur *ersten* Schöpfung in 2Kor 4,6: „Denn Gott, der sprach: Licht soll aus der Finsternis hervorleuchten (ὁ θεὸς ὁ εἰπών· ἐκ σκότους φῶς λάμψει), der hat einen hellen Schein in unsre Herzen gegeben, dass durch uns entstünde die Erleuchtung zur Erkenntnis der Herrlichkeit Gottes in dem Angesicht Jesu Christi."[51]

In Aufnahme dieser Überlieferung kann Eph 2,10 sowohl das Lebendigwerden der Glaubenden als auch bereits ihre „guten Werke" der Schöpfung Gottes zuschreiben: „Denn wir sind sein Werk / Schöpfungswerk (ποίημα), geschaffen in Christus Jesus (κτισθέντες ἐν Χριστῷ Ἰησοῦ) zu guten Werken, die Gott zuvor bereitet hat, dass wir darin wandeln sollen." Folgerichtig wirbt dann die Paränese Eph 4,24 in Schöpfungsterminologie: „Und zieht den *neuen Menschen* (τὸν καινὸν ἄνθρωπον) an, der *nach Gott geschaffen ist* (τὸν κατὰ θεὸν κτισθέντα) in wahrer Gerechtigkeit und Heiligkeit."[52] Und noch über Gal 6,15 hinausgehend können in Eph 2,15 die Aufhebung des bisher Trennenden und die Versöhnung mit der Neuen Schöpfung in Christus begründet werden: „Er hat abgetan das Gesetz mit seinen Geboten und Satzungen, damit er in sich selber aus den zweien einen neuen Menschen *schaffe* (ἵνα τοὺς δύο κτίσῃ ἐν αὐτῷ εἰς ἕνα καινὸν ἄνθρωπον) und Frieden mache."

V. Vollendung der (gesamten) Schöpfung – Die Neuschöpfung der Schöpfung (kosmologisch)

Der eschatologische Vorbehalt hinsichtlich der gegenwärtigen Erfahrung der Neuschöpfung wird bei Paulus selbst nachdrücklich gewahrt. Dies gilt – entgegen weitverbreiteter Meinung[53] – aber weniger im Hinblick auf die in Röm 6,1ff. entfaltete grundsätzliche Frei-

---

[51] Vgl. als alternative Beschreibung des eschatologischen Lebensbeginns im Glauben die Vorstellung von der „Wiedergeburt" bzw. der „Zeugung aus Gott" mit dem Wortstamm γεννάω im *Corpus Johanneum* – Joh 1,13; 3,3ff.; 1Joh 2,29; 3,9; 4,7; 5,1-4.18 – sowie in Tit 3,5 („das Bad der Wiedergeburt und Erneuerung im heiligen Geist" [διὰ λουτροῦ παλιγγενεσίας καὶ ἀνακαινώσεως πνεύματος ἁγίου]) und 1Petr 1,3.23. S. im Einzelnen *H. Lichtenberger*, Neuschöpfung und Wiedergeburt (s. Anm. 44), 320ff.

[52] Kol 3,10 spricht ebenfalls im *ethischen* Kontext vom Anziehen des *neuen Menschen*, „der erneuert wird zur Erkenntnis nach dem Ebenbild dessen, der ihn geschaffen hat" (κατ' εἰκόνα τοῦ κτίσαντος αὐτόν).

[53] S. zur Diskussion *H.-J. Eckstein*, Auferstehung und gegenwärtiges Leben (s. Anm. 43), 36ff.

heit von dem Herrschaftsanspruch der Sünde sowie die Teilhabe an der Auferstehungswirklichkeit Christi im gegenwärtigen Leben. Der Vorbehalt äußert sich vielmehr angesichts der Erfahrung von *Verfolgung und Leiden* in der gegenwärtigen Zeit[54] und in Anbetracht der *Vergänglichkeit*, die die ganze – auch außermenschliche (!)[55] – „Schöpfung“[56] betrifft. So wie der Tod mit der Sünde Adams in die Welt gekommen ist und infolgedessen die ganze Schöpfung der Vergänglichkeit unterworfen wurde (Röm 5,12ff.; 8,20), so harrt nun die ganze mitseufzende Schöpfung der Offenbarung der herrlichen Freiheit der Kinder Gottes, an der sie teilhaben soll (Röm 8,19-22). „Nicht allein aber sie, sondern auch wir selbst, die wir den Geist als Erstlingsgabe haben, seufzen in uns selbst und sehnen uns nach der Kindschaft, der Erlösung unseres Leibes“ (Röm 8,23).

Mit der ausgeführten Adam-Christus-Typologie wird die Korrespondenz von Protologie und Soteriologie, von Schöpfungs- und Erlösungstheologie – aber auch von des Menschen unheilvoller Reaktion auf den Schöpfer und Gottes heilvoller Reaktion auf die Abwendung seiner Schöpfung – kontrastiv entfaltet (1Kor 15,20.f.45; Röm 5,12-21). „Der erste Mensch, Adam“ (ὁ πρῶτος ἄνθρωπος 'Αδάμ), bildet den *Antitypus* zu Christus als dem „letzten Adam“ (ὁ ἔσχατος 'Αδάμ 1Kor 15,45). Denn wie durch *einen* Menschen der Tod gekommen ist (protologisch), so kommt auch durch *einen* Menschen – durch den auferstandenen Christus – die Auferstehung der Toten (eschatologisch): „sie werden in Christus alle lebendig gemacht werden“ (1Kor 15,21f.).

Auf die erste Schöpfung kommt Paulus auch bei seinem Erweis der Notwendigkeit und Wirklichkeit einer leiblichen – d.h. leibhaftigen und persönlichen – Auferstehung der Toten zu sprechen. Dass es neben dem „natürlichen“ – d.h. irdischen und vergänglichen – Leib (σῶμα ψυχικόν) auch einen „geistlichen“ – d.h. himmlischen und unvergänglichen – Leib (σῶμα πνευματικόν) geben kann und wird, unterstreicht er mit dem Hinweis auf die Vielgestaltigkeit und Unterschiedenheit der Körper bereits innerhalb der *ersten* Schöpfung

---

[54] τὰ παθήματα τοῦ νῦν καιροῦ Röm 8,18; vgl. V. 35; 2Kor 4,17. S. zudem die Peristasenkataloge mit ihren Aufzählungen von Gefahren und Leiden des Apostels in 2Kor 4,8-11; 6,4-10; 11,23-29.

[55] Denn sie allein ist nicht durch eigenes Verschulden – d.h. nicht aus eigenem Willen (οὐχ ἑκοῦσα) –, sondern infolge der Gebotsübertretung des Menschen (Röm 5,12f.) der Vergänglichkeit mit unterworfen worden (Röm 8,20; vgl. Gen 3,17-19; 4Esr 7,11f.; Röm 11,32, wonach auch nur Gott als Subjekt der „Unterwerfung auf Hoffnung“ in Frage kommt).

[56] ἡ κτίσις Röm 8,19-22 [4×].

(1Kor 15,38-41; vgl. Gen 1,11f.14.20.24): „Gott aber gibt ihm einen Leib, wie er gewollt hat ...“ (1Kor 15,38).

Die korrespondierende Entfaltung von Protologie und Eschatologie dient auch bei Paulus der Vergewisserung hinsichtlich des bisher nur Gehofften und der Veranschaulichung des bisher nur im Glauben Sichtbaren: Der Schöpfer der Welt wird sie auch vollenden; der Gott, der aus dem Nichtsein ins Sein rufen kann, der kann auch aus dem Tod zum neuen Leben auferwecken. Denn wie Abraham soll die Gemeinde an den Gott glauben, „*der die Toten lebendig macht* und *ruft das, was nicht ist, dass es sei*“ (τοῦ ζῳοποιοῦντος τοὺς νεκροὺς καὶ καλοῦντος τὰ μὴ ὄντα ὡς ὄντα Röm 4,17).

In kosmologisch umfassender Weise werden die Verheißungen aus Jes 43,18f. und 65,17f. in Apk 21,1ff. als vollkommen verwirklicht gesehen: „Und ich sah einen *neuen Himmel* und eine *neue Erde* (οὐρανὸν καινὸν καὶ γῆν καινήν); denn der erste Himmel und die erste Erde sind vergangen, und das Meer ist nicht mehr.“[57] Die Erlösung von Leid und Ungerechtigkeit, Vergänglichkeit und Tod wird von der eschatologischen Einwohnung Gottes, des Schöpfers, bei seinen Menschen erwartet, wie es mithilfe der „Zugehörigkeitsformel“ formuliert werden kann: „Und er wird bei ihnen wohnen, und sie werden sein Volk sein, und er selbst, Gott mit ihnen, wird ihr Gott sein“ (Apk 21,3).[58]

Dass die Neuschöpfung auch hier selbstverständlich von einer personalen Identität der Menschen ausgeht und nicht die Erschaffung ganz anderer Personen voraussetzt, wird *via negationis* schon an der vorangestellten Schilderung des allgemeinen Weltgerichts über Lebende und Tote deutlich (Apk 20,11ff.), bei dem es gerade um die Kontinuität von gelebtem irdischen Leben und eschatologischem Ausgleich geht. *Via eminentiae* zeigt sich das Moment der Kontinuität – bei aller Diskontinuität der Neuschöpfung – an der überschwänglichen Darstellung des Geschickes derer, die seit Grundlegung der Welt im Buch des Lebens geschrieben standen (Apk 20,12.15), deren Sünden durch die Lebenshingabe des Lammes vergeben worden sind und die in den apokalyptischen Leiden gerecht und heilig gelebt haben: „Selig sind, die ihre Kleider waschen, dass sie teilhaben an dem Baum

---

[57] Entsprechend warten auch nach 2Petr 3,13 die Gläubigen „auf einen neuen Himmel und eine neue Erde (καινοὺς δὲ οὐρανοὺς καὶ γῆν καινήν) nach seiner Verheißung, in denen Gerechtigkeit wohnt“.

[58] Vgl. Ex 29,45f.; Lev 26,11f.

des Lebens“ (Apk 22,14)[59]. Damit wird auch hier mit der Neuen Schöpfung Gottes das vollkommen vollendet, was der Mensch als Geschöpf durch seine Entfremdung von seinem Schöpfer einst verwirkt hatte. So kommt am Ende nochmals der Anfang in den Blick, und der Abschluss besteht in einem Neubeginn. Von der Eschatologie her erscheint die Protologie in einem neuen, versöhnten Licht, und in der Soteriologie wird der Widerspruch zwischen der geglaubten guten Schöpfungsrealität und der weithin leidvoll erfahrenen Wirklichkeit der Geschöpfe erlösend aufgehoben[60]: „Und der auf dem Thron saß, sprach: Siehe, ich *erschaffe* alles neu!“ – ἰδοὺ καινὰ ποιῶ πάντα (Apk 21,5).[61]

59 Vgl. Apk 22,11; 7,14.

60 Dass die Vorstellung Gottes als des Schöpfers im Neuen Testament nicht betont im Vordergrund stehe, sondern hinter dem Heilshandeln Gottes in Christus zurücktrete (so *G. Petzke*, Art. κτίζω κτλ, EWNT 2 [s. Anm. 1], 804), lässt sich aufs Ganze gesehen nur bedingt nachvollziehen – und wenn, dann in dem unbestreitbaren Sinne, dass auch die Schöpfungstheologie *christologisch* entfaltet und die Protologie aus *eschatologischer* Perspektive gesehen wird.

61 Vgl. Jes 43,19.

Gott ist es, der rechtfertigt

Rechtfertigungslehre als Zentrum paulinischer Theologie?[1]

Die Rechtfertigungstheologie im Kontext paulinischer Theologie als zentral zu erkennen[2] bedeutet nicht, die denkbaren Alternativen, Schwierigkeiten oder offenen Fragen zu bestreiten. Auch Paulus kann das im Christusgeschehen eröffnete Heil mit anderen Begriffen und Vorstellungen entfalten als ausschließlich mit der juridisch klingenden Rede von der begnadigenden Rechtfertigung des durch Anklage und Urteil als schuldig erwiesenen Menschen. Auch für ihn verkörpert Christus ohne Zweifel nicht nur die „Gerechtigkeit" der Glaubenden, sondern zugleich auch deren „Weisheit", „Heiligung" oder „Erlösung" (1Kor 1,30). Paulus kann das Kreuzesgeschehen Jesu in Aufnahme alttestamentlich-kultischer Traditionen als Sühnegeschehen entfalten (Röm 3,25; 5,8f.; 2Kor 5,21) wie auch als Befreiung und Freikauf aus der „Sklaverei" (Gal 3,13; 4,4f.; vgl. 1Kor 6,20; 7,23). Freilich ergeben sich für den judenchristlichen Apostel auf der Grundlage der vielfältigen alttestamentlich-jüdischen Überlieferungen damit keine Gegensätze, sondern eher ein Interpretationsgeflecht verschiedener Traditionsstränge, das durch die Berücksichtigung des überwiegend heidenchristlichen Verstehenshorizontes seiner Adressaten noch zusätzlich bereichert wird.

Unbestreitbar findet sich die ausführliche schriftliche Fixierung der „Rechtfertigungstheologie" des Paulus erst in den allgemein später

---

1 In Aufnahme eines Kontroversbeitrages in ZNT 14, 2004, 41-48.

2 S. zu den Befürwortern in der neueren Diskussion z.B. *P. Stuhlmacher*, Gerechtigkeit Gottes bei Paulus, FRLANT 87, 2. Aufl., Göttingen 1966; *ders.*, Biblische Theologie des Neuen Testaments, Bd. I. Grundlegung: Von Jesus zu Paulus, Göttingen 1992, hier 326ff.; *O. Hofius*, Paulusstudien, WUNT 51, 2. Aufl., Tübingen 1994; *ders.*, Paulusstudien II, WUNT 143, Tübingen 2002; *E. Lohse*, Paulus. Eine Biographie, München 1996; *M.A. Seifrid*, Justification by Faith. The Origin and Development of a Central Pauline Theme, NT.S 68, Leiden 1992; *ders.*, Christ, our Righteousness. Paul's Theology of Justification, NSBT 9, Illinois 2000; *H.-J. Eckstein*, Verheißung und Gesetz. Eine exegetische Untersuchung zu Gal 2,15 – 4,7, WUNT 86, Tübingen 1996; *ders.*, Der aus Glauben Gerechte wird leben. Beiträge zur Theologie des Neuen Testaments, BVB 5, 2. Aufl., Münster u.a. 2007; *ders.*, Zur Wiederentdeckung der Hoffnung. Grundlagen des Glaubens, 2. Aufl., Holzgerlingen 2008, hier 45ff.

datierten Briefen an die Galater (wohl 55 n.Chr.), an die Römer (55 / 56 n.Chr.) und an die Philipper (spez. Phil 3,2ff., zwischen 55 und 60 n.Chr.).[3] Was ist aber damit über die Entwicklung und Gewichtung des paulinischen theologischen Denkens wirklich ausgesagt? Vergegenwärtigen wir uns, dass die sieben unangefochten echten Paulusbriefe wohl insgesamt in gerade zehn Jahren (zwischen 50 und 60 n.Chr.) gegen Ende eines mehrere Jahrzehnte dauernden apostolischen Wirkens seit der Lebenswende vor Damaskus (ca. 32 n.Chr., Gal 1,15-17; Phil 3,7ff.) entstanden sind, dass also zwischen dem ersten Brief an die Thessalonicher und dem durch die Rechtfertigungsthematik dominierten Brief an die Galater gerade einmal ca. 5 Jahre liegen! Bedenken wir zudem, dass alle sieben Briefe an konkreten Fragen, Problemen und Anliegen der Gemeinden und des Apostels orientiert sind und nicht einmal der theologisch grundlegende und systematisch durchstrukturierte Römerbrief als eine „systematisch-theologische Gesamtdarstellung" verstanden werden will, dann erklärt sich die thematische Variation wohl eher aus den wechselnden und sich zuspitzenden Gesprächssituationen als durch eine späte persönliche Entwicklung des Apostels Jahrzehnte nach seiner grundlegenden Erkenntnis des Evangeliums.

Schließlich ist auch einzuräumen, dass die kontroversen Auseinandersetzungen um die Frage der Rechtfertigung – allein auf Grund des Glaubens an Christus oder zudem bzw. ausschließlich aufgrund der Toraobservanz – ihre Brisanz in der umstrittenen Ausweitung der Evangeliumsverkündigung bis hin zu den Heidenvölkern gewonnen hat. Im Streit um die Anerkennung nicht beschnittener Gläubiger (Gal 2,1ff.; vgl. Apg 15,1ff.) und die Mahlgemeinschaft toraobservant lebender Judenchristen mit Heidenchristen (Gal 2,11ff.; vgl. Apg 10f.) stellten sich unweigerlich die Fragen, auf die Paulus mit seiner „Rechtfertigungstheologie" eingehend antwortet. Können sprichwörtlich „sündige Heiden" (Gal 2,15) überhaupt zu Töchtern und Söhnen Abrahams und damit zu Empfängern der in Jesu Kommen erfüllten Verheißungen Gottes werden (Gal 3,7-9.29)? Müssen sie sich nicht – entsprechend den zum Judentum übergetretenen Proselyten – zuvor beschneiden lassen (Gal 2,3ff.; 5,2ff.11; vgl. Apg 15,1ff.) und sich zur umfassenden Einhaltung der Sinai-Tora verpflichten, um zum wahren „Israel Gottes" (Gal 6,16; vgl. Röm 9,6) zu gehören? Falls man von der Beschneidung und der umfassenden Toraobservanz bei der Verkündigung des Evangeliums gegenüber

---

[3] Vgl. zu Datierung und Chronologie *U. Schnelle*, Einleitung in das Neue Testament, UTB 1830, 6., neubearb. Aufl., Göttingen 2007, 31ff.; *E. Lohse*, Paulus (s. Anm. 2), 53ff.

Unbeschnittenen absehen wollte, welche Konsequenzen hätte das für das Zusammenleben und die Tischgemeinschaft beim Herrenmahl in gemischten – d.h. aus Judenchristen und Heidenchristen zusammengesetzten – Gemeinden? Und wenn die wortwörtliche Befolgung der durch Mose gegebenen Weisung hinsichtlich der heidenchristlichen Gemeinden um des Evangeliums willen ausgesetzt werden kann, welche Bedeutung kommt dann noch der Toraobservanz für an Christus gläubige Juden zu?[4]

Sosehr die Ausführung der „Rechtfertigungslehre" in den paulinischen Briefen durch die konkreten geschichtlichen Umstände veranlasst worden sein mag, so deutlich wollen doch gerade die rechtfertigungstheologischen Darlegungen des Evangeliums durch den „Apostel der Heiden" (Röm 11,13) als grundsätzlich und zentral verstanden werden. Für beide Seiten geht es in der Auseinandersetzung nicht nur um das Problem vielfältiger Erscheinungsformen der einen Kirche Jesu Christi oder verschiedener Zugangsformen zu dem einen ‚Israel Gottes', sondern elementar um die „Wahrheit des Evangeliums" (Gal 1,6-9; 2,14) und um die Verbindlichkeit der Offenbarung des einen und einzigartigen Gottes Israels im Christusgeschehen. Wenn Paulus in Gal 2,16 und Röm 3,20 unter Aufnahme eines Psalmzitats (Ps 143,2) auf dem Grundsatz besteht, dass aus Werken des Gesetzes kein Mensch vor Gott im Gericht bestehen und zum Heil gelangen kann, d.h. gerechtfertigt wird, dann bezieht er dieses Urteil nicht nur auf die – aus jüdischer Sicht selbstverständlich – „sündigen Heiden", sondern – entgegen seiner eigenen früheren Selbstwahrnehmung – auf alle Menschen, unter Einschluss der „Juden von Geburt" (Gal 2,15), zu denen sowohl die Jerusalemer Säulen Jakobus und Petrus als auch er selbst und seine judenchristlichen Gegner zählen. Gerade in Anbetracht der Schärfe der Auseinandersetzung mit den auf Toraobservanz bestehenden jüdischen Gegnern ist daran zu erinnern, dass Paulus selbst als *Juden*christ – d.h. als an Christus gläubig gewordener *Jude* – argumentiert. Er legt Wert darauf, dass er selbst Israelit von Geburt und beschnitten ist (Röm 11,1; 2Kor 11,22; Phil 3,5), „Hebräer von Hebräern" (Phil 3,5), vom Stamme Benjamin (Röm 11,1; Phil 3,5), dass er vor seiner Christuserkenntnis selbst als gesetzestreuer pharisäischer Jude gelebt hat (Gal 1,14; Phil 3,5f.).

Bei der Ablehnung der „Werke des Gesetzes" als Segens- und Lebensgrundlage denkt der Apostel nicht etwa nur an eine depravierte Form selbstgefälliger Werkgerechtigkeit oder formalisierter Kasuis-

[4] S. zum Ganzen *H.-J. Eckstein*, Verheißung und Gesetz (s. Anm. 2), 3ff.21ff.49ff. 76ff. u.ö.

tik und selbstgerechter „Gesetzlichkeit", sondern auch an das ernsthafte und eifrige Bestreben, die Tora vom Sinai zu befolgen – also an die „Toraobservanz" im umfassenden Sinn. Wenn Paulus in seiner großen Anklagerede in Röm 1,18 – 3,20 als Ergebnis festhält, dass alle Menschen – also Heiden wie Juden – bei der objektiven Beurteilung ihres gelebten Lebens im Angesicht Gottes als „schuldig" und „straffällig" erwiesen werden (Röm 3,19f.; vgl. 3,9.23), dann geht es ihm nicht nur um die Frage von Beschneidung und Ritualgesetz und damit um die nach außen sichtbaren Identitätsmerkmale Israels, nicht nur um die Zugangsbedingungen von Heiden zum Volk Gottes und die Zulassung von Heidenchristen zur Gemeinschaft. Die „Werke des Gesetzes", auf Grund deren kein Mensch von sich aus vor Gott bestehen kann, bezeichnen in der konkreten geschichtlichen Situation der Auseinandersetzung den Weg der jüdischen „Toraobservanz"; sie repräsentieren aber zugleich – in spezifischer Zuspitzung auf die jüdischen bzw. judenchristlichen Gesprächspartner – das Denken, Streben und Tun des Menschen überhaupt: In Anbetracht seines gelebten Lebens insgesamt verfehlt der Mensch von sich aus und unter Absehung von Christus seine ihm von Gott in Schöpfung und Erwählung gegebene Bestimmung (Röm 3,9.20.23). „Denn wir sind der Überzeugung, dass der Mensch durch den Glauben gerechtfertigt, d.h. freigesprochen wird – unabhängig von den Werken des Gesetzes, d.h. der Toraobservanz" (Röm 3,28).

Nun liegt die eigentliche Anstößigkeit solch exklusiver Aussagen, die die Verwirklichung der Segensverheißung an Israel ausschließlich mit dem Glauben an Christus verbinden, wohl nicht erst in der rechtfertigungstheologischen Akzentuierung der späten Paulusbriefe begründet, sondern vielmehr in seiner durchgängig „christozentrischen" Entfaltung des Evangeliums. Die tatsächliche Provokation der paulinischen Rechtfertigungstheologie und ihrer späteren Rezeption durch Martin Luther und die anderen Reformatoren dürfte wohl nicht nur in der exklusiven Hervorhebung des Glaubens und der Gnade – also in dem *sola fide* und dem *sola gratia* – zu erkennen sein, sondern mehr noch in dem *solus Christus* – also dem exklusiven Bekenntnis zu Christus als dem *einen* „Sohn Gottes" und „Herrn", in dessen Kreuz und Auferstehung Gott sowohl für Israel wie für die Völker seine Weisheit und Kraft, seine Gerechtigkeit, Heiligung und Erlösung erwiesen hat (1Kor 1,18-31). Diese Konzentration auf Gottes Handeln im Christusgeschehen und diese theologische Gesamtausrichtung an der „Erkenntnis Christi" (Phil 3,8ff.) bestimmen nun aber nicht erst die Spätbriefe des Paulus, sondern sämtliche von ihm erhaltenen theologischen Äußerungen – angefangen bei den von ihm zitierten christologischen Formeln über die frühen Briefe (vgl.

1Thess 1,9f.; 3,13; 4,14ff.; 5,9f.) bis hin zu seinen späteren Berichten über die Frühzeit. Darüber hinaus wird seine grundlegende Lebenswende vom Verfolger der „Gemeinde Gottes“ hin zum Apostel Christi durchgängig und einheitlich gerade mit dieser alles verändernden Erkenntnis der Einzigartigkeit und exklusiven Bedeutung Christi, mit der „Offenbarung des Sohnes Gottes“ durch Gott selbst begründet (Gal 1,13ff.; Phil 3,5ff.; vgl. 1Kor 9,1; 15,8ff.; 2Kor 4,6).

Dementsprechend lässt sich deutlich nachvollziehen, dass der Theologe Paulus die *Soteriologie* in all ihrer Auffächerung nach verschiedenen Traditions- und Überlieferungssträngen konsequent aus der *Christologie* entfaltet und aus dieser wie jener die Folgerungen für die Anthropologie, das Tora-Verständnis, die Ethik usw. zieht. Nicht weil der Pharisäer Paulus an der Toraobservanz persönlich gescheitert wäre, hat er seinen Weg zu Gott in Christus gesucht, sondern weil sich ihm Gott selbst in Christus zu erkennen gab, konnte er keinen anderen Weg als den des Erkennens und Anerkennens Jesu Christi als des Kyrios und Gottessohnes mehr als gottgemäß und angemessen denken. Nicht haben eigene Schuldgefühle und Versagenserfahrungen Paulus aus einem bewusst erfahrenen Sündersein zur Rechtfertigungstheologie getrieben, sondern umgekehrt war es die erhellende Christuserfahrung mit all ihren soteriologisch zu entfaltenden Implikationen, die eine Existenz unter Absehung von Christus – also *remoto Christo* – nur als insuffizient und obsolet erkennen konnte (ganz pointiert in Phil 3,7ff.). So würde er selbst auch die in seiner Rechtfertigungslehre implizierte kritische – und deshalb so anstößige – Sicht des Menschen unter Absehung der Liebe und Begnadigung Gottes kaum als Ausdruck einer schwarzen Anthropologie und dominanten Hamartiologie gedeutet haben, sondern vielmehr als Innen- und Tiefeneinsicht in die menschliche Existenz aus der Geborgenheit des Rechtfertigungszuspruchs und aus der Retrospektive des sich der Annahme und Wertschätzung gewissen Glaubens[5]. Und gerade aus dieser Perspektive erweist sich, dass Paulus seine ausführlichste schriftliche Darstellung des Evangeliums an die ihm noch unbekannte Gemeinde in Rom nicht ohne Grund zentral als Theologie der Rechtfertigung entfaltet.

Freilich impliziert die *neuzeitliche* Anfrage bezüglich der zentralen Bedeutung der Rechtfertigungstheologie noch weitere aktuelle Vor-

---

[5] S. Röm 1,16f. und 3,21ff. als Rahmen für den Erweis der Notwendigkeit der Offenbarung der Gerechtigkeit Gottes in Röm 1,18 – 3,20 und Röm 7,4-6.25 bzw. Röm 6,1 – 7,6 und 8,1-39 insgesamt als Grundlage der Retrospektive auf den adamitischen Menschen Röm 7,7-24.

behalte: Ist die Beschreibung des Christusgeschehens als eines göttlichen Rechtfertigungshandelns am Menschen heute überhaupt noch verständlich und vermittelbar? Liegt das Unzeitgemäße nicht bereits in den negativen Vorstellungen, die die Rede von der Rechtfertigung des Sünders bei vielen auslöst? Als schwierig erscheint auch der Einstieg in die Darstellung des Glaubens mithilfe von „moralischen" Begriffen wie „gut und böse", „gerecht und sündig", „unschuldig und schuldig". Gilt es inzwischen doch weithin zumindest als „unangemessen" und „ungeschickt", wenn nicht sogar als pädagogisch und theologisch „schädlich" und „politisch inkorrekt", den Menschen überhaupt auf seine Unzulänglichkeit und Bedürftigkeit anzusprechen. Zudem wirkt die Entfaltung des Evangeliums mit juristischen Begriffen und forensischen Vorstellungen an sich schon irritierend. Wer denkt schon gerne an eine Gerichtsverhandlung mit Anklage, Verteidigung, Zeugenaussagen, Plädoyers und dem abschließenden Urteil – von einer möglichen Strafe bei Verurteilung ganz zu schweigen?

So erscheint es für viele heute kaum noch nachvollziehbar, dass der Apostel in seiner programmatischen Themenangabe zu Beginn des Römerbriefes sowohl sein freimütiges Bekennen wie auch die Bedeutung des Evangeliums als „erfreulicher Nachricht" und „guter Botschaft" sowie deren Wesen und Schriftgemäßheit ausgerechnet damit begründet, dass sie „Gottes Gerechtigkeit" zum zentralen Inhalt hat: „Ich schäme mich des Evangeliums nicht; denn es ist eine Kraft Gottes zum Heil für jeden Glaubenden – den Juden zunächst und auch den Griechen. Denn die Gerechtigkeit Gottes wird in ihm offenbart – aus Glauben zum Glauben, d.h. ausschließlich im Glauben; wie geschrieben steht: ‚Der aus Glauben Gerechte wird leben' (Hab 2,4)" (Röm 1,16f.). Was hat die Gerechtigkeit mit der Bestimmung des Evangeliums als „Kraft Gottes zum Heil für jeden Glaubenden" zu tun? Wenn doch, wie Paulus im Anschluss (Röm 1,18 – 3,20) selbst nochmals vergegenwärtigt, Gott ein gerechter Richter ist und jeder Mensch einmal auf der Grundlage seines gelebten Lebens von Gott ohne Ansehen der Person beurteilt werden wird (Röm 2,6ff.), inwieweit handelt es sich dann bei Gottes Wort um eine befreiende und erfreuliche Botschaft? Erwarten wir nicht von einem gerechten Richter, dass er seine Gerechtigkeit in einem unbestechlichen, analytischen Urteil erweist, dass er nach dem lateinischen Rechtsgrundsatz *suum cuique* – „jedem das Seine" – einem jeden zuteilt, was er verdient: dem zu Unrecht Verklagten den Freispruch und dem Schuldigen die verdiente Verurteilung, dem Unschuldigen die Wiedergutmachung und dem Ungerechten seine Strafe? Muss die Ankündigung einer solchen „verteilenden" Gerechtigkeit (*iustitia distributiva*) eines allwissenden Gottes nicht eher Angst und Sorge verbreiten als Hoffnung?

In der Tat lässt sich mit unserem herkömmlichen – vor allem durch die lateinische Rechtstradition sowie die theologische Entwicklung der Westkirche bestimmten – Vorverständnis von „Gerechtigkeit" / *iustitia* das Befreiende, Erfreuliche und Lebensfördernde nur schwer begreifen. Paulus schließt sich in seiner Bestimmung von der „Gerechtigkeit Gottes" jedoch vielmehr an entscheidende Aspekte alttestamentlich-jüdischen Verständnisses von Gerechtigkeit an, das m.E. nicht nur den Zugang zu seiner eigenen Theologie, sondern zugleich zu deren reformatorischer Wiederentdeckung und zu deren neuzeitlicher Rezeption erleichtert, weshalb es hier zumindest skizzenhaft vergegenwärtigt werden soll.[6]

(1) Nach alttestamentlich-jüdischem Verständnis ist die „Gerechtigkeit" (צְדָקָה) viel weniger als in unserem Denken an einer abstrakten Norm, an einem „Gesetz" orientiert, sondern an den *Beziehungen* – zunächst zu Gott, dann zum Nächsten und zum eigenen Volk. Der Mensch ist nicht *an sich* gerecht und auch nicht primär gegenüber dem *Gesetz vom Sinai* – das zweifellos die Grundlage des jüdischen Glaubens und Lebens bildet –, sondern im Hinblick auf eine konkrete, gelebte *Beziehung*. Die Aussage: „Ich bin gerecht!", müsste also präzisiert werden durch die Frage: „Wem gegenüber?". Denn die Gerechtigkeit wird hier als *Relations*-, d.h. *Beziehungsbegriff* verstanden: „Gerechtigkeit" (צְדָקָה) ist in alttestamentlich-jüdischer Tradition das *der Beziehung entsprechende*, das *gemeinschaftsbezogene* Verhalten; und als „gerecht" gilt ein Tun, wenn es „gemeinschaftstreu", „loyal" und gerade in diesem Bezug „heilvoll" ist.

(2) Dieses besondere Verständnis von „Gerechtigkeit" als einem Relationsbegriff entspricht nun einer vertieften *anthropologischen* Gesamtsicht: Der von Gott geschaffene und von ihm in die Gemeinschaft gestellte Mensch existiert nicht an sich und unabhängig von anderen, sondern er lebt in konkreten Beziehungen, im Angesprochensein und Sprechen, im Mitteilungsgeschehen zwischen Gott und seinem Volk. Was unserer individualistischen Tradition durchaus fremd erscheinen mag, ist für die biblischen Traditionen konstitutiv – d.h. wesentlich und grundlegend: Der Mensch ist für das „Wir" ge-

[6] S. zu Darstellung, Diskussion und Literatur *K. Koch*, Art. *ṣdq*, THAT 2, München 1976, 507-530, hier 527; *F.V. Reiterer*, Gerechtigkeit als Heil. *ṣdq* bei Deuterojesaja, Graz 1976, 24-116.208-216; *J. Scharbert*, Art. Gerechtigkeit I, TRE 12, Berlin u.a. 1984, 404-411; vgl. auch die in Anm. 2 Genannten (s.v.).

schaffen, für die lebensfördernde und heilvolle Gemeinschaft. Haben die einzelnen Mitglieder eine solche zuträgliche Beziehung, dann herrscht im gefüllten Sinn „Frieden" – „Schalom". Denn wenn der Mensch *ist*, dann ist er *in Beziehung*. Mit dem Verlust seiner lebensstiftenden und -tragenden Beziehungen ist sein Leben selbst gefährdet. Der Beziehungslose würde seine Lebensgrundlage verlieren, der von Gott und Menschen Verlassene sähe sich von der Todessphäre bedroht, wenn nicht schon von ihr betroffen. Auf diesem Hintergrund gewinnt die Bestimmung der Gerechtigkeit als *ein der Beziehung entsprechendes Verhalten* einen ganz gefüllten Sinn: „Gerechtigkeit" (צְדָקָה) ist nachdrücklich als *personaler* Relationsbegriff zu verstehen.

(3) Nun versteht es sich fast von selbst, dass die inhaltliche Konkretion einer solchen Gerechtigkeit von dem *jeweiligen Verhältnis* abhängig ist. Die Beziehung zu Gott ist eine andere als die zu Menschen, die Relation zum Nächsten ist nicht die gleiche wie die zum Feind. Was als gerechtes Verhalten gegenüber einem Fremden im Land gelten mag, z.B. die Duldung und die Gewährung des Gastrechtes, wäre als Verhalten gegenüber der Ehefrau und den Kindern oder auch gegenüber den eigenen Eltern unzureichend. Die *Beziehung* gibt die Kriterien für die Bestimmung des gerechten Verhaltens vor. In Hinsicht auf die Gottesbeziehung sind die Vorgaben in der breiten alttestamentlichen Tradition im entscheidenden Punkt überraschend einheitlich und weitgehend. Ob wir an die drei ersten der Zehn Gebote denken (Ex 20,1ff.; Dtn 5,6ff.) oder an das bis in die Gegenwart hinein von Juden gebetete „Höre Israel, der Herr ist unser Gott, der Herr allein" (*Schᵉma Jisrael*) samt dem nachfolgenden Gebot der Liebe zu Gott (Dtn 6,4f.), die hier beschriebene Relation ist nicht nur eine von vielen personalen Beziehungen, sie zeichnet sich vielmehr durch ihre *Ganzheitlichkeit* und *Ausschließlichkeit* aus. Die Beziehung zu Gott ist Israel von Gott selbst als eine *ganzheitlich*-personale eröffnet, oder um es mit den Worten der „Zugehörigkeitsformel" zu sagen, Gott spricht zu Israel: „Ich will unter euch wandeln und will *euer Gott* sein, und ihr sollt *mein Volk* sein" (Lev 26,12; vgl. Ez 37,27; Apk 21,3).

(4) Wenn aber die Beziehung zu Gott in solch radikaler und umfassender Weise als „Liebe von ganzem Herzen, von ganzer Seele und mit aller Kraft" (Dtn 6,5) beschrieben wird und wenn die Loyalität und Treue zu Gott in der Ausschließlichkeit des ersten Gebotes bestimmt wird – „Ich bin der Herr, dein Gott, du sollst keine anderen Götter neben mir haben!" (Ex 20,2f.) –, dann erscheint auch das Verständnis der Ungerechtigkeit, der Verfehlung und Sünde in einem

neuen Licht. „Ungerechtigkeit“ ist dann nicht nur ein konkretes unmoralisches Verhalten, sondern im Kern eine *Verletzung der persönlichen Beziehung*; und als Sünde erscheint nicht vorrangig eine bestimmte Gebotsübertretung, sondern vielmehr die *Abwendung von der Gemeinschaft*. Das eigentliche Vergehen liegt in der *Verfehlung der Bestimmung zur Gemeinschaft*, und die Sünde ist ihrem Wesen nach *Trennung von Gott*. Alles, was von Gott trennt, ist Sünde, denn es gefährdet die Gottesbeziehung und damit das Leben; und alles, was der Beziehung zu Gott, zum Nächsten und mir selbst schadet, wird in Geboten und Weisungen als Verfehlung bestimmt. Auf diesem Hintergrund wird deutlich erkennbar, dass es bei dem biblischen Verständnis von Gerechtigkeit keineswegs um einen primär *moralischen* oder einen ausschließlich *forensisch-juristischen* Begriff geht, sondern hinsichtlich der Gottesbeziehung um einen spezifisch *„theologisch“* gefüllten: Als Gerechtigkeit gilt das der *ganzheitlich-personalen Beziehung* entsprechende Verhalten – von Gott aus gegenüber den Menschen und von Seiten der Menschen gegenüber Gott. Das konkrete Denken, Reden und Tun wird als Ausdruck dieser Beziehung gewertet; es kann weder an die Stelle der Beziehung treten, noch könnte das moralische Verhalten seinerseits die Beziehung konstituieren, d.h. begründen oder wiederherstellen.

(5) Auf dem Hintergrund eines solchen – sowohl theologisch wie auch anthropologisch – vertieften Verständnisses von Gerechtigkeit sind vor allem die alttestamentlichen Belege von besonderer Bedeutung, die nicht nur den *juridisch-forensischen*, sondern zugleich auch den *soteriologisch-eschatologischen* Aspekt der nahen Offenbarung der Gerechtigkeit Gottes zur Geltung bringen. So steht Paulus mit seinem Verständnis der Gerechtigkeit als Gottes heilschaffenden Handelns und seiner rettenden Heilsmacht in der Tradition verschiedener Psalmen (z.B. Ps 70,15f.; 97,2f. LXX) wie auch Deutero- und Tritojesajas (Jes 46,12f.; 51,5a.8; 56,1; 59,17; 61,10f.; 62,1.2), bei denen sich auch der auffällige synonyme Gebrauch von „Gerechtigkeit“ und „Heil“ findet – und damit die positive Konnotation der Gerechtigkeit als einer heilbringenden und befreienden Größe: „Hört mir zu, ihr trotzigen Herzen, die ihr ferne seid von der Gerechtigkeit! Ich habe meine Gerechtigkeit nahe gebracht; sie ist nicht ferne, und mein Heil säumt nicht...“ (Jes 46,12f.).

Angesichts des Christusgeschehens und in Aufnahme entscheidender Aspekte der ihn prägenden alttestamentlich-jüdischen Traditionen ergibt sich für den Apostel nach Damaskus die theologische Konsequenz, dass es die „Rechtfertigung“ im Sinne des endgültigen und verbindlichen Freispruchs zum Leben durch Gott unter dieser Voraussetzung nicht aufgrund eines *analytischen* richterlichen Urteils geben kann, sondern ausschließlich als *Begnadigung* der als schuldig Erwiesenen und zu Recht Verurteilten. So wie ein Schuldiger und rechtskräftig Verurteilter hinsichtlich seines gelebten Lebens auch von einem König und Staatsoberhaupt nicht anders beurteilt werden, wohl aber durch sie *begnadigt* werden kann, so wird den an Christus Glaubenden im Evangelium zugesagt: „sie sind *geschenkweise* gerechtfertigt worden, d.h. sie haben *umsonst* den rettenden Freispruch empfangen, durch seine *Gnade* kraft der Erlösung, die in Christus Jesus [geschehen] ist" (Röm 3,24). Gott als Richter rechtfertigt die als schuldig Erwiesenen, indem er sie im Evangelium begnadigt und sie geschenkweise freispricht, ihnen wirksam zusagt: „Du bist frei!" Dieser Freispruch aber basiert eindeutig auf einem *synthetischen* Urteil Gottes: Die Rechtfertigung bewirkt selbst, was sie zuspricht; sie setzt die Gerechtigkeit und Freiheit des Menschen nicht voraus, sondern schafft sie erst durch das vollmächtige Wort. „Ich begnadige dich!", ist eine *performative* – die Handlung selbst vollziehende – Aussage. Die Freiheit des Verurteilten wird durch den, der die Autorität hat, Schuldige zu begnadigen, nicht *festgestellt*, sondern *hergestellt*. Die Kraft des Evangeliums und die Gewissheit der Rechtfertigung liegen damit freilich allein in der Autorität dessen begründet, der sie zuspricht, verantwortet und verwirklichen kann.

Was ist dann aber präzise unter der „Gerechtigkeit Gottes"[7] zu verstehen, die Paulus in Röm 1,16f. als den zentralen Inhalt des von ihm bezeugten Evangeliums von Jesus Christus angibt? Ist dabei (1) an die Gerechtigkeit gedacht, die Gott *selbst* als *Eigenschaft* hat (*Gen. subiectivus*, Genitiv des logischen Subjekts), oder ist (2) die Gerechtigkeit gemeint, die Gott *wirkt* und *schafft* (*Gen. auctoris*, Gen. des Urhebers), oder wird (3) mit Gerechtigkeit Gottes die Gerechtigkeit beschrieben, die der Mensch *vor* Gott, *im Angesicht* Gottes erweisen muss, um vor ihm im Gericht zu bestehen – gemäß der aus der Lutherbibel vertrauten Übersetzung: „die Gerechtigkeit, die *vor Gott gilt*" (*Gen. obiectivus*, Gen. des logischen Objekts)? – Um eine lange und komplizierte theologische Diskussion kurz zu fassen: Gemäß dem Verständnis des Paulus bringen alle drei Aspekte Entscheidendes in den Blick:

(1) *Gott selbst* hat sich – im Unterschied zu Israel und der Welt – in Christus als seinen Menschen gegenüber treu und zuverlässig, und das heißt „gerecht" erwiesen (Röm 3,4-6). Insofern ist es angemessen, davon zu sprechen, dass „Gerechtigkeit Gottes" (*Gen. subiecti-*

---

[7] S. Röm 1,17; 3,5.21f.25f.; 10,3; 2Kor 5,21.

vus) *seine Eigenschaft* und *sein Verhalten* bezeichnet: Die Erlösung in Christus geschah „zum Erweis *seiner* Gerechtigkeit in der jetzigen Zeit, dass *er selbst gerecht ist* ...“ (Röm 3,26).

(2) Wenn der Erweis der Gerechtigkeit Gottes darin besteht, dass er Schuldige begnadigt und Verurteilte freispricht („Gott ist es, der rechtfertigt, d.h. gerecht macht und freispricht“, Röm 8,33) und dass er sogar den erwiesenermaßen Gottlosen gerechtspricht (4,5), dann ist die Rede von der Gerechtigkeit Gottes als derjenigen, die er dem Menschen schafft und *für ihn* und *an seiner Stelle* bewirkt (*Gen. auctoris*), nicht nur zutreffend, sondern der eigentlich überraschende und zentrale Aspekt des Evangeliums. Gott ist für seinen Teil gemeinschaftstreu und gerecht, und er macht zudem – und gerade als solcher – den gerecht, der sich seinerseits illoyal und ungerecht verhalten hat. Er erweist seine Gerechtigkeit also darin, „dass er selbst gerecht *ist* und den an Jesus Glaubenden gerecht *macht*“ (3,26).

(3) Schließlich ist auch der Gedanke der Gerechtigkeit, die *vor* Gott im Endgericht gilt und *ihm gegenüber* bestehen kann – also der „Gerechtigkeit Gottes“ im Sinne eines *objektiven* Genitivs – durchaus für die paulinische Darstellung der Rechtfertigung zutreffend, solange stets im Bewusstsein bleibt, dass nicht an die *menschliche* Gerechtigkeit – ob als Jude, als Heide oder auch als Christ – gedacht ist, sondern an die dem Menschen in Christus von Gott *geschenkte* Gerechtigkeit (*iustitia Dei passiva*), so Phil 3,9! Sie kommt dem Menschen in dem Sinne als eine „*fremde* Gerechtigkeit“ – *iustitia aliena* – zugute, dass ihm die Gerechtigkeit *Christi* „zugerechnet“ wird (*iustitia imputativa*). Denn auch die Gerechtigkeit der an Christus gläubig Gewordenen besteht prinzipiell darin, dass Christus für sie von Gott „zur Gerechtigkeit gemacht worden ist“ (1Kor 1,30; 2Kor 5,21). Die Zuversicht der an Christus Gläubigen, dass sie nichts und niemand von Gottes Zuwendung und Liebe trennen kann (Röm 8,35-39), basiert also auf der Hoffnung, dass Gott sie trotz aller berechtigten und unberechtigten Anklagen gegen sie endgültig begnadigen und freisprechen will (Röm 8,31-33). Und sie gründet auf der Zusage, dass Christus, der für sie Gestorbene und Auferstandene, der nun zur Rechten seines Vaters ist, trotz aller Verurteilungen hinsichtlich ihres gelebten Lebens für sie eintritt und Fürsprache für sie einlegt (Röm 8,34)!

Ob es um die Hoffnung auf Verherrlichung, Erlösung und Befreiung von Vergänglichkeit geht, ob um schöpfungstheologische und / oder versöhnungstheologische Perspektiven, ob um pneumatische Erfahrung oder Partizipation am Sterben und Auferstehen Christi, ob um individuelle Heiligungsparaklese oder um weltverantwortliche sozialethische Paränese – die Stärke einer zentralen Verortung der Rechtfertigungstheologie lässt sich sicherlich nicht eindrücklicher illustrieren als mit Verweis auf diesen theologischen Hauptbrief und speziell auf diese hymnisch vorgetragenen Ausführungen in Röm 8,18-39. In dieser Zusammenschau juridisch-forensischer wie soteriologisch-eschatologischer Aspekte lassen sich für den Theologen Paulus offensichtlich all die anderen soteriologischen Facetten des Christusgeschehens am besten mit in den Blick bringen und veranschaulichen. Fragt man nach dem *einen* und *entscheidenden* Zentrum paulinischer Theologie, so wäre ohne jeden Zweifel die *Christologie* – präziser noch: das Bekenntnis zu Jesus als dem gekreuzigten und von Gott auferweckten Christus, als dem Herrn der Welt und Sohn Gottes – zu nennen. Fragt man aber danach, ob in der Vielzahl der soteriologischen Entfaltungen der Christuserkenntnis für die paulinische Theologie die Rechtfertigungslehre eine zentrale und unaufgebbare Rolle spielt, so ist dies im Sinne des Apostels gewiss entschieden zu bejahen. – „Gott ist es, der rechtfertigt."

Zur Freiheit hat uns Christus befreit

Das innovative Konzept der Freiheit bei Paulus

Von der „Freiheit" und der „Befreiung" ist bei Paulus so oft und so zentral wie sonst nirgends im Neuen Testament die Rede. Sieben von elf neutestamentlichen Belegen für ἐλευθερία „Freiheit"[1] entfallen auf Paulus, 14 von 23 Belegen für ἐλεύθερος „frei"[2] und fünf von sieben Belegen für ἐλευθερεῖν „befreien"[3]. Der einzige Beleg von ὁ ἀπελεύθερος „der Freigelassene" erscheint 1Kor 7,22.[4] Darüber hinaus kann Paulus davon sprechen, dass die Gläubigen gegenüber dem unheilvollen Herrschaftsanspruch von Tod, Sünde und Gesetz in Christus „gestorben" sind,[5] dass sie „gegen Bezahlung", d.h. rechtsgültig erworben wurden[6] und dass sie durch Christus aus der Sklaverei losgekauft worden sind[7]. Durch ihre Zugehörigkeit zu Christus sind die

---

[1] ἐλευθερία Röm 8,21; 1Kor 10,29; 2Kor 3,17; Gal 2,4; 5,1.13 (2×). Vgl. Jak 1,25; 2,12; 1Petr 2,16; 2Petr 2,19. Somit erscheint der Begriff „Freiheit" im Neuen Testament in keinem der Evangelien noch in der Apostelgeschichte oder einer der anderen umfangreicheren außerpaulinischen Schriften.

[2] ἐλεύθερος Röm 6,20; 7,3; 1Kor 7,21.22.39; 9,1.19; 12,13; Gal 3,28; 4,22.23.26. 30.31.

[3] ἐλευθερόω Röm 6,18.22; 8,2.21; Gal 5,1.

[4] S. zur Diskussion vor allem *K. Niederwimmer*, Der Begriff der Freiheit im Neuen Testament, Berlin 1966; *ders.*, Art. ἐλεύθερος κτλ, EWNT 1, 2., verb. Aufl., Stuttgart u.a. 1992, 1052-1058; *D. Nestle*, Eleutheria. Studien zum Wesen der Freiheit bei den Griechen und im Neuen Testament, Tübingen 1967; *ders.*, Art. Freiheit, RAC 8, Stuttgart 1972, 269-306; *H. Schlier*, Art. ἐλεύθερος κτλ, ThWNT 2, Stuttgart 1935, 484-500 (vgl. ThWNT 10/2, Stuttgart 1979, 1073-1076); *S. Vollenweider*, Freiheit als neue Schöpfung. Eine Untersuchung zur Eleutheria bei Paulus und in seiner Umwelt, FRLANT 147, Göttingen 1989; *ders.*, Art. Freiheit/Abhängigkeit / ἐλεύθερος κτλ, TBLNT, neubearb. Aufl., Neukirchen-Vluyn u.a. 2005, 499-505; *J.D.G. Dunn*, Christian Liberty. A New Testament Perspective, Grand Rapids 1993.

[5] ἀποθνῄσκω mit *Dat. incommodi*, vgl. Röm 6,1-11; 7,4.6; Gal 2,19.

[6] 1Kor 6,20; 7,23: ἀγοράζω mit absolutem τιμῆς (*Gen. pretii*).

[7] ἐξαγοράζω Gal 3,13; 4,4f.; vgl. zum Ganzen *H.-J. Eckstein*, Verheißung und Gesetz. Eine exegetische Untersuchung zu Gal 2,15 – 4,7, WUNT 86, Tübingen 1996, 55ff.153ff.237ff.; *ders.*, Auferstehung und gegenwärtiges Leben nach Röm 6,1-11. Präsentische Eschatologie bei Paulus?, in: *Ders.*, Der aus Glauben Gerechte wird leben. Beiträge zur Theologie des Neuen Testaments, BVB 5, 2. Aufl., Münster u.a. 2007, 36-54.

Gläubigen der todbringenden Königsherrschaft der Sünde[8] und ihrer uneingeschränkten Gewalt[9] entzogen.

Berücksichtigt man also zusätzlich zum Begriff Freiheit selbst die vielfältigen Belege für die Motivfelder „Befreien“, „Erlösen“[10], „Retten“[11], „Absterben“, „Rechtfertigen von“[12], dann wird umso deutlicher, wie sehr das Motiv der Freiheit und der Befreiung in der Mitte der paulinischen Theologie steht. Dies gilt für den Galaterbrief als der „Magna Charta“ der christlichen Freiheit[13] und für die triumphale Beschreibung der „herrlichen Freiheit der Kinder Gottes“ in Röm 5 – 8; dies gilt aber vor allem auch in verschiedenen Kontexten für die bereits zuvor verfassten Briefe an die Korinther.[14]

Zweifellos knüpft Paulus dabei an soziale, politische und philosophische griechisch-hellenistische Vorstellungen von „Freiheit“ und „Sklaverei“ an. Das Adjektiv ἐλεύθερος „frei“ bezeichnet wie im allgemeinen Sprachgebrauch zunächst vor allem den sozialen Stand des „Freien“ im Gegensatz zum δοῦλος Sklaven (1Kor 7,21b.22a; 12,13; Gal 3,28; 4,22). Man mag an die umfassenden Rechte des Freien als Mitglied und Mitbürger denken[15] (im Gegensatz zum Sklaven oder Fremden) oder an die Freiheit der Polis[16], man mag die Freiheit zum Tun und Lassen des eigenen Willens[17] im Blick haben oder die inne-

---

8 βασιλεύω Röm 5,14.17.21; 6,12.

9 κυριεύω Röm 6,9.14.

10 S. z.B. ἀπολύτρωσις „Erlösung“ – Röm 3,24: δικαιούμενοι δωρεὰν τῇ αὐτοῦ χάριτι διὰ τῆς *ἀπολυτρώσεως* τῆς ἐν Χριστῷ Ἰησοῦ. Röm 8,23: υἱοθεσίαν ἀπεκδεχόμενοι, τὴν *ἀπολύτρωσιν* τοῦ σώματος ἡμῶν. 1Kor 1,30: ὃς ἐγενήθη σοφία ἡμῖν ἀπὸ θεοῦ, δικαιοσύνη τε καὶ ἁγιασμὸς καὶ *ἀπολύτρωσις*.

11 ῥύομαι – Der auferstandene Sohn Gottes wird als der endgültige Retter aus der Gottlosigkeit und ihrer Folgen erwartet; s. 1Thess 1,10: ὃν ἤγειρεν ἐκ [τῶν] νεκρῶν, Ἰησοῦν *τὸν ῥυόμενον* ἡμᾶς ἐκ τῆς ὀργῆς τῆς ἐρχομένης. Röm 11,26: ἥξει ἐκ Σιὼν *ὁ ῥυόμενος*, ἀποστρέψει ἀσεβείας ἀπὸ Ἰακώβ. Vgl. als Klage formuliert Röm 7,24: τίς με *ῥύσεται* ἐκ τοῦ σώματος τοῦ θανάτου τούτου;

12 δεδικαίομαι ἀπό „frei sein von“, „rechtskräftig freigesprochen sein von“; Röm 6,7: ὁ γὰρ ἀποθανὼν δεδικαίωται ἀπὸ τῆς ἁμαρτίας.

13 Vgl. *S. Vollenweider*, Art. ἐλεύθερος κτλ, TBLNT (s. Anm. 4), 504.

14 Speziell 1Kor 7,17-24; 1Kor 8 – 10 (besonders Kap. 9) und 2Kor 3.

15 In diesem Sinne spricht Paulus Phil 3,20 und 1,27 vom πολίτευμα – im Sinne von „Bürgerrecht“, „Gemeinwesen“, „Heimat“ – und vom angemessenen πολιτεύομαι.

16 Vgl. Gal 4,26 die Einführung des „oberen, himmlischen Jerusalems“ als Bezeichnung der „Freien“ im Gegensatz zum jetzigen Jerusalem, „das mit seinen Kindern in der Knechtschaft lebt“ (V. 25): ἡ δὲ ἄνω Ἰερουσαλὴμ ἐλευθέρα ἐστίν, ἥτις ἐστὶν μήτηρ ἡμῶν (V. 26).

17 So ist es auch bei Paulus Ausdruck der Unfreiheit und Fremdbestimmung, *nicht* tun zu können, was man *will*, bzw. tun zu *müssen*, was man *nicht* will – Röm 7,15f.:

re Freiheit des Individuums gegenüber den Konventionen oder gegenüber den eigenen Leidenschaften – es kann nicht verwundern, dass Paulus nicht nur die Denotation des griechischen Freiheitsbegriffs voraussetzt, sondern zugleich auch die Konnotationen seiner hellenistischen Umwelt.

Diese hatte der „Apostel der Freiheit“ allerdings nicht erst durch gegnerische Parolen in Korinth, sondern längst vor seiner Berufung im Kontext der Griechisch sprechenden Synagoge der Diaspora aufgenommen. Dort lernte er als geborener Jude aber auch die alttestamentlich-jüdische Tradition kennen, nach der die Bezeichnung „Knecht Gottes“ δοῦλος θεοῦ gerade als Würdetitel der Propheten und des Volkes Israel verstanden wurde. In Aufnahme dieser Tradition kann sich auch der Apostel stolz als δοῦλος Χριστοῦ Ἰησοῦ, als „Knecht Christi Jesu“ verstehen (Röm 1,1; Gal 1,10; Phil 1,1); und gemäß 1Kor 7,22 jeden Glaubenden als „Sklaven Jesu Christi“ ansprechen, selbst wenn dieser von seiner sozialen Stellung her ein „Freier“ ist.

Konstitutiv für das paulinische Ideal von Freiheit ist aber vor allem die Orientierung an der Person und dem Weg des Kyrios, Jesus Christus – beginnend bei seiner Inkarnation und Sendung, über seinen Lebensweg in liebendem Gehorsam bis hin zu seinem Sterben am Kreuz: „Er, der in göttlicher Gestalt war (ὃς ἐν μορφῇ θεοῦ ὑπάρχων), hielt es nicht für einen Raub, Gott gleich zu sein, sondern entäußerte sich selbst und nahm die Gestalt eines Knechtes, eines Sklaven an (μορφὴν δούλου λαβών), ward den Menschen gleich und der Erscheinung nach als Mensch erkannt. Er erniedrigte sich selbst und ward gehorsam (ἐταπείνωσεν ἑαυτὸν γενόμενος ὑπήκοος) bis zum Tode – ja zum Tode am Kreuz“ (Phil 2,6-8). In Röm 15,3.7f. kann Paulus unter Hinweis auf Christus als den „Diener der Beschneidung“ (Χριστὸν διάκονον γεγενῆσθαι περιτομῆς) seine Gemeinde zur gegenseitigen Rücksichtnahme und Annahme auffordern: „Darum nehmt einander an, wie Christus euch angenommen hat zu Gottes Lob“ (V. 7). – „Denn auch Christus lebte nicht sich selbst zu Gefallen“ (καὶ γὰρ ὁ Χριστὸς οὐχ ἑαυτῷ ἤρεσεν V. 3) – was doch eigentlich das Vorrecht eines „Freien“ gewesen wäre.

Diese spezifische Entfaltung eigener Souveränität und Freiheit des Sohnes *Gottes* in freiwilliger Selbstentäußerung, beziehungsorientierter Selbstbeschränkung und dienender Zuwendung mag für das

---

οὐ γὰρ ὃ θέλω τοῦτο πράσσω, ἀλλ᾽ ὃ μισῶ τοῦτο ποιῶ. εἰ δὲ ὃ οὐ θέλω τοῦτο ποιῶ ... (vgl. 7,19f.); Gal 5,17: ἵνα μὴ ἃ ἐὰν θέλητε ταῦτα ποιῆτε.

antike Denken in den Gegensätzen von Gott und Mensch, Freier und Sklave, Entscheidungsfreiheit und Gehorsam besonders anstößig bzw. töricht erscheinen, wie Paulus es im Hinblick auf seine nichtchristliche Umwelt unumwunden einräumt: „Wir aber predigen den gekreuzigten Christus (Χριστὸν ἐσταυρωμένον), den Juden ein Ärgernis (σκάνδαλον) und den Griechen eine Torheit (μωρίαν)" (1Kor 1,23). Dem Apostel selbst wie auch seinen Gemeinden gilt der aus Liebe zum Sklaven und Diener gewordene Sohn Gottes jedoch als verbindlicher Maßstab und entscheidendes Kriterium für das Leben vor Gott und miteinander.[18]

Den Sprachgebrauch und das Verständnis der hellenistischen Umwelt setzt Paulus voraus, wenn er im wörtlichen Sinne von dem sozialen Stand des „Freien" ἐλεύθερος im Gegensatz zum Sklaven δοῦλος spricht.[19] Gal 3,28: „… hier ist nicht Sklave noch Freier (οὐκ ἔνι δοῦλος οὐδὲ ἐλεύθερος)..., denn ihr seid allesamt einer in Christus Jesus (πάντες γὰρ ὑμεῖς εἷς ἐστε ἐν Χριστῷ Ἰησοῦ)." Aufgrund dieser neuen Gleichheit und Einheit in Christus erscheint der „Sklave" aber gerade als „Freigelassener des Herrn" ἀπελεύθερος κυρίου (1Kor 7,22), der sich deshalb hinsichtlich seines gesellschaftlichen Standes nicht länger sorgen soll (V. 21). Die Ergänzung ἀλλ᾽ εἰ καὶ δύνασαι ἐλεύθερος γενέσθαι, μᾶλλον χρῆσαι in 1Kor 7,21b erklärt sich in ihrer Prägnanz wohl am besten, wenn sie zum möglichen Ergreifen der Freiheit, nicht zum Verharren im Sklavenstand ermutigt.[20] Sowenig Paulus angesichts der politischen Verhältnisse zur gesellschaftspolitischen Umsetzung dieser grundsätzlichen Gleichheit in Christus auffordern kann, sosehr erwartet er von seinen Gemeinden, dass sie sich gegenseitig in Liebe als „Geschwister" wahrnehmen: „nicht mehr als einen Sklaven (οὐκέτι ὡς δοῦλον), sondern als einen, der mehr ist als ein Sklave: ein geliebter Bruder" (ἀλλ᾽ ὑπὲρ δοῦλον, ἀδελφὸν ἀγαπητόν Phlm 16). Die respektvolle, aber entschiedene Fürbitte für den Sklaven Onesimus bei seinem Herrn Philemon (Phlm 8ff.) zielt sowohl auf die Annahme des Schuldiggewordenen als auch auf seine Entsendung als Mitarbeiter des Paulus. Denn in Hinsicht auf die in Christi Sendung offenbarte Wertschätzung, die in seinem Kreuz geschenkte Versöhnung und das in seiner Auferstehung eröffnete neue Leben erweisen sich die gesellschaftlichen Unterschiede von „Sklave" und „Freier" – wie die von „Jude"

---

18 S. 1Kor 9,1ff.; vgl. Röm 15,1ff.7f.; 1Kor 8,10f.; 2Kor 8,7ff.; Phil 2,1ff.

19 Vgl. 1Kor 7,21.22; 12,13; Gal 3,28; 4,22; vgl. Phlm 16.

20 S. zu Begründung und Diskussion *W. Schrage*, Der erste Brief an die Korinther (1Kor 6,12 – 11,16), EKK 7/2, Neukirchen-Vluyn u.a. 1995, 138-140; *P. Stuhlmacher*, Der Brief an Philemon, EKK 18, 3. Aufl., Neukirchen-Vluyn u.a. 2004, 44-49; *P. Lampe*, Der Brief an Philemon, NTD 8/2, Göttingen 1998, 222.

und „Grieche“ und die von „Mann“ und „Frau“ – als nicht mehr grundlegend und ausschlaggebend (Gal 3,28)[21]. Wirkungsgeschichtlich sollte diese Grundeinsicht der Einheit und Gleichheit aller zur Freiheit in Christus Erlösten, die schon in der frühen Kirche zu radikalen ekklesiologischen Konsequenzen führte[22], diakonisch, soziologisch und politisch weitreichende Folgen haben.

Dem griechischen Sprachgebrauch entspricht es auch, wenn Paulus im übertragenen Sinne die „Sklaverei“ des Menschen unter Sünde und Tod mit den Worten umschreibt: „nicht tun können, was man will“ – Röm 7,15: οὐ γὰρ ὃ θέλω τοῦτο πράσσω, Gal 5,17: ἵνα μὴ ἃ ἐὰν θέλητε ταῦτα ποιῆτε. Den Gegensatz dazu bildet für den Apostel freilich nicht, dass sich der befreite Mensch fortan „selbst gehört“ oder „tun und lassen kann, was er selbst will“. Er soll vielmehr Christus als seinem Herrn zugehörig sein (εἰς τὸ γενέσθαι ὑμᾶς ἑτέρῳ, τῷ ἐκ νεκρῶν ἐγερθέντι Röm 7,4)[23] und durch dessen Geist geleitet und befähigt Gott dienen (ὥστε δουλεύειν ἡμᾶς ἐν καινότητι πνεύματος Röm 7,6)[24] und so für Gott leben (ἵνα θεῷ ζήσω Gal 2,19). Die Befreiung von der Sünde, von der Verurteilung durch das Gesetz[25] und von dem drohenden Tod zielt bei Paulus also nicht auf eine absolute „Autonomie“ und „Autarkie“ des Menschen – in einem individualistischen neuzeitlichen Sinne –, sondern gerade umgekehrt auf seine Befähigung zu einem Leben in Beziehung und Gemeinschaft. Für den Apostel ist ἐλευθερία Freiheit im Wesentlichen ein personaler Relationsbegriff. Dies gilt sowohl im Hinblick auf die Voraussetzung der Erlösung als auch für das Ziel der Befreiung: Durch Beziehung und Zuwendung wird der Mensch zur Beziehung und Gemeinschaft von den lebensabträglichen Bindungen befreit.

---

21 S. 1Kor 12,13; vgl. Kol 3,11.

22 Am entschiedensten lässt sich die Umsetzung dieser Gleichberechtigung an der uneingeschränkten Anerkennung und Aufnahme der Heidenchristen durch die Judenchristen gemäß der paulinischen (s. Galater- und Römerbrief; vgl. Eph 2,1ff. 11ff.; 3,6ff.) und der lukanischen Schriften verifizieren (im Lukasevangelium im Modus der Sünderannahme Jesu und in Acta in Gestalt der Hinwendung der missionierenden Apostel zu den Heiden; s. Apg 1,8; 13,46-48; 18,6; 22,17-21; 28,23-28; vgl. 10,1 – 11,18; 15,1-29). S. zum Ganzen *H.-J. Eckstein*, Aspekte einer lukanischen Anthropologie am Beispiel von Lukas 7,36-50, in diesem Band, 119-134.

23 Vgl. Röm 14,7f.; 2Kor 5,15; Gal 2,19f.

24 Vgl. Röm 8,2.14; Gal 5,16-18.

25 S. zum Ganzen *H.-J. Eckstein*, Verheißung und Gesetz (s.o. Anm. 7); *ders.*, Der aus Glauben Gerechte wird leben. Beiträge zur Theologie des Neuen Testaments (s. Anm. 7), 3ff.36ff.55ff.; *ders.*, Gott ist es, der rechtfertigt. Rechtfertigungslehre als Zentrum paulinischer Theologie?, in diesem Band, 75-86.

Dabei ist im Kontext alttestamentlich-jüdischer Tradition höchst bemerkenswert, dass Paulus die Befreiung in Christus nicht nur auf die Sünde, sondern auch auf das Gesetz bezieht.[26] Den Juden- und Heidenchristen der römischen Gemeinden gegenüber formuliert Paulus höchst provozierend: „Denn die Sünde wird nicht herrschen können über euch, weil ihr ja nicht unter dem Gesetz seid (οὐ γάρ ἐστε ὑπὸ νόμον), sondern unter der Gnade" (Röm 6,14). – „Also seid auch ihr, meine Brüder, dem Gesetz getötet (ὑμεῖς ἐθανατώθητε τῷ νόμῳ) durch den Leib Christi, so dass ihr einem andern angehört, nämlich dem, der von den Toten auferweckt ist, damit wir Gott Frucht bringen" (Röm 7,4). Oder um es mit der prägnantesten und für jüdische Hörer gewiss provozierendsten Formulierung des Paulus zu sagen: „Denn ich bin durchs Gesetz dem Gesetz gestorben (ἐγὼ γὰρ διὰ νόμου νόμῳ ἀπέθανον), damit ich Gott lebe. Ich bin mit Christus gekreuzigt" (Gal 2,19).

Für Paulus als den „Apostel der Heiden" (Röm 11,13)[27] ist dies gleich in dreifacher Hinsicht relevant: (1) im Hinblick auf die Legitimität der Heidenmission (Gal 2,1-21), (2) für die Rechtfertigung im Glauben an Christus (Röm 3,21 – 4,25; Gal 2,15 – 4,31) und (3) für das ethische Verhalten der Glaubenden. Dabei geht Paulus als Judenchrist selbstverständlich vom göttlichen Ursprung des Gesetzes aus (auch Gal 3,19!)[28] und findet in ihm als der Schrift auch das Evangelium bereits verheißen (Röm 1,2).[29] Letztverbindlich ist für ihn als einen an die Weisung Christi Gebundenen (ἔννομος Χριστοῦ 1Kor 9,21) aber die Orientierung an dem „Evangelium Gottes von seinem Sohn" (Röm 1,1ff.)[30] und damit an dem „Gesetz Christi", dem νόμος Χριστοῦ (Gal 6,2).

Um Bedeutung und Grenze des Gesetzes nach Paulus richtig einordnen zu können, bedarf es zweifellos einer klaren Differenzierung der verschiedenen Verwendungsweisen des Terminus Gesetz – νόμος –

---

26 S. Röm 6,14; 7,1-6; 10,4; 1Kor 9,20f.; 2Kor 3,6; Gal 2,4.19; 3,25; 4,5; 5,1-4.18. S. im Einzelnen *H.-J. Eckstein*, Verheißung und Gesetz (s. Anm. 7), 68ff.217ff. 246ff.

27 Vgl. Röm 1,5; 15,16; Gal 1,16; 2,2.7-9.

28 Von einer „Inferiorität" der Sinai-Tora kann bei Paulus lediglich in Relation zur *Verheißung* Gottes an Abraham gesprochen werden. Denn während die Verheißung *unmittelbar* von Gott zugesprochen worden ist und Abraham die Segenzusage *persönlich* erhalten hat (Gal 3,6-20), wurde die Sinai-Tora nur *mittelbar* von Gott – nämlich durch Engel – gegeben und hat Israel diese spätere Verfügung nur *mittelbar* – nämlich durch Mose – empfangen. S. *H.-J. Eckstein*, Verheißung und Gesetz (s. Anm. 7), 190ff., hier 200.

29 Vgl. Röm 3,21.31 und 4,1ff.; Gal 3,8.

30 Vgl. Röm 1,9.16ff.; Gal 1,6ff.

Tora. Zunächst gebraucht Paulus den Begriff „Gesetz" als *prima pars pro toto* im umfassenden Sinne von „Schrift" (γραφή) und kann darunter Zitate aus den Propheten und den Psalmen einbeziehen.[31] Von dem Gesetz als Schrift gilt für ihn – wie für alle Verfasser der neutestamentlichen Schriften – selbstverständlich: „Heben wir denn das Gesetz auf durch den Glauben (νόμον οὖν καταργοῦμεν διὰ τῆς πίστεως)? Ganz und gar nicht! Sondern wir richten das Gesetz auf, d.h. wir bringen das Gesetz zur Geltung" (ἀλλὰ νόμον ἱστάνομεν Röm 3,31). Im Anschluss entfaltet der Apostel ausführlich anhand der Schrift (γραφή), dass schon Abraham und David nicht aufgrund ihrer Toraobservanz, sondern aufgrund der Verheißung und aus Gnaden im Glauben gerechtfertigt worden sind (Röm 4,1-25). Von der gleichen Kontinuität von Verheißung und Evangelium geht Paulus aus, wenn er in der Wendung „Gesetz und Propheten" mit Gesetz den Pentateuch als den ersten Teil der Schrift bezeichnet.[32] So kann er Röm 3,21 in paradoxer Weise formulieren: „Nun aber ist ohne Gesetz, d.h. ohne Zutun des Gesetzes (χωρὶς νόμου), die Gerechtigkeit Gottes offenbart, bezeugt durch das Gesetz und die Propheten" (μαρτυρουμένη ὑπὸ τοῦ νόμου καὶ τῶν προφητῶν).

Wenn Paulus kritisch vom Gesetz redet, dann meint er das „Gesetz des Mose" – die „Sinai-Tora" im spezifisch theologischen Sinne – als die Rechtsforderung und die Rechtsverfügung Gottes[33], wie sie sich für ihn in Lev 18,5 (Gal 3,12; Röm 10,5) und Dtn 27,26 (Gal 3,10) exemplarisch artikulieren: „Denn der Mensch, der sie [die Satzungen] tut, wird durch sie leben." – „Verflucht sei, wer nicht alle Worte dieses Gesetzes erfüllt, dass er danach tue!" Infolge seiner Begegnung mit dem gekreuzigten und auferstandenen Herrn ist der ehemalige Pharisäer Paulus zu der Erkenntnis gelangt, dass es außerhalb des Glaubens an den Sohn Gottes keine eschatologische Rechtfertigung vor Gott und also auch kein ewiges Leben geben kann – auch nicht für Juden und auch nicht durch Toraobservanz. – Gal 2,16: „Weil wir aber wissen, dass der Mensch nicht auf Grund von Toraobservanz gerechtfertigt wird (οὐ δικαιοῦται ἄνθρωπος ἐξ ἔργων νόμου), sondern ausschließlich durch den Glauben an Jesus Christus, sind auch wir [als geborene Juden, V. 15] zum Glauben an Christus

---

[31] So Röm 3,19a (nach Propheten- und Psalm-Zitaten); 3,31 (s. den folgenden Schriftbeweis in 4,1ff., vor allem 4,3a: γραφή); 1Kor 14,21 (Zitat Jes 28,11f.); 14,34 (Gen 3,16); Gal 4,21b (Gen 16 u. 21); vgl. Joh 10,34; 12,34; 15,25.

[32] Vgl. Mt 5,17; 7,12; 11,13; 22,40; Lk 16,29-31; 24,27.

[33] So in Röm 2,12-15.17f.20.23.25-27; 3,19b.20f.27a.28; 4,13-16; 5,13.20; 6,14f.; 7,1-9.12.14.16.22.23b.25; 8,3f.7; 9,31; 10,4f.; 13,8.10; 1Kor 9,8f.20; 15,56; Gal 2,16.19.21; 3,2.5.10-13.17-19.21.23f.; 4,4f.21a; 5,3f.14.18.23; Phil 3,5f.9 (bei Paulus finden sich insgesamt 121 [119] von 194 Belegen im Neuen Testament).

Jesus gekommen, damit wir auf Grund des Glaubens an Christus gerechtfertigt werden und nicht auf Grund von Toraobservanz; denn auf Grund von Toraobservanz ‚wird kein Fleisch gerechtfertigt werden'" (ὅτι ἐξ ἔργων νόμου οὐ δικαιωθήσεται πᾶσα σάρξ [Ps 143,2]).[34]

Mit ἔργα νόμου bezeichnet der Apostel weder nur ‚gesetzliche' – d.h. depravierte und pervertierte – Gesetzesleistungen[35] noch auch nur die sogenannten ‚identity marker'[36] – wie Beschneidung, Speisegebote und Sabbat – des Diasporajudentums bzw. des palästinischen Judentums, sondern im umfassenden und neutralen Sinne die grundsätzliche Bejahung und umfängliche Befolgung der Tora, die sich in Haltung und Tun konkretisiert – die ‚Toraobservanz'.[37] In der Retrospektive des Glaubens erkennt der Apostel, dass das Gesetz von Gott in Wahrheit gar nicht zum Leben gegeben worden ist, sondern – vergleichbar mit den Gerichtspropheten in Israel[38] – zur Dokumenta-

---

34 Zur Unmöglichkeit der Rechtfertigung aufgrund von Toraobservanz nach Paulus s. Röm 3,20 (Ps 143,2); 3,28; 4,13f.; 8,3a; Gal 2,16 (Ps 143,2); 2,21; 3,11f.21.

35 S. *G. Klein*, Art. Gesetz III, TRE 13, Berlin u.a. 1984, 58-75, hier 67-71 („das Gesetz in dieser Perversionsform", 67); vgl. *R. Bultmann*, Röm 7 und die Anthropologie des Paulus, in: *Ders.*, Exegetica. Aufsätze zur Erforschung des Neuen Testaments, Tübingen 1967, 198-209, hier 200: „Schon die Absicht, durch Gesetzeserfüllung vor Gott gerecht zu werden, ist die Sünde, die an den Übertretungen nur zu Tage kommt."; *ders.*, Christus ist des Gesetzes Ende, in: *Ders.*, Glauben und Verstehen, Bd. 2, 5. Aufl., Tübingen 1968, 32-58, hier 37ff.; *H. Hübner*, Das Gesetz bei Paulus. Ein Beitrag zum Werden der paulinischen Theologie, FRLANT 119, 2. Aufl., Göttingen 1980, 28ff.

36 Vgl. *J.D.G. Dunn*, Romans 1-8, WBC 38A, Dallas / Texas 1988, 153f.185f.; *ders.*, The New Perspective on Paul, BJRL 65, 1983, 95-122. S. zum Ganzen *C. Strecker*, Paulus aus einer „neuen Perspektive". Der Paradigmenwechsel in der jüngeren Paulusforschung, KuI 11, 1996, 3-18; *M. Bachmann*, J.D.G. Dunn und die Neue Paulusperspektive, ThZ 63, 2007, 25-43; *C. Landmesser*, Umstrittener Paulus. Die gegenwärtige Diskussion um die paulinische Theologie, ZThK 105, 2008, 387-410.

37 S. zur Literatur Anm. 25. Zu ‚Toraobservanz' im umfassenden Sinne (hebr. מעשׂי תורה vgl. 4QFlor I,7 [= 4Q174 III,7 *v.l.*]; 4QFlor II,2 [= 4Q174 IV,2]) als Weg zur Gerechtigkeit, d.h. zum Heil s. Gal 5,4: „die ihr durch das Gesetz / im Gesetz gerechtfertigt werden wollt" (οἵτινες ἐν νόμῳ δικαιοῦσθε). So in den Wendungen ἐξ ἔργων νόμου (Röm 3,20; Gal 2,16 [3×]; 3,2.5.10), kurz: ἐξ ἔργων (Röm 4,2; 9,12.32; 11,6); χωρὶς ἔργων νόμου (Röm 3,28), kurz: χωρὶς ἔργων (Röm 4,6); ἐν νόμῳ (Gal 3,11; 5,4; Phil 3,6); ἐκ [τοῦ] νόμου (Röm 10,5; Gal 3,21; Phil 3,9); διὰ νόμου (Gal 2,21). S. zum Ganzen *H.-J. Eckstein*, Verheißung und Gesetz (s. Anm. 7), 21ff. 49ff.76ff.86ff.104ff.121ff.

38 Wie Paulus hinsichtlich des „Gesetzes" / des νόμος zugleich die göttliche Herkunft bzw. Autorität als „Schrift" und die ausschließlich kritische Funktion der Anklage theologisch zusammen denken kann, erhellt aus der Analogie der alttestamentlichen Gerichtspropheten, deren Beauftragung nicht primär mit der Perspektive der Umkehr, sondern der Überführung und Verurteilung Israels verbunden sein konnte

tion, zur Entlarvung und zur Verurteilung der Sünde: „Denn durch das Gesetz kommt Erkenntnis der Sünde“ (διὰ γὰρ νόμου ἐπίγνωσις ἁμαρτίας Röm 3,20) – „Denn das Gesetz bewirkt Zorn[-gericht] (ὁ γὰρ νόμος ὀργὴν κατεργάζεται Röm 4,15) – „damit die Sünde durch das Gebot überaus sündig werde“ (ἵνα γένηται καθ’ ὑπερβολὴν ἁμαρτωλὸς ἡ ἁμαρτία διὰ τῆς ἐντολῆς Röm 7,13).[39]

Unter dieser Voraussetzung wird deutlich, warum nach Paulus auch diejenigen, die in der Toraobservanz leben wollen, grundsätzlich unter der berechtigten Anklage und Verurteilung – d.h. unter dem „Fluch“ – des Gesetzes stehen (ὅσοι γὰρ ἐξ ἔργων νόμου εἰσίν, ὑπὸ κατάραν εἰσίν Gal 3,10).[40] Weil nach dem Evangelium nur der Geist des Herrn – d.h. Jesu Christi (2Kor 3,14.16.17) – von der Vorherrschaft der Sünde und des Todes befreit, kann Paulus in äußerst provozierender Zuspitzung den Dienst des von Gott gegebenen Gesetzes als einen Dienst der Verurteilung (ἡ διακονία τῆς κατακρίσεως 2Kor 3,9) und sogar als Dienst des Todes (ἡ διακονία τοῦ θανάτου 2Kor 3,7) bezeichnen: τὸ γὰρ γράμμα ἀποκτέννει, τὸ δὲ πνεῦμα ζῳοποιεῖ ... ὁ δὲ κύριος τὸ πνεῦμά ἐστιν· οὗ δὲ τὸ πνεῦμα κυρίου, ἐλευθερία (2Kor 3,6.17). Denn dem Versklavtsein unter Vorherrschaft der Sünde – dem ὑφ’ ἁμαρτίαν εἶναι (Gal 3,22; Röm 3,9; vgl. 5,12; 7,14) – entspricht die Existenz unter der unentrinnbaren Anklage des Gesetzes, das ὑπὸ νόμον εἶναι: „Ehe aber der Glaube kam, waren wir unter dem Gesetz verwahrt und verschlossen (ὑπὸ νόμον ἐφρουρούμεθα συγκλειόμενοι) auf den Glauben hin, der dann offenbart werden sollte... Nachdem aber der Glaube gekommen ist, sind wir nicht mehr unter dem Aufseher (οὐκέτι ὑπὸ παιδαγωγόν ἐσμεν)“ (Gal 3,23.25).

Schließlich kann Paulus den Begriff des ‚Gesetzes‘ – neben (1) „Schrift“ / Pentateuch und (2) „Gesetz des Mose“ / Sinaitora – auch noch (3) im übertragenen Sinne von ‚bestimmende Weisung‘ bzw. ‚Maßstab‘,‚Gesetzmäßigkeit‘,‚Prinzip‘ verwenden: „Durch welches Gesetz / Prinzip [ist das Rühmen ausgeschlossen]? Durch das Gesetz / Prinzip der Werke? Nein, sondern durch das Gesetz / Prinzip des Glaubens“ – διὰ ποίου νόμου; τῶν ἔργων; οὐχί, ἀλλὰ διὰ νόμου πίστεως (Röm 3,27). In diesem übertragenen Sinne spricht der Gottlose

---

(vgl. Am 3,3ff.; 7,1 – 9,10; Jes 6,1-13; Ez 3,17-19). Überall da, wo die Schrift den Menschen bei der Sünde behaftet, redet sie nach Paulus qua „Gesetz“ νόμος – auch wenn es sich um Zeugnisse der *Propheten* oder der *Psalmen* handelt (s. Röm 3,9-20; Gal 3,22ff.).

39 Gemäß Röm 7,13 (ἵνα φανῇ ἁμαρτία) im Sinne von „sich als sündig *erweise*, als sündig *erscheine* und *sichtbar würde*“.

40 Zu ὑπὸ νόμον εἶναι s. auch Gal 4,4f.21; 5,18; Röm 6,14f.; vgl. 1Kor 9,20; Gal 3,23.

bereits nach Sapientia Salomonis 2,11 überheblich: „Es sei unsere Macht Gesetz / Maßstab / Norm der Gerechtigkeit (ἔστω δὲ ἡμῶν ἡ ἰσχὺς νόμος τῆς δικαιοσύνης), denn das Schwache erweist sich als nutzlos."

In Röm 7,7-25 beschreibt Paulus die Unfähigkeit des Menschen, Gottes gutes und gerechtes Gebot und sein heiliges Gesetz (Röm 7,12.14) von sich aus zu erfüllen, indem er die Situation Adams, d.h. ‚des Menschen', im Anschluss an Gen 2 und 3 reflektiert. Dabei enthüllt er die Situation des Menschen ohne Christus – *remoto Christo* –, wie dieser sich erst vom Glauben her – also in Christo – in der Retrospektive erkennt. Danach hat ‚der Mensch' von Anfang an faktisch nicht auf die lebensfördernde Weisung Gottes nach Gen 2,17 / Röm 7,10.12 gehört, sondern sich von der todbringenden ‚Weisung' der Schlange, d.h. der Sünde, verführen und betrügen lassen (Gen 3,13 / Röm 7,11: ἐξηπάτησέν με). Diese ‚Weisung' der Schlange bzw. der Sünde (Gen 3,1-5 / Röm 7,8.11) bezeichnet Paulus wegen ihrer unheilvollen Wirkung als das „Gesetz der Sünde" (νόμος ἁμαρτίας Röm 7,23) bzw. als das „Gesetz der Sünde und des Todes" (νόμος τῆς ἁμαρτίας καὶ τοῦ θανάτου Röm 8,2).

Sowenig Gottes gutes Gebot nach Paulus selbst Sünde ist oder den Tod bewirkt (Röm 7,7.13), sowenig vermag das Gesetz des Mose doch den Menschen von der todbringenden Vorherrschaft der Sünde zu befreien – dies ist „das dem Gesetz Unmögliche" (τὸ γὰρ ἀδύνατον τοῦ νόμου Röm 8,3). Denn im Menschen findet sich von Adam an ein „anderes Gesetz" (ἕτερος νόμος), das dem Gesetz Gottes widerstreitet (ἀντιστρατευόμενον τῷ νόμῳ τοῦ νοός μου) und den Menschen gefangen nimmt unter dem Diktat der Sünde (καὶ αἰχμαλωτίζοντά με ἐν τῷ νόμῳ τῆς ἁμαρτίας τῷ ὄντι ἐν τοῖς μέλεσίν μου Röm 7,23). Dieses „andere Gesetz" – als bestimmende Weisung / Maßstab / Prinzip – bestimmt Paulus auf der Basis von Gen 3,6 und Ex 20,17 als „sündige Leidenschaften" (τὰ παθήματα τῶν ἁμαρτιῶν Röm 7,5), als „Begierde" (ἐπιθυμία Röm 7,8) und als das menschliche Prinzip des „Fleisches" (σάρξ Röm 7,25; 8,1-13).

Die Antwort auf diese verzweifelte Situation der grundsätzlichen Unfreiheit, Gefangenschaft und Versklavung des Menschen erkennt der Apostel seit seiner Christusbegegnung nun nicht mehr in dem mosaischen Gesetz, sondern vielmehr in dem in Christus Jesus wirksamen „Gesetz des lebendigmachenden Geistes" (ὁ νόμος τοῦ πνεύματος τῆς ζωῆς ἐν Χριστῷ Ἰησοῦ Röm 8,2) und der „Weisung", dem „Maßstab" und dem „Prinzip des Glaubens" (νόμος πίστεως Röm 3,27). Und sosehr die gute Rechtsforderung des Gesetzes Gottes, des

Gebotes der Nächstenliebe und des Dekalogs durch den Glauben an Christus und die Frucht des Geistes bestätigt und nicht widerlegt wird (Röm 8,4; 13,8-10; Gal 5,14.23b), sosehr ist für den Apostel der Heiden (ἐθνῶν ἀπόστολος Röm 11,13) im Konfliktfall nicht das Gesetz des Mose, sondern die Weisung und Tora des Christus – der νόμος τοῦ Χριστοῦ (Gal 6,2) – letztverbindlich.[41] Nach 1Kor 9,20.21 sieht sich der Apostel nicht mehr „unter dem Gesetz" (μὴ ὢν αὐτὸς ὑπὸ νόμον), sondern „in / unter dem Gesetz Christi" (ἔννομος Χριστοῦ) – und gerade deshalb Gott gegenüber nicht mehr „gesetzlos" (μὴ ὢν ἄνομος θεοῦ). In Übereinstimmung damit gewinnt Paulus die Maßstäbe für seine ethischen Weisungen jeweils ganz konkret an der Person, dem Weg und der Weisung des gekreuzigten und auferstandenen Herrn.

Wie wir oben gesehen haben, führt eine solche Befreiung von der Sünde, von der Verurteilung durch das Gesetz und von dem drohenden Tod also gerade nicht zu einer absoluten ‚Autonomie', ‚Autarkie' und ‚Selbstgenügsamkeit der Person'. Im Gegenteil zielt sie auf ein Leben in Beziehung und gegenseitiger Anerkennung ab. Sie orientiert sich nicht primär an einem individualistischen Freiheitsideal, sondern befähigt gerade zu verantwortlichen sozialen Beziehungen. Man kann noch einen Schritt weitergehen und festhalten: Die Freiheit der „Befreiten" (ἐλευθερωθέντες Röm 6,18.22; vgl. 7,3; 8,2) existiert gerade in der Zugehörigkeit zu dem Christus, der als der Gekreuzigte und Auferstandene seinerseits von der Sünde und dem Tod definitiv frei ist (Röm 6,9f.). Die Glaubenden sind nicht an sich, sondern mit Christus „gekreuzigt" und deshalb gegenüber Sünde und Gesetz „abgestorben", d.h. von deren Herrschaft befreit (Röm 6,6f.). Allein „in Christus" – d.h. aufgrund seiner Stellvertretung und in Gemeinschaft mit ihm – sind sie befreit von der Dominanz der lebenszerstörenden Trennung von Gott (Röm 6,1ff.; 8,1ff.). Frei und lebendig ist der Glaubende nicht als autonomes Selbst, als unabhängiges „Ich", sondern weil und insofern der auferstandene Christus durch seinen lebendigmachenden Geist „in ihm lebt" (Röm 8,9-11; Gal 2,19f.).[42]

Die christliche Freiheit zielt bei Paulus also nicht nur im ethischen Sinne auf Beziehung und Gemeinschaft ab, sondern sie ist in dieser

---

41 S. Röm 14,15; 15,1-3.7; 1Kor 8,11; 2Kor 8,7-9; Phil 1,27 – 2,18.

42 S. zum Ganzen *H.-J. Eckstein*, Auferstehung und gegenwärtiges Leben (s. Anm. 7), 36-54; *ders.*, Christus in uns. Zu einer voraussetzungslosen, aber folgenreichen Beziehung, in: *Ders.*, Glaube als Beziehung. Von der menschlichen Wirklichkeit Gottes, Grundlagen des Glaubens 2, 2. Aufl., Holzgerlingen 2006, 59-71.

soteriologisch begründet. Die Beziehung wird nicht als Einschränkung und Grenze der Freiheit erfahren, sondern vielmehr als ihr Entfaltungsbereich – nicht als Gegensatz zur Freiheit, sondern als Grundlage ihrer Verwirklichung. In formaler Hinsicht kann somit gefolgert werden: Die Freiheit von der Sünde besteht nach Paulus nicht an sich, sondern in der Freiheit für Gott. „Freiheit von" gibt es nur als „Freiheit für"; und Erlösung wird nicht nur durch ihr „Wovon", sondern mehr noch durch ihr „Wozu" qualizifiziert. Eine Autonomie gegenüber Gott und seiner Gerechtigkeit würde unausweichlich wieder unter die Sklaverei der lebensfeindlichen und beziehungsgefährdenden Mächte führen. Denn der Mensch existiert nach Paulus – im Einklang mit der alttestamentlich-jüdischen Tradition – nie „an sich", unbeeinflusst und ohne Bezüge, sondern immer in der Zugehörigkeit zu den ihn bestimmenden Größen.

Als ein Geschöpf ist der Mensch bleibend auf die Zuwendung seines Gottes angewiesen und lebt somit nie im absoluten Sinne autonom und autark, sondern immer „in Beziehung". Wenn der Mensch ist, dann ist er in Beziehung. Wendet er sich von seinem Schöpfer ab, dann macht er sich zwangsläufig zum „Sklaven" anderer Einflüsse, die ihn selbst, sein Leben und seine Beziehungen gefährden. Soll er von dieser Sklaverei befreit werden, dann kann diese Erlösung konsequenterweise nur als Herrschaftswechsel verstanden und beschrieben werden (vgl. Röm 6,16-18).

Zu dieser formalen Gegenüberstellung von „Sklaven der Sünde" versus „Sklaven bzw. Diener der Gerechtigkeit" ist Paulus allerdings durch Vorwürfe seiner Gegner motiviert worden. Diese unterstellen ihm, seine Verkündigung von der überwältigenden Gnade und von der Freiheit von Sünde und Gesetz würde faktisch die Herrschaft der Sünde fördern (Röm 6,1.15; vgl. 3,8; Gal 2,17: ἆρα Χριστὸς ἁμαρτίας διάκονος; μὴ γένοιτο). In seiner positiven eigenen Entfaltung des vom Geist bestimmten Lebens in Röm 8,1-39 argumentiert er hingegen mit der Gegenüberstellung von „Sklaverei" versus „Sohnschaft" und „Kindschaft" bzw. „Adoption an Kindes Statt": „Denn ihr habt nicht einen Geist der Sklaverei empfangen (πνεῦμα δουλείας), dass ihr euch abermals fürchten müsstet; sondern ihr habt einen Geist der Sohnschaft bzw. Adoption (πνεῦμα υἱοθεσίας) empfangen. Indem wir rufen: ‚Abba, lieber Vater!', gibt der Geist selbst Zeugnis unserm Geist, dass wir Gottes Kinder sind" (ὅτι ἐσμὲν τέκνα θεοῦ) (Röm 8,15f.).

Die Beziehung der Glaubenden zu Gott unterscheidet sich kategorial von den früheren Abhängigkeiten. Es handelt sich bei dem Glauben an den Vater Jesu Christi nicht nur um eine „Herrschaftsbeziehung“, sondern um eine positive ganzheitliche personale Beziehung, die in nichtkonditionierter Zuneigung und uneingeschränkter Zuwendung begründet ist. In der uneingeschränkten Erfahrung dieser Gemeinschaft besteht die „herrliche Freiheit der Kinder Gottes“ (Röm 8,21). Die Sendung Christi bis hin zu seiner Lebenshingabe am Kreuz wird nämlich als eindeutiger Erweis einer voraussetzungslosen und bedingungslosen Liebe sowohl des Vaters (Röm 5,8; 8,31f.38f.; vgl. Eph 2,4ff.) als auch des Sohnes (Röm 8,35; Gal 2,20; vgl. Eph 5,2.25b) verstanden. In der christologisch begründeten Verknüpfung eines relationalen Freiheitsverständnisses mit einem solchermaßen positiv bestimmten Gottes- und Menschenbild ist gewiss ein entscheidendes Merkmal des innovativen Konzepts von Freiheit bei Paulus zu sehen.

Die „herrliche Freiheit der Kinder Gottes“ (ἡ ἐλευθερία τῆς δόξης [*Gen. qualitatis*] Röm 8,21) mag in Hinsicht auf die leibliche Erlösung von Verfolgung, Vergänglichkeit und Leiden noch eingeschränkt sein (Röm 8,21-25); die bereits als Kinder und Erben Eingesetzten (Röm 8,17) mögen gegenwärtig noch mit der leidenden Kreatur ihre definitive Befreiung von der „Sklaverei der Vergänglichkeit“ herbeisehnen (ἀπὸ τῆς δουλείας τῆς φθορᾶς Röm 8,21). Sie sind aber bereits gegenwärtig dazu befähigt, ihre Freiheit in Beziehung zu Gott (Röm 8,28; 1Kor 8,3) und in Beziehung zu anderen Menschen (Röm 12,9ff.; 13,8-10; 14,1 – 15,7) als Liebe zu gestalten.

Ob es um die gegenseitige Akzeptanz bei der Frage des Fleisch- und Weinverzichts geht (Röm 14) oder um die Rücksichtnahme auf ehemalige Heiden beim Verzehr von „Götzenopferfleisch“ (1Kor 8 – 10), Paulus erwartet jeweils, dass die Glaubenden nicht auf ihrer eigenen Vollmacht (ἡ ἐξουσία 1Kor 8,9; 9,4ff.) und Erkenntnis (γνῶσις 1Kor 8,1ff.) insistieren, sondern ihre Freiheit gerade in gegenseitiger Liebe und Rücksichtnahme entfalten.[43] Denn in der Liebe ist die Beziehung nicht das Mittel zur Erlangung des Zwecks einer individualistisch verstandenen Freiheit, sondern die Befreiung ist die Voraussetzung für die wechselseitige Wahrnehmung und Wertschätzung in der Beziehung als Ziel. So gilt für den Apostel wie in der Gottesbeziehung so auch in der zwischenmenschlichen Beziehung: Die „Freiheit von“ konkretisiert sich jeweils als „Freiheit für“, und in der Liebe wird die Beziehung nicht als Grenze, sondern als Entfaltungsbe-

[43] S. zum Ganzen *H.-J. Eckstein*, Der Begriff Syneidesis bei Paulus. Eine neutestamentlich-exegetische Untersuchung zum ‚Gewissensbegriff‘, WUNT 2/10, Tübingen 1983, 232-276.

reich der Freiheit erfahren:[44] „Denn obwohl ich frei bin von jedermann (ἐλεύθερος γὰρ ὢν ἐκ πάντων), habe ich doch mich selbst jedermann zum Knecht gemacht (πάντων πᾶσιν ἐμαυτὸν ἐδούλωσα), damit ich möglichst viele gewinne“ (1Kor 9,19). – „Ihr aber, liebe Brüder, seid zur Freiheit berufen (ἐπ' ἐλευθερίᾳ ἐκλήθητε). Nur nehmt die Freiheit nicht zum Anlass für das Fleisch (μόνον μὴ τὴν ἐλευθερίαν εἰς ἀφορμὴν τῇ σαρκί), sondern dient einander in Liebe!“ (ἀλλὰ διὰ τῆς ἀγάπης δουλεύετε ἀλλήλοις Gal 5,13).

Im Hinblick auf die hellenistische Umwelt besteht das innovative Konzept der Freiheit bei Paulus gerade in dieser Bestimmung der Freiheit als Befähigung zur Gemeinschaft und zum Dienen in wechselseitiger Wahrnehmung und persönlicher Anerkennung. Gegenüber seiner jüdischen Umwelt und hebräischen Tradition liegt die Innovation und Analogielosigkeit – ganz abgesehen von der viel zentraleren Bedeutung des Begriffs „Freiheit“ bei dem hellenistisch geprägten Judenchristen Paulus – vor allem darin, das die Freiheit und Erlösung den Namen einer Person trägt und in ihr verkörpert erscheint – den Namen des gekreuzigten und auferstanden Herrn, Jesus Christus. Für beide – Griechen wie Juden – erscheint als höchst provozierend ‚innovativ‘, dass der, der in göttlicher Gestalt war (ὃς ἐν μορφῇ θεοῦ ὑπάρχων Phil 2,6), nach dem christlichen Bekenntnis nicht nur zu den Menschen sprach oder über ihnen wohnte, sondern sich selbst erniedrigte und persönlich die Gestalt eines Sklaven annahm (ἀλλὰ ἑαυτὸν ἐκένωσεν μορφὴν δούλου λαβών), dass er selbst Mensch – d.h. leidensfähig und leidend, sterblich und gehorsam – wurde, um sich gerade darin als souverän, frei und verehrenswürdig zu erweisen: ἐταπείνωσεν ἑαυτὸν γενόμενος ὑπήκοος μέχρι θανάτου, θανάτου δὲ σταυροῦ... διὸ καὶ ὁ θεὸς αὐτὸν ὑπερύψωσεν καὶ ἐχαρίσατο αὐτῷ τὸ ὄνομα τὸ ὑπὲρ πᾶν ὄνομα ... (Phil 2,7ff.).

In der Orientierung an dieser Person und ihrem geschichtlichen Weg der Inkarnation, des freiwilligen Dienens und der Hingabe bis zum Einsatz seines eigenen Lebens wurde von Beginn an ein enormes Potential des Freiheitsgewinns und der Befreiung in persönlichen, diakonischen, sozialen und politischen Dimensionen erkannt. Dementsprechend führt schon Paulus den großen Christushymnus Phil 2,6-11 im Kontext der Ermunterung und Ermahnung seiner Gemein-

44 In diesem Sinne wäre es nach Paulus nicht hinreichend zu definieren, dass die eigene Freiheit da ihre *Grenze* hat, wo die Freiheit eines *anderen* eingeschränkt wird. Sosehr damit der *Missbrauch* eigener – individualistisch (miss)verstandener – Freiheit im Sinne von 1Kor 8 – 10; Röm 14 und Gal 5 angemessen begrenzt werden kann, sosehr zielt Paulus selbst positiv auf eine Entgrenzung des *Gebrauchs* der eigenen Freiheit in Gestalt der Förderung der Freiheit des Anderen.

deglieder mit den Worten ein: „Seid untereinander so gesinnt, wie es Christus Jesus auch war bzw. wie es in Christus Jesus möglich, real und angemessen ist ... – τοῦτο φρονεῖτε ἐν ὑμῖν ὃ καὶ ἐν Χριστῷ Ἰησοῦ (Phil 2,5).

Ein Herr, ein Leib – doch viele Kirchen? Einheit und Vielfalt der Kirche aus neutestamentlicher Sicht[1]

Es mag als naheliegend, für viele vielleicht als selbstverständlich erscheinen, dass wir uns angesichts der Vielzahl christlicher Kirchen, Konfessionen, Gemeinschaften und Gemeinden auf die historischen und theologischen Wurzeln der Kirche besinnen wollen. Lässt uns nicht schon die Rede von der „Urgemeinde" in Jerusalem an das *Ideal* und *Vorbild* der christlichen Kirche schlechthin denken? Und sind uns nicht die Verhältnisse der im Licht von Kreuz und Auferstehung Jesu und in der Vollmacht des Geistes wachsenden ersten Gemeinden durch die faszinierende Darstellung der Apostelgeschichte längst zum Leitstern unserer Ekklesiologie und zum Inbegriff unseres Kirchenverständnisses geworden?[2]

I. Besinnung auf den Ausgangspunkt der Ziele

In Situationen der Krise und der Orientierungslosigkeit kann der sicherste Fortschritt für uns als Individuen wie als Gemeinschaften in der Tat darin bestehen, dass wir nicht unbedacht weiterlaufen, sondern anhalten und uns auf den Ausgangspunkt unserer Ziele besinnen. Gleich einem Wanderer im Moor, der spürt, dass der Boden unter ihm nachgibt, ziehen wir uns unwillkürlich zurück zu dem Punkt unseres Weges, an dem wir noch sicheren Boden unter den Füßen hatten, um uns neu zu orientieren. Dabei darf es nicht um ein rückgewandtes und lebensängstliches Flüchten in die Vergangenheit gehen,

---

1 Hermann Lichtenberger zum 65. Geburtstag.

2 S. zum Ganzen *L. Coenen*, Art. Kirche / ἐκκλησία, TBLNT, neubearb. Aufl., Neukirchen-Vluyn u.a. 2005, 1136-1150; *H.-J. Eckstein*, Vom Ich zum Wir. Perspektiven einer wachsenden Kirche, in: *Ders.*, Glaube als Beziehung. Von der menschlichen Wirklichkeit Gottes. Grundlagen des Glaubens 2, 2. Aufl., Holzgerlingen 2006, 113-149; *ders.*, Glaube, der erwachsen wird, 6. Aufl., Holzgerlingen 2002, 103ff.; *P. Lampe*, Die stadtrömischen Christen in den ersten beiden Jahrhunderten. Untersuchungen zur Sozialgeschichte, WUNT II/18, Tübingen 1987; *J. Roloff*, Art. ἐκκλησία, EWNT 1, 2., verb. Aufl., Stuttgart u.a. 1992, 998-1011; *ders.*, Die Kirche im Neuen Testament, GNT 10, Göttingen 1993 (s. ebd. zur Literatur); *K.L. Schmidt*, Art. ἐκκλησία, ThWNT 3, Stuttgart 1938, 502-539 (zu weiterer Literatur s. ThWNT 10/2, Stuttgart 1979, 1127-1131).

sondern vielmehr um eine *Wiedergewinnung der Perspektive*, die uns vormals motivieren und unsere Wirklichkeit verändern konnte.

Die Rückbesinnung auf die Wurzeln der Kirche führt ohnehin nicht zu einem verklärten Bild einer „Urkirche", in der alles noch dem Ideal entsprach und in Ordnung war. Vielmehr wird sich sehr schnell zeigen, dass es gerade der Umgang der frühen Kirche mit den außergewöhnlichen *Herausforderungen* ist, der uns bei der eigenen Bewältigung unserer gesamtkirchlichen Aufgaben heute noch Orientierung und Motivation sein kann. Dies gilt schon für die erste systematische Darstellung einer Kirchengeschichte, die Apostelgeschichte des Lukas, in der die Probleme der frühen Kirche bei aller zurückhaltenden Darstellung von Beginn an mit den Händen zu greifen sind – angefangen bei den innergemeindlichen Auseinandersetzungen zwischen den Griechisch sprechenden „Hellenisten" und den Aramäisch sprechenden „Hebräern" (Apg 6,1ff.) über die Sonderstellung und Verfolgung des Stephanuskreises im Unterschied zum Kreis der Apostel (6,8 – 8,3) bis hin zu der grundsätzlichen und die kirchliche Einheit gefährdenden Kontroverse um die Frage der Heidenmission und der Beschneidung und Toraobservanz der Gläubigen „aus den Heiden" (Apg 10,1 – 11,18; 15,1ff.).

Noch offensichtlicher ist der Befund, wenn wir uns dem Corpus Paulinum zuwenden, dem wir allein die Hälfte der neutestamentlichen Belege für den Begriff ἐκκλησία verdanken (nämlich 62 von insgesamt 114 Belegen). Zweiundzwanzig – d.h. ein Fünftel – der Belege für den Kirchenbegriff im Neuen Testament finden sich allein im 1. Korintherbrief, der vor allem und durchgehend wegen der katastrophalen Gemeindeverhältnisse und untragbaren Störungen der kirchlichen Gemeinschaft verfasst worden ist. Auf diesem Hintergrund könnte man folgern, „Ekklesiologie" sei die „Lehre von der Kirche" – nicht etwa im Sinne eines *Ideals*, sondern im Hinblick auf die Bewältigung innergemeindlicher und gesamtkirchlicher *Schwierigkeiten*. Dass diese Herausforderungen angesichts einer überwiegend ablehnend und feindlich gesinnten Umwelt nur noch verstärkt werden, verdeutlichen die Apostelgeschichte (23 Belege) und vor allem die Offenbarung des Johannes (20 Belege) mit ihrer überdurchschnittlich häufigen Verwendung des Kirchenbegriffs eindrücklich.

II. Kirche, Kirchen oder Hausgemeinden?

Zunächst sieht es allerdings so aus, als wäre im Neuen Testament alles etwas einfacher als in unserer Geschichte und Gegenwart der

„vielen Kirchen". Es beginnt schon bei den Begriffen. Das Neue Testament unterscheidet noch nicht zwischen „Kirche" und „Gemeinde", es kennt nur *einen* Begriff: ἐκκλησία. Ekklesia kann sowohl *Kirche* im übergreifenden, überregionalen Sinn[3] bedeuten als auch die *Gemeinde vor Ort*[4], die sich – fraktioniert in verschiedene Teilgemeinden – als *Hausgemeinden* in Privathäusern[5] versammeln kann. So adressiert Paulus in 1Kor 1,2 seinen Brief konkret an die „Gemeinde / Kirche Gottes *in Korinth* als die Geheiligten in Christus Jesus und die berufenen Heiligen" – und darüber hinaus an „alle, die den Namen unsres Herrn Jesus Christus anrufen *an jedem Ort*, bei ihnen und bei uns". Während er hier also die Kirche eines konkreten Ortes mitsamt allen überregionalen Kirchenmitgliedern anspricht, adressiert er seinen zweiten erhaltenen Brief an die Korinther in 2Kor 1,1 sowohl „an die Gemeinde / Kirche Gottes *in Korinth* samt allen Heiligen in *ganz Achaja*", d.h. an die Gemeinde / Kirche *vor Ort* wie die Kirche einer *ganzen Provinz*. In der Ausrichtung der Schlussgrüße in 1Kor 16,19 finden wir die Bezeichnung der „Gemeinden / Kirchen der *Provinz* Asien" neben der speziellen Erwähnung einer von einem Ehepaar geleiteten *Hausgemeinde* in Ephesus: „Es grüßen euch die *Gemeinden in der Provinz Asien*. Es grüßen euch vielmals in dem Herrn Aquila und Priska samt der *Gemeinde in ihrem Hause*" (vgl. Röm 16,5). Der Galaterbrief schließlich ist als Zirkularschreiben an die Gemeinden / Kirchen (im Plural) der Landschaft Nordgalatien oder der römischen Provinz Galatien insgesamt adressiert (Gal 1,2).[6]

Mit Ekklesia wird bei Paulus also die Kirche in ihrer vielfältigen Gestalt (1) als die *gesamte Kirche Jesu Christi*, (2) als die zusammengefassten Kirchen einer *Provinz* oder *Landschaft*, (3) als die sich aus allen Christen zusammensetzende Kirche / Gemeinde eines *Ortes* und (4) als die sich in einem Privathaus zum Gottesdienst versammelnde kleinste Gestalt der Kirche in Form einer *Hausgemeinde* bezeichnet. Die *eine* Kirche Jesu Christi besteht also grundsätzlich in der *Vielfalt* der sich in seinem Namen zum Gottesdienst versammelnden Kirchen und Gemeinden. Schon die kleinste Hausgemeinde ist Kirche Jesu Christi – und *die* Kirche Jesu Christi im umfassenden

---

[3] S. zu *Kirche* im *überregionalen* Sinne: 1Kor 6,4; 12,28; Eph 1,22; 3,10.21; 5,23-32; Kol 1,18.24; vgl. Mt 16,18.

[4] S. zu *Gemeinde vor Ort*: Röm 16,16; 1Kor 1,2; 4,17; 2Kor 1,1; Phil 4,15; 1Thess 1,1.

[5] S. zu *Hausgemeinden* in Privathäusern: Röm 16,5; 1Kor 16,19; Kol 4,15; Phlm 2.

[6] So auch 1Kor 16,1; zu Mazedonien s. 2Kor 8,1; zu Judäa Gal 1,22; 1Thess 2,14; vgl. Apg 9,31: „So hatte nun *die Kirche* (im Singular!) in ganz Judäa, Galiläa und Samaria Frieden ..."

Sinne ist nicht weniger als die weltweite Einheit aller Berufenen und Heiligen, die den Namen des Herrn Jesus Christus anrufen an jedem Ort. Weder wird die *eine* Kirche Jesu Christi erst und ausschließlich durch die *Vielzahl* der *Einzelgemeinden* konstituiert, noch ist die kleinste Zelle einer Hausgemeinde unter anderen im Verbund der Ortsgemeinde eine mindere oder untergeordnete Gestalt von Kirche, sondern Ekklesia Christi im Vollsinn des Wortes.

Für unsere Themenstellung mag es schon verfremdend – oder auch erhellend – erscheinen, dass sich die frühe Kirche von Anfang an wohl grundsätzlich vor Ort aus verschiedenen „Hausgemeinden" in privaten oder angemieteten Wohnungen, Räumen oder Häusern zusammensetzte.[7] *Hauskirchen* – als gesonderte sakrale Räume innerhalb von Privathäusern – oder spezielle *Kirchengebäude* als Versammlungsort einer gesamten Ortskirche sind der neutestamentlichen und frühkirchlichen Zeit der beiden ersten Jahrhunderte noch unbekannt. So zählen wir allein für die Kirche in Rom gemäß der ausführlichen und namentlichen Grußliste in Röm 16 wohl mehr als *sieben Einzelgemeinden*, die als „Geliebte Gottes" und „berufene Heilige" gemeinsam als Ortsgemeinde angesprochen werden (Röm 16,5.10. 11.14.15).[8] Dass der Begriff der Ekklesia – im Unterschied zu Röm 16,1.4f.16.23 – in der Adressatenangabe Röm 1,7 nicht wörtlich fällt, ist eher der brisanten politischen Situation unter Claudius und Nero in der Mitte des 1. Jh. n.Chr. in Rom zuzuschreiben als einem apostolischen Vorbehalt gegenüber der Gestalt der römischen Kirche.[9] Als die Geliebten Gottes und berufenen Heiligen bilden sie fraktioniert in Hausgemeinden einzeln wie gemeinsam die Ekklesia Gottes in Rom und sind darin mit den in der Grußliste aufgeführten Kirchen als Einheit in Jesus Christus verbunden.

Nach Mt 18,20 ist die – in der Wirkungsgeschichte oft problematisierte – Verheißung Jesu Christi an seine Jünger, dass nicht nur die *Gesamt*kirche oder die *Provinz*kirche oder die Kirche eines gesamten *Ortes* oder auch nur die Versammlung von mindestens *zehn Mitgliedern* sich der Gegenwart ihres auferstandenen Herrn in ihrer Mitte gewiss sein darf, sondern schon die kleinste gottesdienstliche Versammlung von „zwei oder drei" Gläubigen, die um Christi willen zusammenkommen: „Denn wo zwei oder drei versammelt sind in mei-

---

7 Vgl. Apg 2,46; 5,42; 12,12 und Apg 19,9 mit der Erwähnung des Lehrsaals eines Rhetors Tyrannos.

8 S. *P. Lampe*, Die stadtrömischen Christen in den ersten beiden Jahrhunderten (s. Anm. 2), 300ff.

9 S. zur positiven Beurteilung durch Paulus Röm 1,7.8ff.; 15,14ff.

nem Namen, da bin ich mitten unter ihnen.“ Damit setzt das Matthäusevangelium – das als einziges ausdrücklich den Begriff der Ekklesia schon vor der Auferstehung Jesu für die Gesamtkirche (Mt 16,18) und die Gemeindeversammlung (Mt 18,17) belegt – voraus, dass der als Immanuel – „Gott mit uns“ – Verheißene (Mt 1,23) und als Weltenherrscher eingesetzte Auferstandene (Mt 28,18-20) schon die kleinste denkbare Versammlung in seinem Namen als seine Ekklesia bestimmt. Schon und gerade ihr gilt der ermutigende Zuspruch des *Christus praesens* – des in ihr gegenwärtigen Christus.

III. Die Ekklesia Gottes

Den Begriff Ekklesia, „Gemeinde Gottes,“ hatten Paulus und seine Mitarbeiter nicht etwa neu geprägt; er diente bereits als stolze Selbstbezeichnung der Urgemeinde in Jerusalem – und zwar in Übernahme der aramäischen Bezeichnung *k*^{e}*hal el* – „Versammlung Gottes“ (1QM 4,10; 1QS^{a} 1,25). Dass er nicht erst von den hellenistischen Gemeinden außerhalb Palästinas eingeführt wurde, sondern schon den palästinischen Gemeinden als Selbstbezeichnung diente, wird auch an den geprägten Wendungen der Verfolgertätigkeit des Paulus in 1Kor 15,9; Gal 1,13 deutlich: „Ich verfolgte die *Gemeinde Gottes*“ (vgl. Phil 3,6). Theoretisch hätte sich die Urgemeinde auch im Anschluss an die griechische Übersetzung des Alten Testaments „Synagoge“ nennen können. Aber da dies die „Versammlung“ und dann auch den Versammlungsort der nicht an Christus glaubenden jüdischen Brüder und Schwestern bezeichnete, bot sich für die ersten Christen der aus der griechischen Umwelt bekannte Begriff Ekklesia für die im Namen Jesu Christi zusammenkommende „Gemeinde“ und „Versammlung Gottes“ an.[10]

Sosehr „Ekklesia“ tiefsinniger Weise eigentlich „die Herausgerufene“ bedeutet[11], so hat der Begriff für die Antike als Bezeichnung für eine konkrete, aktuelle *Versammlung der Stimmberechtigten* oder für die *Heeresversammlung* etwas ganz Normales und Alltägliches; und er wird auch von den ersten Christen nicht schon von sich aus als eine geistliche Kategorie verstanden.[12] Das Besondere ergibt sich jeweils aus der Zuordnung, die durch die Ergänzung im Genitiv bzw.

---

[10] Nur in Jak 2,2 wird die christliche Gemeindeversammlung einmal als „Synagoge“ bezeichnet.

[11] Hinter dem Substantiv ἐκκλησία steht im Griechischen das Verb ἐκκαλεῖν „herausrufen“.

[12] S. zum politischen Sprachgebrauch von Ekklesia z.B. Apg 19.32.39.40; einmal in Apg 7,38 für die Versammlung Israels in der Wüste; vgl. Dtn 9,10 LXX.

die präpositionale Bestimmung erkennbar wird. Denn es kommt alles darauf an, *wessen* Versammlung es ist: die Gemeinde, die Kirche *Jesu Christi* (Röm 16,16) bzw. *in Christus Jesus* (1Thess 2,14; Gal 1,22), die Versammlung, die Kirche *Gottes* (1Kor 1,2)[13]. Oder um es mit 1Thess 2,14 umfassend zu formulieren: „die Kirchen Gottes ... in Christus Jesus“. Wenn im Neuen Testament die präzisierende Ergänzung „Gottes“ oder „Christi“ fehlt, erklärt sich das durch die Eindeutigkeit des Kontextes; die Zuordnung ist in diesen Fällen jeweils als selbstverständlich mitzudenken.

Unser *deutscher* Begriff „Kirche“ als spezielle Bezeichnung für die *Weltkirche* oder die *Gesamtgemeinde* im Unterschied zu den Teilgemeinden oder Hausgemeinden – sowie dann nachgeordnet für das *Kirchengebäude*, in dem sich die christliche Gemeinde versammelt – ist von der umfassenden neutestamentlichen Verwendung von Ekklesia her nicht hinreichend zu erklären. Er leitet sich rein sprachlich von dem griechischen Adjektiv κυριακός – d.h. „dem Herrn gehörig“ – ab. „Kirche“ bedeutet also wörtlich „die dem Herrn gehörige Gemeinde“ – unabhängig davon, ob wir dabei im deutschen Sprachgebrauch an eine Einzelgemeinde oder an die Gesamtkirche denken wollen. Auf das Kirchengebäude bezogen meint es dementsprechend wörtlich „das zum Herrn bzw. dem Herrn gehörige Haus“.

„Versammlung *Gottes*“ war für die ersten Christen ein ganz bedeutungsvoller und positiv geprägter Name, weil damit in der Zeit zwischen Altem und Neuem Testament in der apokalyptisch-endzeitlich orientierten Literatur die Hoffnung verbunden wurde, dass Gott am Ende der Geschichte seine *Auserwählten* als sein Aufgebot aus Israel und den Völkern zusammenführen wird – was sich mit dem säkularen Verständnis von *Ekklesia* als der zusammengerufenen *Heeresversammlung* bzw. *Vollversammlung* der Stimmberechtigten in gewisser Weise berührt. Diese Gemeinschaft der Zusammengerufenen darf sich als die Gefolgschaft Gottes in der letzten geschichtlichen Stunde verstehen, in der Stunde seines Kommens. Sie sollen ihm einmal entgegenziehen und ihn dann begleiten, wenn er gleich einem königlichen Herrscher in die Stadt einzieht, um seine Herrschaft der Gerechtigkeit, der Liebe und des Friedens durchzusetzen (vgl. 1Thess 3,13; 4,15ff.). Dieses „kleine Häuflein“, diese „kleine Herde“ (Lk 12,32) in Jerusalem – die die Urgemeinde anfangs darstellte – und die bis an das Ende der damaligen Welt wachsende Ekklesia Gottes wussten sich von Gott in Jesus Christus zu einem solchen Vorrecht

---

13 „Kirche *Gottes*“ im *Singular*: 1Kor 1,2; 10,32; 11,22; 15,9; 2Kor 1,1; Gal 1,13; vgl. 1Tim 3,5.15; Apg 20,28; im *Plural*: 1Kor 11,16; 1Thess 2,14; 2Thess 1,4.

der Gottesgemeinschaft und des eschatologischen Mitregierens mit Gott „berufen“ und „geheiligt“ (Röm 1,7; 1Kor 1,2; 2Kor 1,1). Sie wussten sich – ob in Gestalt der kleinsten Zelle oder der Gesamtkirche Jesu Christi von Jerusalem bis Rom – als das von Gott geliebte und erwählte eschatologische Gottesvolk, das auf seinen Ruf und sein Kommen hoffnungsvoll zu warten und ihm entgegenzugehen hat. Von hierher ergibt sich auch zugleich der „vorläufige“ Charakter des neutestamentlichen Kirchenbegriffs und der Kirchen- und Amtsstruktur der frühen Gemeinden: Die *Struktur* und *Gestalt* der Kirche Jesu Christi auf Erden ist *vorläufig* und auf ihre eschatologische *Erlösung* – und das heißt auch: Überwindung und Aufhebung – hin angelegt.

Im Kontext dieser endzeitlichen Erwartung erklärt sich auch ein weiterer entscheidender Unterschied zur Ekklesia im profanen Sinne von aktueller Heeres- oder Volksversammlung. Während bei der bürgerlichen oder gar militärischen Versammlung die *Vollzähligkeit* und *Größe* der Ekklesia von grundlegender und ausschlaggebender Bedeutung ist, darf sich im Hinblick auf die zukünftige Sammlung aller Berufenen und Heiligen durch Christus jede auch noch so kleine Versammlung im Namen Jesu Christi stolz als vollwertiger Teil des eschatologischen Gottesvolks – als „*die* Gemeinde Gottes“ – verstehen.

IV. Die eine und die vielen Kirchen

Wenn sich die Einheit und Vielfalt der Kirche sowohl phänomenologisch als auch begrifflich in dem breiten Spektrum von der Gesamtkirche bis hin zur kleinsten Hausgemeinde abbilden, ergibt sich die Frage, wie die frühe Kirche das Verhältnis zwischen der einen und den vielen Kirchen bestimmte. Denn die Herausforderung der Verhältnisbestimmung ergab sich zwangsläufig an beiden Enden des Spektrums: Wie verhalten sich die *Gliedkirchen* der Provinzen bzw. Landschaften oder auch einer judenchristlichen bzw. heidenchristlichen Prägung zur *Gesamtkirche*? Und wie ist das Verhältnis der einzelnen, verschieden geprägten *Haus-* und *Teilgemeinden* zu *der* Kirche an einem Ort oder in einer Provinz bzw. Landschaft zu bestimmen?

Es könnte aufgrund der historischen Entwicklung nahe liegen, die *Jerusalemer Urgemeinde* nicht nur als *Ausgangspunkt* der missionarischen Ausbreitung der frühen Kirche zu erkennen, sondern sie als die früheste „Gemeinde Gottes“ zugleich auch als die erste und oberste

Instanz in einer hierarchisch gegliederten Gesamtkirche zu verstehen. Sowohl die Darstellung der Apostelgeschichte wie auch die Berichte des Paulus in Gal 2 legen die Vermutung nahe, dass die „Urgemeinde“ in Jerusalem dieses Selbstverständnis implizit oder auch explizit vertreten haben mag – zunächst unter der Führung von Simon Petrus, ab den Vierzigerjahren zunehmend unter der Leitung des Herrenbruders Jakobus (s. Apg 12,17 und 15,13ff.). Jedenfalls spiegeln beide Berichte des sogenannten „Apostelkonzils“ um 48 n. Chr. in Apg 15,1ff. wie in Gal 2,1ff. sowohl die Sonderstellung der *Jerusalemer Gemeinde* als auch die herausragende Rolle des *Herrenbruders Jakobus* (Gal 2,9; Apg 15,13ff.) neben – und zunehmend vor – den Aposteln Petrus und Johannes als den „drei Säulen“ der Urgemeinde wider.

Zu dem sogenannten „Antiochenischen Konflikt“ um die gemeinsame Tisch- und damit Abendmahlsgemeinschaft von Juden- und Heidenchristen kommt es nach Gal 2,11-21 dadurch, dass Jerusalemer Boten aus dem Umfeld des Jakobus in der antiochenischen Gemeinde andere Judenchristen – und unter ihnen sogar den ersten Apostel des Zwölferkreises, Simon Petrus – von der die Einheit der Gläubigen konkretisierenden Mahlgemeinschaft mit den Heidenchristen abbringen wollen. Und trotz der grundsätzlich vereinbarten Aufteilung der Verkündigung unter den „Juden“ durch die Jerusalemer „Säulen“ und unter den „Heiden“ durch Paulus und seine Begleiter (Gal 2,7-9) kommt es in der von Paulus gegründeten Gemeinde von Korinth unter Bezugnahme auf Kephas und die Jerusalemer Apostel zu ernsten Auseinandersetzungen und Streitigkeiten (1Kor 1,10ff. und 2Kor 10 – 12). Interessieren sollen in diesem Zusammenhang nun weniger die historischen bzw. theologischen Details der Konflikte oder die Unterschiede in der jeweiligen Darstellung durch Paulus und durch Lukas in der Apostelgeschichte; vielmehr soll die Aufmerksamkeit der Art und Weise gelten, in der Paulus das Verhältnis von *Einheit* der Kirche Jesu Christi und *Vielfalt* der verschiedenen Kirchen wahrnimmt und wie er selbst und seine Gemeinden diese Beziehung gestalten.

Auffällig ist auf der einen Seite die Betonung der *Selbständigkeit* und *Gleichwertigkeit* der von Paulus als Heidenapostel gegründeten Gemeinden in ihrem Verhältnis zu der anfänglich rein judenchristlichen Urgemeinde in Jerusalem. Dies spiegelt sich wie gesagt begrifflich schon darin wider, dass Paulus die stolze Selbstbezeichnung der Urgemeinde in Jerusalem und Judäa – „die Gemeinde(n) Gottes“ (Gal 1,13; 1Thess 2,14) – ohne Einschränkung und Abstufung auch auf die gemischten und die überwiegend heidenchristlichen Gemeinden außerhalb Palästinas anwendet. Nicht nur die Gesamtgemeinde einer Stadt wie Korinth oder Thessalonich (1Kor 1,2; 2Kor 1,1; 1Thess 1,1) oder die Kirche einer Provinz wie Asia oder Achaia (1Kor 16,19; 2Kor 1,1) spricht er als vollwertige „Ekklesia Gottes" an, sondern auch einzelne Hausgemeinden innerhalb einer Stadt dürfen und sollen sich nach Paulus als vollwertige „Kirche / Gemeinde" ihres Herrn verstehen (Röm 16,5; 1Kor 16,19; Phlm 2) – gewiss nicht im exkludierenden, sondern im inkludierenden Sinne und wahrhaftig nicht in selbstsicherer Überheblichkeit, aber doch in einem nicht gleich durch andere Autoritäten zu erschütternden Erwählungsbewusstsein. Die Kirche Jesu Christi – in welcher konkreten Gestalt auch immer – ist ihrem Herrn verantwortlich, nicht aber einer herausgehobenen Kirche im Gegenüber zu den Gemeinden und nicht einer festgefügten kirchlichen Hierarchie bzw. einer bestimmten menschlichen Instanz. Dass diese Selbständigkeit für die frühen paulinischen Gemeinden von grundlegender Bedeutung sein sollte, erweist sich in den elementaren Kontroversen um die Frage der Beschneidung der Heidenchristen, der Tischgemeinschaft von Juden- und Heidenchristen und der Toraobservanz, wie sie im 2. Korinther-, im Galater- und im Römerbrief ihren Niederschlag finden.

Auf der anderen Seite hat Paulus alles dafür eingesetzt, die *Einheit* der Kirche Jesu Christi bei aller Vielfältigkeit ihrer Gemeinden in der wechselseitigen *Anerkennung* und *Gemeinschaft* – und d.h. für ihn gerade in der Tisch- und Abendmahlsgemeinschaft – sichtbar und verbindlich zu bezeugen. Um dieser in Christus vorgegebenen Einheit willen hat er in Jerusalem unnachgiebig um die grundsätzliche Anerkennung der Heidenmission ohne Übernahme von Beschneidung und Toraobservanz gekämpft (Gal 2,1-10), und wegen dieser grundsätzlich bejahten Anerkennung und Annahme der Gläubigen „aus den Heiden" hat er in Antiochien nicht nur den Schülern des Jakobus, sondern sogar Petrus als einem Apostel aus dem Zwölferkreis öffentlich und persönlich ins Angesicht widersprochen. Denn wenn es um die „Wahrheit des Evangeliums" geht, dann muss die Autorität an der Entsprechung zu dem einen Evangelium von Jesus Christus und an der inhaltlichen Übereinstimmung mit dem Zeugnis der Schrift und dem gemeinsamen Bekenntnis aller Kirchen erwiesen werden[14]; menschliche Institutionen und Autoritäten können und

[14] S. zur Begründung und inhaltlichen Entfaltung *H.-J. Eckstein*, Verheißung und Gesetz. Eine exegetische Untersuchung zu Gal 2,15 – 4,7, WUNT 86, Tübingen 1996, 3-81; *ders.*, Das Wesen des christlichen Glaubens, in: *Ders.*, Der aus Glauben Gerechte wird leben. Beiträge zur Theologie des Neuen Testaments, BVB 5, 2. Aufl., Münster u.a. 2007, 3-18.

dürfen diese Einheit nicht gefährden oder aufheben – und wären es selbst die Jerusalemer Urgemeinde oder Apostel wie Jakobus und Petrus (Gal 1,6ff.; 2Kor 11,4f.; 12,11).

Die *Verbundenheit* aller einzelnen Kirchen bzw. Gemeinden innerhalb der einen Kirche Jesu Christi hat er freilich umgekehrt auch gegenüber den heidenchristlichen Gemeinden nachdrücklich zur Geltung gebracht, was vor allem in der leidenschaftlichen Durchführung der beim Apostelkonzil zugesagten Kollekte für die Bedürftigen in der Jerusalemer Gemeinde seinen Ausdruck finden sollte (1Kor 16,1-4; 2Kor 8 und 9; Gal 2,10; vgl. Apg 24,17). Wie viel dem Apostel gerade an diesem Ausdruck der gegenseitigen Liebe (2Kor 8,7f.24) und des wechselseitigen Austauschs als Indiz der Gleichheit (2Kor 8,9.13f.) gelegen haben muss, wird daran erschütternd deutlich, dass er ausgerechnet bei der Überbringung dieser Gabe für die Jerusalemer Gemeinde durch Verleumdungen in Gefangenschaft geraten und letztendlich hingerichtet werden sollte. Hatte er doch kurz zuvor noch der römischen Gemeinde von seiner Sorge geschrieben, dass ihm in Jerusalem Gefahr und Ablehnung nicht nur durch die jüdischen Gegner, sondern auch durch die Reaktion der Jerusalemer Gemeinde drohen könnten (Röm 15,30f.)[15].

Paulus hat der Versuchung und Gefahr der Aufspaltung der frühen Kirche in zwei oder mehrere Teilkirchen – die je nach Herkunft und mehrheitlicher Zusammensetzung einzelne, voneinander getrennte Kirchen Jesu Christi hätten darstellen können – in der Tat unter Einsatz seines eigenen Lebens leidenschaftlich widerstanden. Denn *Kirche* im eigentlichen Sinn des Wortes ist für den Apostel schon die kleinste denkbare Gemeinde, die sich im Namen Christi versammelt; aber *die* Kirche Jesu Christi im umfassenden Sinne ist für ihn nicht weniger als die weltweite und eschatologische Versammlung aller durch Gott in Christus Berufenen und Geheiligten zu allen Zeiten und an allen Orten.

V. Ein Herr, ein Leib – und viele Glieder

Während es bisher vor allem um das Verhältnis der für Heidenchristen offenen Kirchen zu den herkömmlich judenchristlich geprägten Kirchen und damit speziell zu der ältesten und angesehensten „Ekklesia Gottes“ in Jerusalem und Judäa ging, sind für eine inhaltliche Orientierung und Argumentation wohl die Abschnitte bei Paulus be-

15 Vgl. Apg 20,22-25.38; 21,11ff.27ff.

sonders ergiebig, in denen er sich mit der Verschiedenheit, den Interessenkonflikten und Streitigkeiten zwischen verschiedenen Gruppen – und d.h. auch (Haus-)Gemeinden – innerhalb der Kirche eines Ortes oder einer Provinz auseinandersetzt. So kann Paulus in 1Kor 12,12ff. und in Röm 12,3ff. neben dem bisher behandelten Begriff der Kirche / Gemeinde Jesu Christi zentral den des *Leibes* Jesu Christi einführen und damit eine Bezeichnung wählen, die wie keine andere sowohl die *Einheit* wie die *Vielfalt*, die *Gleichheit* wie die *Verschiedenheit* und die *Solidarität* wie die *Identität* der Kirche, der Gemeinden und der einzelnen Gemeindeglieder zur Geltung bringen kann.

Ob es um die Frage des Verhältnisses von Schwachen und Starken und des Verzehrs von Götzenopferfleisch geht (1Kor 8 – 10), ob es sich um Missstände bei den gemeinsamen Abendmahlsfeiern handelt (1Kor 11) oder um Auseinandersetzungen um Geistesgaben und Gottesdienstgestaltung (1Kor 12 – 14), ob sich die Auseinandersetzungen an Vegetarismus und Weinverzicht festmachen (Röm 14) oder an dem Verhältnis von Heiden- und Judenchristen (Röm 11,17ff.; 15,7ff.) – in jedem Fall gelingt es dem Apostel mit seiner Argumentation von dem *einen* Leib des *einen* Herrn her, den Sinn und die Grenze der *Vielfalt* und *Verschiedenheit* der einzelnen Glieder und Untergliederungen zu erhellen: „Denn wie der Leib einer ist und doch viele Glieder hat, alle Glieder des Leibes aber, obwohl sie viele sind, doch ein Leib sind: *so auch Christus*. Denn wir sind durch einen Geist alle zu einem Leib getauft, wir seien Juden oder Griechen, Sklaven oder Freie, und sind alle mit einem Geist getränkt. Denn auch der Leib ist nicht ein Glied, sondern viele. ... *Ihr aber seid der Leib Christi* und jeder von euch ein Glied“ (1Kor 12,12-14.27).

Die Ekklesia Gottes besteht in der Versammlung derer, die Jesus Christus als „Herrn“ – als Kyrios der Welt und der Geschichte, aber vor allem auch als Kyrios seiner Kirche und der einzelnen Gemeinden – erkennen, anerkennen und bekennen (1Kor 12,3). Die Kirche *Gottes* (1Kor 1,2)[16] ist die Kirche *Jesu Christi* (Röm 16,16). Wie in der Rechtfertigungstheologie und Eschatologie argumentiert Paulus auch in der Ekklesiologie und der Ethik eindeutig *christologisch:* Was die Einheit der Kirche in all ihrer Verschiedenheit begründet und vorgibt, ist der *eine* Herr Jesus Christus (1Kor 8,6; 12,5). Nun könnte man fürchten, es handle sich dabei um eine rein *formale* Bestimmung zur Förderung der Gemeinschaft der grundsätzlich Verschiedenen. „Christus“ würde dann als formale Mitte und Orientie-

---

[16] Vgl. 1Kor 10,32; 11,16; 15,9; 2Kor 1,1; 1Thess 2,14.

rung zum Zweck einer gemeinsamen Entwicklung der Kirche bestimmt; und an diesem Ideal würde gegen die Resignation und um der theoretischen Einheit und Autorität der Kirche willen festgehalten. Jedoch ist – entgegen allem möglichen Misstrauen hinsichtlich einer „christozentrischen" Theologie – der paulinischen Ekklesiologie zu entnehmen, dass Christus gerade nicht im Sinne einer formalen Chiffre für die Einheit, die Autorität oder gar die Hierarchie der Kirche verstanden bzw. missverstanden werden darf.

VI. Die Wirklichkeit gewordene Liebe als Programm

Die Autorität und die Herrschaft Christi werden mit der Offenbarung der *Liebe Gottes* im Christusgeschehen begründet und von ihr her entfaltet (Röm 5,8; 8,31f.; Gal 2,20). Die Liebe Christi hat sich durch die uneingeschränkte Lebenshingabe zugunsten der Geliebten als *unbedingt* und *grenzenlos* erwiesen (Röm 5,6ff.)[17] und im Hinblick auf die Situation der Geliebten als *voraussetzungslos* und *bedingungslos* (Röm 3,24ff.)[18]. Damit ist der Christusbezug der Kirche sowohl ein zutiefst *persönlicher* als auch hinsichtlich der maßgebenden Orientierung ein konkret *inhaltlich* bestimmter. In der bis zur Selbsthingabe bereiten Zuwendung Christi erweist sich, was nach dem Evangelium Gottes unter Liebe zu verstehen ist: „Darum nehmt einander an, wie Christus euch angenommen hat zu Gottes Lob" (Röm 15,7). Umgekehrt würde jedes rücksichtslose Verhalten innerhalb der Gemeinden als ein Fehlverhalten denen gegenüber entlarvt, um derentwillen doch Christus gestorben ist (Röm 14,15; 1Kor 8,11). Können menschliche Formen der Zuwendung durchaus von der Liebenswürdigkeit und dem liebenswerten Verhalten des Gegenübers abhängig sein, so gilt diese Liebe den Geliebten in ihrer Vorfindlichkeit voraussetzungslos und in der Widersprüchlichkeit ihrer Erscheinung bedingungslos und persönlich. In das Zentrum seiner Gemeindeunterweisung für das gottesdienstliche Zusammenleben in 1Kor 12 – 14 stellt Paulus so das „Hohelied der Liebe" (1Kor 13,1-13; vgl. 8,1ff.) und fordert seine Gemeinden und Gruppierungen innerhalb der Gemeinde dazu auf, der Liebe und damit der wechselseitigen Anerkennung, Förderung und Wertschätzung nachzustreben (1Kor 14,1).

---

17 S. Röm 5,6.8: „Denn Christus ist schon zu der Zeit, als wir noch *schwach* waren, für uns *Gottlose* gestorben... Gott aber erweist seine Liebe zu uns darin, dass Christus für uns gestorben ist, als wir noch *Sünder* waren."

18 S. Röm 3,24: „und werden *ohne Verdienst / geschenkweise* gerecht aus *seiner Gnade* durch die Erlösung, die durch Christus Jesus geschehen ist."

Diese konkrete und in Leben und Sterben Christi Wirklichkeit gewordene Liebe ist das Programm, nach dem Kirche als Leib Christi organisch wachsen und sich zielführend entfalten kann; denn Liebe ist die Fähigkeit und die Kraft der Wiederentdeckung des „Du“ und des „Ihr“ – auch in Selbstüberwindung und Hingabe des ansonsten an sich selbst verlorenen „Ich“. Durch die Aufwertung einer unbedingten Zuwendung und durch die Bedeutsamkeit, die durch eine uneingeschränkte Wertschätzung erkannt wird, werden die Einzelnen wie die Gemeinschaft in die Lage versetzt, auch ihrerseits Du- und Ihr-orientiert, am Wohl der anderen interessiert und auf Christus und seine Ziele bezogen zu leben. Zu einer organischen Entwicklung des Leibes Christi ist die Liebe nach Paulus nicht nur förderlich, sondern *konstitutiv* und *unentbehrlich.*

Dabei ist entscheidend, dass es bei diesem Liebesbegriff nicht nur um eine abstrakte Theorie oder um ein uneingelöstes romantisches Ideal geht, sondern um *gelebtes*, *lebendiges* und *zu lebendes* Leben. Die Orientierung, die die Kirche von Christus her empfängt, ist sein *gelebtes Leben*, nicht nur isoliert seine Verkündigung oder seine ethische Unterweisung.[19] Die Worte des *Ideals* zielen auf Verwirklichung der *Realität*, und die Einladung zur eigenen Umsetzung im Leben gründet auf der geschichtlich erfahrenen Wirklichkeit der Offenbarung Gottes in Christi Leben, Leiden und Auferstehen. „In Christus“ – d.h. infolge seiner bis zur Lebenshingabe bereiten Liebe und in Gemeinschaft mit ihm – bilden alle Gemeindeglieder und Gliedgemeinden bereits die eine Einheit des Leibes Christi: „Denn wie der Leib einer ist und doch viele Glieder hat, alle Glieder des Leibes aber, obwohl sie viele sind, doch ein Leib sind: so ist es auch mit Christus“ (1Kor 12,12). Die organische Einheit der vielgliedrigen Kirche ist in Bezug auf ihren *einen* Herrn – und damit zugleich ihre *eine* Grundlage und ihr *eines* Ziel – weder vergangenes noch ausstehendes Ideal, sondern bereits gegenwärtige Realität. Und dies gilt nicht nur insoweit, wie es erkannt, gelebt und entfaltet wird, sondern gerade auch dann, wenn es durch unangemessenes Verhalten verleugnet und verraten wird. Der Apostel ermahnt seine Gemeinden und Gemeindegruppen nicht, sie sollen sich *wie* Glieder am Leib verhalten, sondern *als* Glieder, die sie in ihrer Zugehörigkeit zum Leib Christi bereits sind. Nicht nur *wie* Geschwister sollen sich die zerstrittenen Hausgemeinden und Gruppierungen versöhnen, sondern

---

[19] Vgl. Phil 2,5 als Einleitung zu dem dann (V. 6-11) folgenden Christushymnus: „Seid unter euch auf das bedacht, was auch *in Christus Jesus* angemessen und vorgegeben ist: Er, der in Gottesgestalt war, hielt nicht fest wie einen Raub das Gottgleichsein ...“

als Geschwister, die sie als Töchter und Söhne Gottes, des gemeinsamen Vaters, unbestreitbar sind.

VII. Der Bezug auf Christus als kritisches Prinzip

Subjekt des Aufbaus und der Entfaltung der Kirche sind nicht einzelne menschliche Autoritäten oder Strukturen, sondern *der gekreuzigte und auferstandene Christus*, der durch die Amtsinhaber, die verschiedenen Gemeinden und Gemeindeglieder wirkt. Insofern geht es nach Paulus nicht darum, dass die Glaubenden ihrerseits versuchen, Christus als einen Abwesenden aus eigener Kraft auf dieser Welt zu vertreten, sondern darum, dass sie *erkennen*, was ihnen durch Gottes Kraft in Christus bereits real und wirksam geschenkt worden ist. Sie sollen wissen, dass Christus selbst in ihnen und in ihrer Mitte lebt, wie auch sie bereits an Christi Auferstehungsleben gegenwärtig teilhaben. Bei der Wahrnehmung und Verwirklichung der kirchlichen Gemeinschaft und Einheit geht es nicht zuerst um *menschliche Aktivitäten*, sondern um die *Erkenntnis des Wirkens Gottes*, das sich im Leben der Glaubenden entfalten will. Vor der *menschlichen Verwirklichung* von Leben und Liebe steht das *Erkennen* der überschwänglichen *göttlichen Realität* und der *Realisierung* des Lebens und der Liebe im *Christusgeschehen*.

Indem Christus selbst und er allein als *Kyrios* – als Herr der Welt und der Geschichte, als Herr der Kirche und der Gläubigen – bekannt und anerkannt wird, sind damit weder innerkirchliche Autoritäten (auch nicht die Apostel) noch irgendwelche anderen „Herren der Welt“ (1Kor 8,4ff.) der Kirche vorgesetzt oder von ihr zu fürchten, sondern sie sind alle zugleich und in gleicher Weise Christus unterstellt. Bei aller Betonung wechselseitiger Abhängigkeit und gegenseitiger Verbundenheit der einzelnen Glieder am Leib Christi liegt in der grundsätzlichen Gegenüberstellung von Christus als dem *einen* Herrn und der ihm zugeordneten Vielzahl der gleichgestellten Glieder ein enormes Potential an Ermutigung, Befreiung und Aufwertung der einzelnen Gemeindegruppierungen und Gemeindeglieder. Das Verhältnis von Aposteln, Lehrern und Propheten (1Kor 12,28) untereinander und zu den Gemeinden und Gemeindegliedern muss nach Paulus nicht gesondert geregelt werden, solange sie alle mit ihren Gaben ausschließlich an der Förderung des Ganzen und an der organischen Ergänzung und Entwicklung des Gemeinsamen orientiert bleiben. Die Bedeutung und Hierarchie der Ämter sowie die Strukturfragen der Kirchen- und Gemeindeleitung treten in dem Maße zurück, wie sich die Kirche auf ihren *einen* Herrn besinnt.

VIII. Einheit und Vielfalt der Kirche Jesu Christi als des eschatologischen Gottesvolks

„Ein Herr, ein Leib – doch viele Glieder?" Der Rückblick auf die historischen und theologischen Wurzeln der einen Kirche Jesu Christi kann uns angesichts der Vielzahl und Vielgestaltigkeit unserer gegenwärtigen Kirchen, Konfessionen und Gemeinden in der Tat dazu verhelfen, uns neu auf den *Ausgangspunkt* unserer eigenen *Ziele* zu besinnen und die *zukunftsfähige* Perspektive der *frühen Kirche* wiederzugewinnen. Dabei haben sich nicht nur die Ideale und theoretischen Erwägungen einer am Neuen Testament orientierten „Lehre von der Kirche" als inspirierend erwiesen, sondern vor allem der pragmatische Umgang mit den Herausforderungen der frühen Kirche und die lebensförderliche und beziehungsorientierte Auseinandersetzung mit den Schwierigkeiten und Problemen der ersten Gemeinden.

Ein überraschender Aspekt mag dabei schon in der Erkenntnis liegen, dass die Vielfalt und Vielgestaltigkeit der Kirche kein Phänomen einer historischen Spätentwicklung ist, sondern die Gestalt der „Ekklesia Gottes" seit ihren Anfängen als „Urgemeinde" in Jerusalem bestimmt. Sosehr das Neue Testament nur ein und denselben Begriff für die „Kirche", die „Gemeinde" und die „Gemeinschaft" gebraucht – nämlich „Ekklesia" –, sosehr setzt sich diese von Anfang an als ein Organismus aus zahlreichen – ethnisch, kulturell, organisatorisch und theologisch verschieden geprägten – Gliedern und Gliedkirchen zusammen. Die *eine* Kirche Jesu Christi besteht, wie wir gesehen haben, grundsätzlich in der *Vielfalt* der sich in Christi Namen zum Gottesdienst versammelnden Kirchen und Gemeinden. Schon die kleinste Hausgemeinde ist Kirche Jesu Christi – und *die* Kirche Jesu Christi im umfassenden Sinne ist nicht weniger als die weltweite Einheit aller Berufenen und Heiligen, die den Namen des Herrn Jesus Christus anrufen. Weder wird die *eine* Kirche Jesu Christi erst und ausschließlich durch die *Vielzahl* der *Einzelgemeinden* konstituiert, noch ist die kleinste Zelle einer Hausgemeinde unter anderen im Verbund der Ortsgemeinde oder der Gesamtkirche eine mindere oder untergeordnete Gestalt von Kirche, sondern Ekklesia Christi im Vollsinn des Wortes.

Schon der Begriff „Ekklesia Gottes" / „Versammlung Gottes" erinnert die Kirche zu allen Zeiten und an jedem Ort an ihre *theologische* wie *eschatologische* Wesensbestimmung. Was die Ekklesia ist, das ist sie durch ihre Zugehörigkeit zu dem Gott, der sie in Christus „herausgerufen" und „berufen" hat als die „Vollversammlung" seiner Auserwählten, als die „Heeresversammlung" seiner endzeitlichen

Gefolgschaft am Tag seiner Erscheinung. So ist die Kirche *theologisch* durch ihre Zugehörigkeit zu Gott in seinem Sohn, Jesus Christus, charakterisiert und *eschatologisch* durch die Zukunftsperspektive ihrer Entwicklung. Gegen alle Depression und Resignation angesichts der Wirklichkeit kann die Kirche sich von der Realität ihres Gottesbezugs und ihrer auf sie zukommenden Vollendung her verstehen. Ihre Geschichte läuft nicht *ab*, sondern *an*; ihre Hochzeit hat sie nicht hinter sich, sondern allemal noch vor sich; ihr Ideal liegt nicht in den verlorenen Anfängen, sondern in ihrer immer wieder neu gefundenen Hoffnung auf die gewisse Zukunft. So ist die Einheit der Kirche – gerade auch angesichts ihrer gegenwärtigen vielfältigen Untergliederungen – bereits vor allen ökumenischen Bemühungen in ihrer gemeinsamen Zugehörigkeit zu dem *einen* Gott und in ihrer Gewissheit der eschatologischen Vollendung als des *einen* Gottesvolks angelegt und gegeben.

Als Wirklichkeit wird diese Einheit schon gegenwärtig erfahren und gestaltet, wenn sich diese Kirche in ihrer Zugehörigkeit und in ihrem grundsätzlichen Gegenüber zu Christus als ihrem Herrn erkennt. Die *christologische* Begründung der Einheit der Kirche enthält das *kritische* Element gegenüber allen Ansprüchen menschlicher Vorherrschaft, das *vergewissernde* Element einer voraussetzungslosen Annahme und bedingungslosen Zuwendung, das *paränetische* Element einer verbindlichen Beziehungswirklichkeit sowie das *eschatologische* Element einer zuversichtlichen Erfüllungsgewissheit mitten in und jenseits der eigenen Erfahrung. Durch Christus und im Bezogensein auf ihn verwirklicht sich die Realität der Einheit schon gegenwärtig; und im Blick auf ihn als den einzigen Herrn der Kirche gestalten die Glieder und Gliedkirchen ihre die Grenzen überwindende Einheit als Leib Christi bereits mitten in ihrer Vielgestaltigkeit und Vielfalt.

Wer wird ihn mehr lieben?
Aspekte einer lukanischen Anthropologie am Beispiel von Lukas 7,36-50[1]

Kein Evangelist hatte im letzten Jahrhundert in der deutschsprachigen Diskussion eine so vielfältige und einschneidende Kritik erfahren wie Lukas[2]; und kaum eine Perikope aus dem Lukasevangelium wurde mit so weitgehenden und widersprüchlichen literarkritischen bzw. redaktionskritischen Analysen konfrontiert wie die Perikope von der Salbung Jesu durch die Sünderin in Lukas 7,36-50. Mit dem Vorwurf des „Frühkatholizismus"[3] sollten dabei nicht nur die Hervorhebung der Kontinuität und Zuverlässigkeit der Überlieferung sowie die „heilsgeschichtliche" Sicht und die Art der „Geschichtsschreibung" im lukanischen Doppelwerk charakterisiert werden, sondern zugleich auch dessen Soteriologie, Anthropologie und Ethik – und dies mit Vorliebe in deutlicher Kontrastierung gegenüber der paulinischen Theologie.

Mögen wir in Hinsicht auf die heilsgeschichtliche Dreiteilung in die „Zeit Israels" (des Gesetzes und der Propheten), die „Zeit des Wirkens Jesu" (als der heilvollen „Mitte der Zeit") und die „Zeit der Kirche"[4] inzwischen zu einer differenzierten Zweiteilung zurückgekom-

---

1 Bernd Janowski zum 65. Geburtstag.

2 S. zu Darstellung und Auseinandersetzung mit den Hauptvertretern der Kritik seit E. Käsemann, Ph. Vielhauer, H. Conzelmann und S. Schulz: *W.G. Kümmel*, Lukas in der Anklage der heutigen Theologie, ZNW 63, 1972, 149-165 (= *G. Braumann*, [Hg.], Das Lukas-Evangelium. Die redaktions- und kompositionsgeschichtliche Forschung, WdF 280, Darmstadt 1974, 416-436 [s. ebd. die Zusammenstellung grundlegender Texte der redaktionsgeschichtlichen Forschung]; *M. Rese*, Das Lukas-Evangelium. Ein Forschungsbericht, ANRW II 25/3, Berlin u.a. 1985, 2258-2328, hier 2298ff.; *U. Schnelle*, Einleitung in das Neue Testament, UTB 1830, 6., neubearb. Aufl., Göttingen 2007, 294-301; *W. Radl*, Das Lukas-Evangelium, EdF 261, Darmstadt 1988, 138ff.

3 S. z.B. *E. Käsemann*, Neutestamentliche Fragen von Heute, in: *Ders.*, Exegetische Versuche und Besinnungen, Bd. 2, Göttingen 1964, 11-31, hier 29f. (= WdF 280 [s. Anm. 2], 93f.); *Ph. Vielhauer*, Zum „Paulinismus" der Apostelgeschichte, in: *Ders.*, Aufsätze zum Neuen Testament, TB 31, München 1965, 9-27; *S. Schulz*, Die Mitte der Schrift. Der Frühkatholizismus im Neuen Testament als Herausforderung an den Protestantismus, Stuttgart u.a. 1976, 80f.

4 Wie sie grundlegend von *H. Conzelmann*, Die Mitte der Zeit. Studien zur Theologie des Lukas, 7. Aufl., Tübingen 1993, 9, vertreten wurde.

men sein[5], im Hinblick auf die Ethik und die Hervorhebung der „Umkehr“ / „Buße“ wirken die Vorurteile gegenüber Lukas als Theologen teilweise weiterhin fort. Stereotyp wird im Zusammenhang der Berufung des Levi (Lk 5,27-32 par. Mk 2,13-17) auf die Einfügung der adverbialen Bestimmung εἰς μετάνοιαν in V. 32 verwiesen: „Ich bin nicht gekommen, die Gerechten zu rufen, sondern die Sünder *zur Umkehr*“; und für die Einfügung der Absichtserklärung des Zachäus in Lk 19,8 wird im Anschluss an R. Bultmann gerne Lukas selbst verantwortlich gemacht, dem die Moral von V. 8 entsprechen soll,[6] obwohl sie sich nach Vokabular und Syntax eher als vorlukanisch empfiehlt.[7] Bei der redaktionellen Rahmung der Beispielerzählung von Pharisäer und Zöllner in Lk 18,9-14 kann dem Evangelisten vorgehalten werden, er habe sie „theologisch verdorben“[8] und ihr durch den moralisierenden Abschluss einen „vulgärethischen Sinn“[9] gegeben.[10]

Gegenüber den Anfängen der Formgeschichte wie der Redaktionsgeschichte kann heute freilich als weitgehender Konsens vorausgesetzt werden, dass sich die ‚Redaktionsarbeit‘ des Evangelisten Lukas nicht nur von den Überleitungen und Ergänzungen der verschiedenen sprachlichen Einheiten her bestimmen lässt, sondern auch – und vor allem – von der Auswahl und Anordnung der von ihm übernommenen Überlieferungen. Die ‚Theologie des Lukasevangeliums‘ ist nicht das, was nach Abzug aller traditionellen Elemente übrigbleibt,

---

5 In Übereinstimmung mit der Ausgangsstelle Lk 16,16; vgl. *G. Schneider*, Die Apostelgeschichte I, HThK 6/1, Freiburg u.a. 1980, 136f. Gemäß Apg 1,1 versteht Lukas den ersten Teil seines Doppelwerks – den πρῶτος λόγος – als den Bericht dessen, „was Jesus *anfing* zu tun und zu lehren (ὧν *ἤρξατο* ὁ Ἰησοῦς ποιεῖν τε καὶ διδάσκειν), weshalb die spätere Bezeichnung des lukanischen Berichtes vom Wirken des Erhöhten durch den Heiligen Geist mit πράξεις ἀποστόλων „Taten der Apostel“ bzw. „Apostelgeschichte“ in der Tat als erläuterungsbedürftig erscheint.

6 *R. Bultmann*, Die Geschichte der synoptischen Tradition, FRLANT 29, 8. Aufl., Göttingen 1970, 33f.; *W. Grundmann*, Das Evangelium nach Lukas, ThHK 3, 10. Aufl., Berlin 1984, 358f.; *G. Petzke*, Das Sondergut des Evangeliums nach Lukas, ZWKB, Zürich 1990, 168f.

7 Mit *J. Jeremias,* Die Sprache des Lukasevangeliums. Redaktion und Tradition im Nicht-Markusstoff des dritten Evangeliums, KEK Sonderbd., Göttingen 1980, 277; *F. Bovon*, Das Evangelium nach Lukas. Lk 15,1–19,27, EKK 3/3, Neukirchen-Vluyn u.a. 2001, 270, Anm. 21.

8 *W. Marxsen*, Lukas 18,9-14, GPM 39, 1984/85, 383-390, hier 386.

9 So *M. Dibelius*, Die Formgeschichte des Evangeliums, 5. Aufl., Tübingen 1966, 254.

10 S. zum Ganzen *H.-J. Eckstein*, Pharisäer und Zöllner. Jesu Zuwendung zu den Sündern nach Lukas 18,9-14, in: *Ders.*, Der aus Glauben Gerechte wird leben. Beiträge zur Theologie des Neuen Testaments, BVB 5, 2. Aufl., Münster u.a. 2007, 143-151, hier 143.149f.

sondern die Botschaft, die sich aus der Gesamtkomposition des ‚Evangeliums nach Lukas' ergibt. Dementsprechend ist bei der Darstellung lukanischer Theologie, Soteriologie und Anthropologie erstens der Gesamtkontext des Evangeliums zu berücksichtigen, zweitens die historische Situation, in der diese Überlieferung entstanden ist, und drittens die Situation, in der sie mit guten Gründen tradiert wurde.

I

Nun findet sich in keinem anderen Evangelium eine derartige Fülle von Überlieferungen, die von der Zuwendung Jesu zu ‚Zöllnern und Sündern' und seiner Tischgemeinschaft mit ihnen handeln: „Dieser nimmt die Sünder an (προσδέχεται) und isst mit ihnen (συνεσθίει αὐτοῖς)" (Lk 15,2; vgl. 5,30) – „bei einem Sünder ist er eingekehrt (εἰσῆλθεν καταλῦσαι)" (19,7) – „ein Freund der Zöllner und Sünder (φίλος τελωνῶν καὶ ἁμαρτωλῶν)" (7,34). Zu ihnen gehören Lk 5,27-32 par. Mk 2,13-17 (Die Berufung des Levi), Lk 7,34 par. Mt 11,19 (Jesus als Freund der Zöllner und Sünder) Lk 15,3-7 par. Mt 18,12-14[11] (Gleichnis vom verlorenen Schaf) sowie die dem Sondergut entnommenen Überlieferungen Lk 7,36-50 (Jesu Salbung durch die Sünderin, anstatt Mk 14,3-9), Lk 15,1f.8-32 (die beiden weiteren Gleichnisse vom Verlorenen), Lk 18,9-14 (Pharisäer und Zöllner) und Lk 19,1-10 (Zachäus).[12] Diese Häufung fällt umso mehr ins Gewicht, als Lukas bei der Fülle der Überlieferungen, die er im Markusevangelium, in der Logienquelle (Q) und den zahlreichen mündlichen (oder zum Teil auch schriftlichen?) Sondergutüberlieferungen vorfand, um Kürzungen und Auslassungen gar nicht herumkam. Vom Textbestand her ist das Lukasevangelium auch so noch das umfangsreichste der vier Evangelien geworden. So lässt sich im direkten Vergleich mit dem Markusevangelium deutlich erkennen, wie Lukas nicht nur Dubletten und Doppelüberlieferungen aus verschiedenen Quellen meidet, sondern häufig schon die Wiederholung auch nur ähnlicher Motive[13]. Insgesamt fehlen bei Lukas circa 30% des Markusstoffs,

---

[11] Bei den starken Abweichungen zwischen dem Gleichnis vom verlorenen Schaf bei Lukas (Lk 15,4-7) und Matthäus (Mt 18,12-14) – bis hin zu der Übersetzungsvariante „Wüste" ἔρημος (Lk 15,4) und „Berg" ὄρος (Mt 18,12) – ist es in diesem Fall eher unwahrscheinlich, dass beide auf dieselbe Version der gemeinsamen griechischen Quelle zurückgegriffen haben. Zu Lk 15,11ff. s. *C. Landmesser*, Die Rückkehr ins Leben nach dem Gleichnis vom verlorenen Sohn (Lk 15,11-32), ZThK 99, 2002, 239-261.

[12] S. zur Tischgemeinschaft auch 13,28-30; 14,15-24.

[13] Vgl. Lk 4,16-20 anstelle Mk 6,1-6; Lk 5,1-11 statt Mk 1,16-20; Lk 7,36-50 statt

einschließlich der „großen Lücke“ von Mk 6,45 – 8,26 zwischen Lk 9,17 und 18.[14]

Gerade in der Annahme der Sünder durch Jesus und in dessen Eintreten für die Armen[15] und auf Unterstützung und Erbarmen Angewiesenen[16] sieht Lukas offensichtlich den Kern der in Jes 61,1f. verheißenen und in Jesu Wirken erfolgten Verkündigung des Evangeliums gegenüber den Armen, den Gefangenen und den Zerschlagenen. „*Heute* ist dieses Wort der Schrift erfüllt vor euren Ohren“, steht dementsprechend als programmatische Aussage am Anfang des öffentlichen Auftretens Jesu (Lk 4,14-30, hier V. 21). So wird der Begriff der ‚Evangeliumsverkündigung‘ (εὐαγγελίζεσθαι) aus Jes 61,1 / Lk 4,18 für den Evangelisten zum Schlüsselbegriff der Verkündigung Jesu schlechthin.[17] Mit Jesu Kommen wird das „Gnadenjahr des Herrn“ ausgerufen (κηρύξαι ἐνιαυτὸν κυρίου δεκτόν Lk 4,19), in seinen Heilungen von Krankheiten und Dämonen erweist sich, dass in seiner Person die Königsherrschaft Gottes – nicht nur „nahe herbeigekommen“, sondern bereits – „angebrochen“ und „erschienen ist“ (ἄρα *ἔφθασεν* ἐφ’ ὑμᾶς ἡ βασιλεία τοῦ θεοῦ Lk 11,20).[18] Nach Lukas gilt schon die Stunde der Geburt des Gottessohns (Lk 1,32.35) – gemäß der „Evangeliumsverkündigung“ aus Engelmund (Lk 2,10:

Mk 14,3-9; Lk 10,25-28 statt Mk 12,28-31 und Lk 16,18 statt Mk 10,11. Vgl. auch die Auslassung einer der beiden markinischen Blindenheilungen Mk 8,22-26 durch Lukas.

14 S. zum Ganzen *W.G. Kümmel*, Einleitung in das Neue Testament, 21. Aufl., Heidelberg 1983, 100ff. Dass Lukas der ausgelassene Abschnitt Mk 6,45 – 8,26 in seinem Exemplar des Markusevangeliums sehr wohl vorlag, kann man sehr schön an der Übernahme des Gebetsmotivs (Lk 9,18 aus Mk 6,46) und an der Erwähnung von Bethsaida (Lk 9,10 aus Mk 8,22) erkennen.

15 Vgl. zu diesem korrelierenden Aspekt 1,52f.; 6,20ff.; 12,13ff.; 14,12ff.; 16,1ff.; 18,18ff.

16 S. in diesem Zusammenhang auch die besondere Berücksichtigung von Überlieferungen mit Frauen bei Lukas: Lk 1,26-38 (diff. Mt 1,18-23); 1,39-56; 2,36-38; 7,11-17; 7,36-50; 8,1-3; 10,38-42; 13,10-17; 23,26-31; 23,55 – 24,11 (par. Mk).

17 S. „Evangelium verkündigen“ εὐαγγελίζεσθαι in Lk 4,18 (Jes 61,1 LXX); 4,43; 7,22; 8,1; 16,16; 20,1; vgl. 1,19; 2,10; 3,18; 9,6. Vgl. die bezeichnende Ergänzung von Mk 1,38f. („verkündigen“ κηρύσσειν) einerseits durch Matthäus (Mt 4,23: „lehren“ διδάσκειν) und anderseits durch Lukas (Lk 4,43: „Evangelium verkündigen“ εὐαγγελίζεσθαι).

18 Im Sinne der resultativen Bedeutung des Perfekts („es hat sich genaht“ = „es ist da“) will auch das ἤγγικεν in Mk 1,15 verstanden sein: „Die Zeit ist erfüllt, und die Gottesherrschaft *ist herbeigekommen, ist da*“ (vgl. Mk 14,42 und die Gewichtung der vollmächtigen Lehre und des Wirkens Jesu im ersten Hauptteil, Mk 1,16 – 8,26, speziell Mk 2,1ff.23ff.; 3,22ff.; 4,35ff.; 6,30ff.; 7,31ff.). S. zum Ganzen *H.-J. Eckstein*, Glaube und Sehen. Markus 10,46-52 als Schlüsseltext des Markusevangeliums, in: *Ders.*, Der aus Glauben Gerechte wird leben (s. Anm. 10), 81-100, hier 96 und Anm. 95.

εὐαγγελίζομαι ὑμῖν χαρὰν μεγάλην) – als das „Heute“ des Retters, des Christus und Herrn (ὅτι ἐτέχθη ὑμῖν σήμερον σωτὴρ ὅς ἐστιν χριστὸς κύριος ἐν πόλει Δαυίδ Lk 2,11); und die Einkehr des gegenwärtigen Menschensohns in das Haus des Oberzöllners Zachäus – als eines sprichwörtlichen „Sünders“ – bedeutet für diesen und sein Haus das „Heute“ seiner Heilserfahrung (σήμερον σωτηρία τῷ οἴκῳ τούτῳ ἐγένετο Lk 19,9). Denn der Sinn nicht allein der Passion, sondern des gesamten Gekommenseins und Erdenwirkens Jesu als des Menschensohns ist gemäß der Verheißung (Ez 34,16.23) das gegenwärtige Suchen und Retten des Verlorenen und Verirrten, des Verwundeten und Schwachen: ἦλθεν γὰρ ὁ υἱὸς τοῦ ἀνθρώπου ζητῆσαι καὶ σῶσαι τὸ ἀπολωλός (Lk 19,10).

II

Als der *erste* ‚Sitz im Leben‘ dieser Überlieferungen wird zu Recht die Rechtfertigung der Tischgemeinschaft des irdischen Jesus[19] mit den „verlorenen Schafen aus dem Hause Israel“[20] angesehen[21] und somit die Rechtfertigung der Zuwendung Jesu zu den Menschen, die aufgrund ihres Berufes und ihrer Lebensführung in den Augen ihrer religiösen Umwelt als erklärte Sünder galten. Denn ob die Sünderin im Hause des Pharisäers Simon (Lk 7,36ff.) oder die Zöllner Levi (Lk 5,27ff.) und Zachäus (Lk 19,1ff.), sie sind jeweils als geborene – aber von den „Gerechten“ nicht als ihresgleichen anerkannte – Israeliten zu verstehen. Zachäus wird durch die Einkehr des Menschensohns in seinem Haus jedoch als „Sohn Abrahams“ – und damit als Empfänger der Heilsverheißung Gottes an die Väter Israels – anerkannt (καὶ αὐτὸς υἱὸς ᾿Αβραάμ ἐστιν Lk 19,9); und die „vom Satan gebundene“ verkrümmte Frau, die Jesus am Sabbat in der Synagoge durch Heilung von ihrer Fessel löst, wird von ihm als „Tochter Abrahams“, als θυγάτηρ ᾿Αβραάμ, gewürdigt (Lk 13,16).

---

[19] Sowie nach allen mehrheitsfähigen Kriterien der wissenschaftlichen Rekonstruktion des „historischen“ Jesus.

[20] Wie es in Mt 10,6 und 15,24 wörtlich formuliert (τὰ πρόβατα τὰ ἀπολωλότα οἴκου ᾿Ισραήλ) und in Lk 15,1-7; 19,1-11 unter Aufnahme von Ez 34,11ff. vorausgesetzt wird. Bei Matthäus erscheint die Formulierung freilich in einem gegenüber Samaritanern und Heiden zunächst kritischen Zusammenhang, der erst von dem universalen Missionsbefehl in Mt 28,16-20 her seine endgültige Auflösung erfährt. S. *H.-J. Eckstein*, Die Weisung Jesu Christi und die Tora des Mose nach dem Matthäusevangelium, in: *Ders.*, Der aus Glauben Gerechte wird leben (s. Anm. 10), 101-121.

[21] Programmatisch und grundlegend bei *J. Jeremias*, Die Gleichnisse Jesu, 10. Aufl., Göttingen 1984, 124-145; *ders.*, Neutestamentliche Theologie, 4. Aufl., Gütersloh 1988, 110-123.

Dabei ist es für die Darstellung des Lukas bezeichnend, dass Jesus sich mit seinen kritischen Gesprächspartnern noch argumentativ und werbend auseinandersetzt. So ist Jesus nach Lukas verschiedentlich bei Pharisäern zu Gast (Lk 7,36ff.; 11,37ff.; 14,1ff.) und wird nach Lk 13,31ff. sogar von Pharisäern vor Herodes Antipas und dessen Tötungsabsicht gewarnt. In den Gesprächen Lk 7,39ff. und 15,25ff. wird die abschließende Reaktion des Gegenübers jeweils noch offengelassen, da die ersten sowie dann auch die späteren Zuhörer die angemessene Antwort durch ihre Zustimmung selbst geben sollen.

Diese Rechtfertigung des Evangeliums von der Annahme der Sünder und die Verteidigung ihrer Aufnahme in die Gemeinschaft erfolgt nach Darstellung des Lukas nun auf verschiedenen Wegen: *Erstens* kann auf die offensichtliche *Bedürftigkeit* und das *Angewiesensein* der Betroffenen hingewiesen werden. Es ist unmittelbar plausibel: „Die Gesunden bedürfen des Arztes nicht, sondern die *Kranken*“ (Lk 5,31b). Lk 15,4-32 und 19,10 werden die Betroffenen unumwunden als „Verlorene“ bezeichnet und in Lk 5,32 und 18,13 ohne Beschönigung als „Sünder“ benannt. Wie es der rabbinischen Tradition entspricht, erscheinen die, die Gehorsam, Gerechtigkeit und Liebe schuldig geblieben sind, als Gott gegenüber – in diesem Falle hoffnungslos! – „verschuldet“ (Luk 7,41f.47)[22]. Somit werden die Ablehnung und die Ausgrenzung der Sünder im Lukasevangelium nicht etwa durch die Bestreitung der Problematik oder die Verharmlosung der menschlichen Ausgangssituation relativiert, sondern durch die Herausstellung ihres *Angewiesenseins* auf Hilfe, Vergebung und Erbarmen. Die anthropologische Ausgangssituation erscheint unter dem Aspekt der Bedürftigkeit in einem anderen Licht.

Zweitens – und vor allem – sucht Jesus nach dem Lukasevangelium in Bildworten und Gleichnissen den Einspruch der Gegner gegen seine Zuwendung zu Zöllnern und Sündern dadurch zu überwinden, dass er seine Gesprächspartner für die *Perspektive Gottes* gewinnt, dass er sie auffordert, die ‚Verlorenen‘ *mit Gottes Augen* zu sehen. Wenn ein Hirte eines seiner 100 Schafe verlöre, eine Frau eine von zehn Münzen, ein Vater einen seiner beiden Söhne[23] ..., wäre es da nicht selbstverständlich, dass sie sich über das Wiederfinden des Verlorenen freuten (Lk 15,3-32)? In diesen Beispielen – voran an der

---

[22] S. Lk 13,4: δοκεῖτε ὅτι αὐτοὶ *ὀφειλέται* ἐγένοντο παρὰ πάντας τοὺς ἀνθρώπους τοὺς κατοικοῦντας Ἰερουσαλήμ; Mt 6,12 par. Lk 11,4 (hier neben „Sünden“ ἄφες ἡμῖν τὰς *ἁμαρτίας* ἡμῶν, καὶ γὰρ αὐτοὶ ἀφίομεν παντὶ *ὀφείλοντι* ἡμῖν); Mt 18,23-35.

[23] Man beachte die eindrückliche Steigerung des Zahlenverhältnisses: 1 von 100, 1 von 10 und 1 von 2.

Darstellung des Vaters in der Zuwendung zu seinen beiden Söhnen – wird zugleich *Gottes Wesen* und *Verhalten* beschrieben: „So wird auch Freude im Himmel (also vor Gott) sein über einen Sünder, der umkehrt ...“ (Lk 15,7.10). Kann man es einem Vater verdenken, dass er sich seiner beiden Söhne auf je eigene Weise liebevoll und versöhnend annimmt, einem Hirten, dass er das Seine sucht? Ist es nicht verständlich, ja selbstverständlich, dass ein Arzt sich um die Kranken und Schwachen bemüht (Lk 5,31 par. Mk 2,17)? Und will man es einem Gläubiger verbieten, seinen Schuldnern die ihm zustehende Geldschuld nach seinem Ermessen zu erlassen (Lk 7,41-43)?

Dabei ist für Lukas wie für die Synoptiker insgesamt – und nicht erst für das Johannesevangelium – entscheidend, dass der irdische Jesus in *impliziter* oder *expliziter* Christologie sein eigenes Verhalten vom Wesen und Heilshandeln Gottes her begründet und umgekehrt die Reaktion ihm gegenüber als Reaktion gegenüber Gott, seinem Vater, darstellt – was freilich im Fall der Ablehnung und Verwerfung auch im kritischen Sinne gilt (Luk 10,16). So erweist die Sünderin ihren überschwänglichen Dank für den Empfang der göttlichen Vergebung wie selbstverständlich Jesus gegenüber, und die Hinwendung des Menschensohns zu den Verlorenen wird mit Gottes Freude am Wiederfinden seiner Menschen begründet.

In Hinsicht auf die zu Beginn skizzierte Diskussionslage zur lukanischen Theologie ist vor allem ein *dritter* Aspekt in der Verteidigung des Evangeliums und der Zuwendung Jesu zu Sündern von grundlegender Bedeutung. Durch Jesu Worte und durch die unerwartete Reaktion der Angenommenen auf die erfahrene Vergebung und Aufnahme erscheinen die ‚Sünder‘ plötzlich in einem anderen Licht, da sie sich infolge ihrer bedingungslosen Annahme so verhalten, wie es die Gerechten als vorausgehende Bedingung für deren Anerkennung erwarten würden. Die voraussetzungslose Zuwendung Jesu zu Sündern bleibt also nicht folgenlos, sondern erweist sich für die Betroffenen und ihre Beziehungen als äußerst folgenreich. Der wegen seines Berufes und seiner Geldgier verrufene Zöllner und sprichwörtliche Sünder Levi zeigt sich als einer, der sich in die Nachfolge und Jesusgemeinschaft rufen lässt und in einer radikalen Lebenswende alles Bisherige hinter sich lässt (Lk 5,27-32); die fassungslos und überwältigt weinende Sünderin erscheint als reich beschenkte und in Dankbarkeit Liebende (Lk 7,36ff.); der betrügerische Zöllner Zachäus wird durch die heilvolle Erfahrung der Einkehr des Menschensohns in sein Haus dazu bewegt, seine Verhältnisse und sein Haus zu ordnen (Lk 19,8); und der im Tempel betende Zöllner, der aufgrund seiner ausweglosen Lage gar nicht anders kann, als Gott um sein Erbarmen anzurufen, erscheint durch das überraschende abschließende Urteil Jesu nach Lk 18,14a als der in Wahrheit demütige und von Gott erhörte Beter (Lk 18,9-14).

Erkennt man einmal das *werbende* und *verteidigende* Moment in den Perikopen, die von der Zuwendung Jesu zu den Ausgegrenzten handeln, dann wird man die zuletzt angeführten Aspekte der ‚wirksamen Umkehr' und die lukanische Hervorhebung der Begriffe μετάνοια / μετανοεῖν (Lk 5,32 diff. Mk 2,17; 15,7.10; 16,30; 24,47)[24] in diesem Zusammenhang nicht einfach als moralisierende und ethisierende Verfälschungen des Lukas abtun können – zumal wenn sie sich wie im Beispiel von Lk 19,8 sprachlich sogar eher als vorlukanisch empfehlen. Auch sie sind vielmehr Ausdruck der Kontroverse mit den ‚Gerechten' über die Annahme von erklärten ‚Sündern' und haben zunächst vor allem *apologetischen*, nicht *moralisierenden* Charakter.

Doch wie ist dann im lukanischen Zusammenhang die Bezeichnung δίκαιοι ‚Gerechte' zu verstehen? Lukas kann den Begriff „Gerechte" – im Anschluss an die LXX – im uneingeschränkt positiven Sinn gebrauchen: so in der Vorgeschichte für Zacharias und Elisabeth (Lk 1,6) sowie für Simeon (2,25), für Joseph von Arimathia (23,50) oder dann für den Hauptmann Cornelius (Apg 10,22).[25] Dass Lukas die Anerkennung des Gekreuzigten als „Gerechten" durch den Hauptmann nicht im einschränkenden Sinne versteht, erhellt aus der gleichlautenden Bezeichnung im Munde des Petrus und des Ananias bzw. des Paulus nach Apg 3,14 (ὁ ἅγιος καὶ δίκαιος) und 22,14.

Für die nur *vermeintlich* Gerechten wird der Begriff im Verlauf der Auseinandersetzung dann zweifellos in Lk 16,15; 18,9 (neben V. 14) und 20,20 verwendet: ὑμεῖς ἐστε οἱ δικαιοῦντες ἑαυτοὺς ἐνώπιον τῶν ἀνθρώπων, ὁ δὲ θεὸς γινώσκει τὰς καρδίας (Lk 16,15). Gerade von diesen Stellen her wird deutlich, dass Jesus nach dem Verständnis des Lukas den Gegnern in den Logien Lk 5,32 und 15,7 keineswegs konzediert, *per se* vor Gott gerecht zu sein, wenn er sie bei ihrer Selbstbezeichnung und ihrem Selbstverständnis argumentativ behaftet. Denn wenn sie es wären, dann würden sie sich mit Gott über die Umkehr der Verlorenen und die Einbeziehung der Sünder in die Gottesgemeinschaft freuen und nicht Anstoß daran nehmen. Da ‚Gerechtigkeit' – nach der alttestamentlich-jüdischen wie dann der neu-

---

[24] S. zum Ganzen *M. Kim-Rauchholz*, Umkehr bei Lukas. Zu Wesen und Bedeutung der Metanoia in der Theologie des dritten Evangelisten, Neukirchen-Vluyn 2008.

[25] Vgl. allgemein Lk 1,17; 14,14.

testamentlichen Tradition[26] – *das der Beziehung entsprechende Verhalten* und *die Loyalität in der Beziehung* bedeutet, will der wirklich vor Gott Gerechte die Perspektive Gottes teilen und seinem erklärten Willen in Zustimmung und Verhalten entsprechen.

So stehen die Hörer Jesu vor der Alternative, dem himmlischen Vater in seiner Freude über die neu gewonnenen Töchter und Söhne zuzustimmen – oder sich im Widerspruch zum Vater zu befinden und darin dann keineswegs ‚vor Gott gerecht' zu sein: „Du solltest aber fröhlich und guten Mutes sein, denn dieser dein Bruder war tot und ist wieder lebendig geworden, er war verloren und ist wiedergefunden" (Lk 15,32). Mit der Charakterisierung der δίκαιοι in Lk 16,15; 18,9 und 20,20 (als vor sich selbst und in der Selbstdarstellung vor den Menschen, aber nicht vor Gott gerecht) ruft Lukas diesen theologischen Zusammenhang von Ausgrenzung anderer Menschen und Entlarvung der eigenen Frömmigkeit als in Wahrheit nicht an Gott orientierter ‚Gerechtigkeit' nachdrücklich ins Bewusstsein. Eine menschliche ‚Gerechtigkeit', die sich dem Heilswillen und Heilshandeln Gottes verweigert und die sich der Freude Gottes an seinen Menschen verschließt, wäre nach dem Evangelium Jesu – wie schon nach der alttestamentlich-jüdischen Tradition – ein Selbstwiderspruch, eine *contradictio in adiecto*. Simeon hingegen erweist sich für Lukas darin als wahrhaft „gerecht und gottesfürchtig" (δίκαιος καὶ εὐλαβής), dass er „den Trost Israels" nicht nur erwartete, sondern schon angesichts des Kindes „Christus, den Herrn" als das von Gott bereitete Heil (τὸ σωτήριόν σου) erkannte, das sowohl zur Herrlichkeit des Volkes Israel als auch als „Licht zur Erleuchtung der Heiden" erschienen ist (Lk 2,25-35).

III

Das spezifische Überlieferungsinteresse des Evangelisten Lukas hinsichtlich der Rechtfertigung der Sünderannahme durch den irdischen Jesus lässt sich deshalb besonders deutlich erkennen, weil der Evangelist mit der anderen Hälfte seines Doppelwerks zugleich seine Sicht der Geschichte des Urchristentums liefert. Durch die Darstellung der sukzessiven Ausweitung der Mission von Jerusalem aus – wie sie in konzentrischen Kreisen programmatisch in Apg 1,8 be-

---

26 S. zum Ganzen *H.-J. Eckstein*, Die ‚bessere Gerechtigkeit' nach dem Matthäusevangelium, in: *Ders.*, Der aus Glauben Gerechte wird leben (s. Anm. 10), 122-142, hier 126ff.; *ders.*, Gott ist es, der rechtfertigt. Rechtfertigungslehre als Zentrum paulinischer Theologie?, in diesem Band, 75-86, hier 81ff.

schrieben wird – hält der Evangelist im Bewusstsein, dass die Akzeptanz der Samaritanermission (Apg 8; vgl. Luk 10,29-37; 17,11-19) und vor allem dann der *Heidenmission* in der Urgemeinde in Jerusalem mit schärfsten Auseinandersetzungen über die Beschneidungsfrage und die Bedeutung der Toraobservanz verbunden war (Apg 10f.; 15,1-21; vgl. Gal 2,1-21). Das Problem der Annahme von Heidenchristen und somit der Tischgemeinschaft mit Nichtjuden (Apg 11,1-3)[27] zeichnet sich deutlich als der *zweite* Sitz im Leben der synoptischen Überlieferung von Jesu Zuwendung zu den Sündern ab. Die überwiegend heidenchristliche Gemeinde, für die Lukas sein Diptychon des ‚Wirkens und Lehrens Jesu' (Apg 1,1) zeichnet, bedarf offensichtlich nach wie vor der Bestätigung ihrer Legitimität. Neben dem ausdrücklichen und grundlegenden Befehl zur Völkermission durch den Auferstandenen (Lk 24,46-49; Apg 1,8) vergewissert die Überlieferung der Tischgemeinschaft Jesu mit den Sündern aus dem Hause Israel die heidenchristliche Gemeinde ihrer uneingeschränkten Teilhabe am Heil Gottes (Apg 28,28; vgl. 9,15; 13,46f.; 22,21). Auch sie dürfen sich als Töchter und Söhne Abrahams verstehen und die in Christus erfüllte Segensverheißung Gottes auf sich beziehen (Lk 13,16; 19,9; vgl. Apg 10,45; 11,18; 13,46f.; 28,20). Ihrer bleibenden Anerkennung durch die judenchristlichen Teile der Kirche und dem entsprechenden Wechsel der Perspektive für die Sicht, das Wesen und den heilsgeschichtlichen Willen Gottes soll die Überlieferung dienen. So hat er sich bereits in der Schrift abgezeichnet und so hat er sich notwendigerweise (gemäß dem göttlichen δεῖ)[28] in Jesu gesamtem Leben und Wirken, Leiden und Aufstieg zum Vater erfüllt.

Die ethische Unterweisung und paränetische Anwendung dieser Jesusüberlieferungen für die heidenchristlichen Gemeinden und den innergemeindlichen Umgang mit fehlenden und sündigenden Mitchristen – unabhängig von der Frage ihrer vorchristlichen Herkunft – können wir schließlich als den *dritten* Sitz im Leben der breiten Überlieferung der Zuwendung Jesu zu den Sündern im Lukasevangelium erkennen. Hierin freilich unterscheidet Lukas sich keineswegs von den anderen Evangelisten; im Fall des Gleichnisses vom verlorenen Schaf ist es bekanntlich Matthäus (Mt 18,12-14), der durch seine Einbettung in die „Gemeinderede" Mt 18,1-35 die ethische Ermahnung zur Sorge um die „Kleinen" und zur Vergebungsbereitschaft

---

27 Vgl. die Darstellung des Antiochenischen Konflikts durch Paulus in Gal 2,11ff.; s. *H.-J. Eckstein*, Verheißung und Gesetz. Eine exegetische Untersuchung zu Gal 2,15 – 4,7, WUNT 86, Tübingen 1996, 3-79.

28 Zum göttlichen δεῖ des Weges Jesu s. Lk 9,22; 17,25; 22,37; 24,6f.; 24,25-27.44; vgl. Apg 2,23: τῇ ὡρισμένῃ βουλῇ καὶ προγνώσει τοῦ θεοῦ.

gegenüber verirrten Gemeindegliedern als Überlieferungsinteresse ausdrücklich herausstellt. Hier kommt auch bei Lukas die paradigmatische Bedeutung der vollzogenen Umkehr und der konsequenten Nachfolge der voraussetzungslos Gesuchten und folgenreich Gefundenen *apologetisch* wie *paränetisch* zentral zur Geltung.

IV

Wenden wir uns zur Konkretion der bisherigen Ausführungen der „Salbung durch die Sünderin" nach Lk 7,36-50 zu, so können wir sehr schnell wahrnehmen, dass die Lukasforschung hinsichtlich der Einzelexegese nicht weniger kontrovers verlief als im Hinblick auf das Doppelwerk des Lukas insgesamt. Die Zahl der Deutungen von Lk 7,36-50 – mit all ihren literarkritischen, redaktionsgeschichtlichen und theologischen Untervarianten – wird dem Betrag der großen Schuld im Gleichnis von Lk 7,41f. wohl näher kommen als dem der kleinen.[29] Ob man mit R. Bultmann im Gleichnis und seiner Anwendung (Lk 7,41-43 und 47) den Grundbestand sehen wollte, „zu dem dann alles Übrige als szenische Einkleidung hinzukomponiert worden wäre auf Grund von Mk 14,3-9"[30], oder ob man mit J. Wellhausen und E. Klostermann[31] das Gleichnis gerade als sekundär erachten mochte und dem „erzählten Faktum" (Lk 7,36-39 und 44-46) um der dadurch veranlassten Moral willen den Vorrang gab oder ob man zwischen den Extremen die Deutung Lk 7,44-46, das Motiv der Salbung V. 38f. oder die Anwendung V. 47[32] der einen oder anderen überlieferungsgeschichtlichen bzw. redaktionellen Stufe zuschlug, nach allen literarkritischen Spekulationen zeichnet sich offensicht-

---

29 S. zur Forschungsgeschichte und zur neueren Diskussion vor allem *H. Schürmann*, Das Lukasevangelium, 1. Teil. Kommentar zu Kap. 1-9,50, HThK 3/1, 3. Aufl., Freiburg u.a. 1984 (1969), 429ff.; *U. Wilckens*, Vergebung für die Sünderin (Lk 7,36-50), in: *P. Hoffmann* (Hg.), Orientierung an Jesus. Zur Theologie der Synoptiker (FS J. Schmid), Freiburg 1973, 394-424; *G. Schneider*, Das Evangelium nach Lukas, ÖTK 3/1; 1. Teilbd.: Kap. 1-10, 3. Aufl., Gütersloh u.a. 1992; 2. Teilbd.: Kap. 11-24, 2. Aufl. 1984 (1977), 175ff.; *I.H. Marshall*, The Gospel of Luke. A Commentary on the Greek Text, NIGTC, 2. Aufl., Exeter 1979 (1978), 304ff.; *J. Nolland*, Luke 1-9:20, WBC 35a, Dallas 1989, 351ff.; *W. Wiefel*, Das Evangelium nach Lukas, ThHK 3, Berlin 1988, 152ff.; *F. Bovon*, Das Evangelium nach Lukas. Lk 1,1-9,50, EKK 3/1, Neukirchen-Vluyn u.a. 1989, 383ff. (s. ebd. zur Literatur).

30 S. *R. Bultmann*, Die Geschichte der synoptischen Tradition (s. Anm. 6), 19f.; vgl. zuvor *A. Jülicher*, Die Gleichnisse Jesu, 2. Aufl., Tübingen 1910, 302.

31 S. *J. Wellhausen*, Das Evangelium Lucae, Berlin 1904, 31f.; *E. Klostermann*, Das Lukasevangelium, HNT 5, Tübingen 1919, 454.

32 Teilweise noch unterteilt in V. 47a und V 47b mit je verschiedenen Bezügen; so programmatisch *H. Schürmann*, Das Lukasevangelium (s. Anm. 29), 438.

lich in neuerer Zeit eine größere Zurückhaltung ab. Methodisch nachvollziehbar zu exegesieren sowie theologisch auszuwerten ist vorrangig der vorliegende Text in seinem unmittelbaren Kontext – also dem Lukasevangelium in seiner vom Verfasser verantworteten Gestalt.

Gleichwohl kann festgehalten werden, dass sich Lk 7,36-50 überlieferungsgeschichtlich nicht auf Mk 14,3-9 reduzieren lässt und jedenfalls in seinem Grundbestand Lukas als Sondergut bereits vorgegeben war.[33] Die redaktionellen Eingriffe des Evangelisten hat man[34] wohl am ehesten in dem ausdrücklichen Vergebungszuspruch V. 48f. sowie in dem zusätzlichen Entlasswort V. 50 zu erkennen, da beide in Anlehnung an die lukanischen Formulierungen von Lk 5,20f. par. Mk 2,5 und Lk 8,48 par. Mk 5,34 formuliert sind. Das zweigliedrige, antithetisch formulierte Logion in Lk 7,47 bietet in der Tat einen formal wie inhaltlich vollkommenen apophthegmatischen Abschluss der vorangegangenen Erzählung und des Gleichnisses – sowohl im Anschluss an die ausführliche Deutung V. 44-46 als auch im unmittelbaren Anschluss[35] an die Antwort des Simon in V. 43: „Deshalb sage ich dir: Ihre Sünden, die vielen, sind vergeben, denn sie hat viel geliebt; wem aber wenig vergeben wird, der liebt wenig.“ Wie inzwischen fast durchgängig erkannt wird, bezeichnet das kontroverstheologisch so lange umstrittene ὅτι im Einklang mit der vorangegangenen Erzählung (V. 36-39), dem Gleichnis (V. 40-43)[36] und seiner

[33] So die zunehmende Einsicht in neueren Kommentaren: s. *G. Schneider* (s. Anm. 29), 176f., *I.H. Marshall* (s. Anm. 29), 304ff.; *J. Nolland* (s. Anm. 29), 351ff.; *W. Wiefel* (s. Anm. 29), 153f.; anders nochmals *F. Bovon* (s. Anm. 29), 387ff. – Eine absichtsvolle und auffällige Kompilation der beiden verschiedenen Überlieferungen von Mk 14,3-9 und Lk 7,36-50 liegt dann freilich in Joh 12,1-8 vor. Hier wird in die markinische Rahmenerzählung nicht nur das Motiv der *Fuß*salbung von Lukas übernommen, sondern auch das Abwischen der Füße mithilfe der Haare, das sich hier freilich nicht auf die Tränen bezieht, sondern auf das wertvolle Nardenöl bei der Salbung selbst (ἤλειψεν τοὺς πόδας τοῦ Ἰησοῦ καὶ ἐξέμαξεν ταῖς θριξὶν αὐτῆς τοὺς πόδας αὐτοῦ Joh 12,3).

[34] Neben Details in der Einleitung (Lk 7,36) und der Erzählung (V. 37ff.); vgl. schon *J. Jeremias*, Die Sprache des Lukasevangeliums (s. Anm. 7), 167ff.

[35] Wenn man V. 44-46 als wohl vorlukanisch, aber nachträglich zugewachsen verstehen will; vgl. *O. Hofius*, Fußwaschung als Erweis der Liebe. Sprachliche und sachliche Anmerkungen zu Lk 7,44b, in: *Ders.*, Neutestamentliche Studien, WUNT 132, Tübingen 2000, 154-160, hier 160.

[36] Lässt man V. 47 ursprünglich direkt auf V. 43 bezogen sein, so wird diese Deutung nur umso klarer: Die salbende Sünderin entspricht dem Schuldner im Gleichnis, ᾧ τὸ πλεῖον ἐχαρίσατο, denn sie hat sich ja offensichtlich als dankbarer erwiesen.

Deutung (V. 44-46) den ‚Erkenntnisgrund'[37] („das erkennt man daran, dass sie viel geliebt hat"), nicht aber den ‚Realgrund' im Sinne von „weil sie zuvor viel geliebt hat, wird ihr vergeben werden". Dass die prägnante Erzählung damit einen vorangegangenen Kontakt der namentlich nicht genannten[38] Sünderin mit dem seit Lk 4,16ff. verkündeten Evangelium oder mit Jesus persönlich voraussetzt, gilt für jede überlierferungsgeschichtliche Variante und jede Interpretation; andernfalls wären schon das Eindringen in das Haus des Simon zur Salbung – oder auch nur zur Bezeugung der Reue – kaum verständlich.

Ob man die überlieferungsgeschichtliche Vorstufe formkritisch um des abschließenden pointierten Wortes Jesu V. 47 willen als *Apophthegma* einstuft[39] oder wegen der topischen Darstellung von Mahl und Tischgespräch in mehreren Gesprächsgängen als *Symposion*[40], in jedem Fall stehen konventionell als Aktanten die beiden Gesprächspartner im Vordergrund, deren Namen hier auch ausdrücklich genannt werden, nämlich der Pharisäer Simon (Lk 7,40) als Gastgeber und Jesus als Gast. Die ungenannte Frau gibt durch ihr Verhalten wohl den Anlass für den Dialog zwischen den beiden Männern; aber selbst bei der ‚Hinwendung Jesu' in V. 44 bleibt sie Gesprächs*gegenstand* und Simon der Gesprächs*partner*: καὶ στραφεὶς πρὸς τὴν γυναῖκα τῷ Σίμωνι ἔφη· βλέπεις ταύτην τὴν γυναῖκα;

Wenn Lukas durch seine doppelte Ergänzung des ausdrücklichen Vergebungszuspruchs (nach Lk 5,20f. par. Mk 2,5, Heilung des Gichtbrüchigen) und der Glaubens- und Entlassformel (nach Lk 8,48 par. Mk 5,34, Heilung einer blutflüssigen Frau) über die topisch geforderte Pointe in V. 47 hinausführt, bewirkt er damit eine – für Apophthegma wie Symposion unspezifische – Akzentverschiebung vom ursprünglichen Zwiegespräch zwischen den beiden Männern zu der Frau als eigener Handlungsträgerin hin. Sie wird der Vergebung nun

---

37 Entsprechend der Formulierung in Joh 9,16: „Dieser Mensch ist nicht von Gott, weil (ὅτι) er den Sabbat nicht hält" (vgl. 1Joh 3,14). S. *M. Zerwick*, Biblical Greek. Illustrated by Examples, 6. Aufl., Rom 1994 (1963), § 422.

38 In der neutestamentlichen Überlieferung ist keine Identität zu erkennen zwischen 1. *Maria Magdalena* aus Mk 15,40.47; 16,1; Lk 8,2f.; Joh 20,1f.11-18 (s. Lk 8,2: Μαρία ἡ καλουμένη Μαγδαληνή, ἀφ' ἧς δαιμόνια ἑπτὰ ἐξεληλύθει), 2. *Maria, der Schwester von Martha* aus Lk 10,38-42; Joh 11,1 – 12,8, und 3. *Der stadtbekannten Sünderin* aus Lk 7,36-50. Erst sekundär und unsachgemäß kam es in der Wirkungsgeschichte zu der Verknüpfung der Motive: Maria (1/2) – Besessene / Sünderin (1/3) – Salbung (2/3).

39 Im Anschluss an *R. Bultmann*, Die Geschichte der synoptischen Tradition (s. Anm. 6), 58f.; vgl. 19f.

40 S. *K. Berger*, Formgeschichte des Neuen Testaments, Heidelberg 1984, 256.

ausdrücklich und öffentlich vergewissert; sie erhält im Glauben ihre Rettung – gleichsam als Heilung und Gesundung[41] – zugesprochen und wird vor aller Ohren wie eine erhörte Bittstellerin bei einer Audienz[42] mit einem positiven Bescheid in Frieden entlassen: ἡ πίστις σου σέσωκέν σε· πορεύου εἰς εἰρήνην. Darin eine nachträgliche moralisierende und die Vergebung konditionierende Umdeutung durch Lukas sehen zu wollen[43], verkennt die deklaratorische Bedeutung und die rehabilitierende Funktion der Glaubens- und Entlassformeln gegenüber den von Sünde, Krankheit und Unreinheit Gezeichneten. Vielmehr wird die stadtbekannte Sünderin – und mit ihr die erklärten Sünder in Israel, unter den Heiden und schließlich innerhalb der christlichen Gemeinde – durch die Hinwendung und den Zuspruch Jesu in die Gottesgemeinschaft aufgenommen und öffentlich und verbindlich in die Gemeinschaft des Gottesvolkes integriert.

V

Im Gesamtkontext der lukanischen Theologie erscheint die lukanische Fassung insgesamt weder in V. 47a bzw. 48-50 „geknickt“ noch ist sie von „Diskrepanz“ und „Ambivalenz“ bestimmt.[44] Lk 7,36-50 ist vielmehr eines der eindrücklichsten Beispiele der Verteidigung des Evangeliums von der Hinwendung Gottes zu den von sich aus Verlorenen – *erstens* durch Herausstellung der Erbarmungswürdigkeit der vor Gott hoffnungslos Verschuldeten (V. 41f.), *zweitens* durch die Beschreibung des Wesens Gottes, dem es wie dem Gläubiger im Gleichnis gefällt, die Schuld zu erlassen (V. 42), und *drittens* durch den in Erzählung, Gleichnis und Deutung anrührenden Erweis, dass die voraussetzungslose Annahme der Sünder in deren Leben durchaus nicht folgenlos bleibt, sondern in überschwängliche Dankbarkeit einmündet (V. 37f.42f.47). Durch diesen Wechsel der Perspektive auf die ‚Sünderin‘ ändert sich die Orientierung gleich in dreifacher Hinsicht, und der Mensch kommt – gerade angesichts seiner anthropologischen Grundvoraussetzungen – als ein von Gott Gesuchter und Gefundener, als ein Begnadigter und Beschenkter und

---

41 Entsprechend dem Zusammenhang von Vergebung und Heilung in der Vorlage Lk 5,17-26 par. Mk 2,1-12 (vgl. Ps 103,3).

42 S. zur Audienzmotivik *H.-J. Eckstein*, Glaube und Sehen (s. Anm. 18), 89ff.

43 Vgl. *H. Schürmann*, Das Lukasevangelium (s. Anm. 29), 438: „Die erhaltene Vergebung mußte sich auch in Liebe umsetzen, um der Vergebung weiterhin gewiß sein zu können.“ Davon, dass es Vergebung „auf Erden doch immer nur bedingt gibt, unter der Bedingung, daß sie sich in Liebe umsetzt“ (ebd.), wollen Überlieferung wie Redaktion von Lk 7,36-50 nun gerade nicht sprechen.

44 So *H. Schürmann*, ebd.

als ein in der Christusbegegnung Geretteter und Geheilter in den Blick.

Die entlarvende Wirkung des Gleichnisses (40-43) wie der Anwendung (V. 47) wird dadurch noch größer, dass sich der Gastgeber Simon nach damaliger Konvention durchaus nicht inkorrekt verhalten hat. Weder das Waschen der Füße noch auch der freundschaftliche Kuss der Begrüßung oder gar das Salben des Hauptes mit Öl können als damalige Pflichten der Gastfreundschaft gelten (V.44-46).[45] Als defizitär erscheint das Verhalten des Gerechten allererst im Licht des Evangeliums von der in Jesus selbst angebrochenen Gottesherrschaft und angesichts der überschwänglichen Reaktion der offensichtlich reich Beschenkten. Die von der Vergebung überwältigte Sünderin hat Jesus zugute noch viel mehr getan als das, was der Gerechte unterlassen hat. Wie das Gleichnis impliziert – μὴ ἐχόντων αὐτῶν ἀποδοῦναι *ἀμφοτέροις* ἐχαρίσατο (V. 42) – und der Wechsel in die allgemeine Formulierung der negativen Anwendung (V. 47b) offenhält, will die Perikope gerade in ihrer lukanischen Gestalt die Einwilligung in das in Christus offenbare Evangelium und die Mitfreude über das Finden der Verlorenen hervorrufen.

Anhang I: Überlieferungsgeschichte der beiden Salbungstraditionen

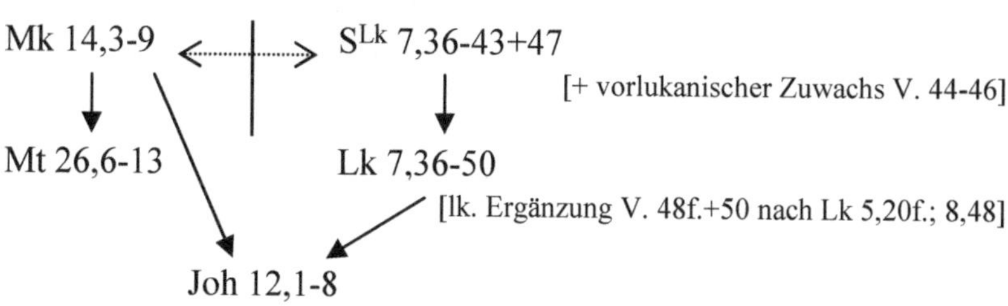

45 Mit *H. Schürmann*, Das Lukasevangelium (s. Anm. 29), 435f.; *O. Hofius*, Fußwaschung als Erweis der Liebe (s. Anm. 35), 156.

Anhang II: Gliederung von Lukas 7,36-50

Einleitung: 36 Es bat ihn aber einer der Pharisäer, mit ihm zu essen. Und er ging hinein in das Haus des Pharisäers und legte sich zu Tisch.

I Erzählung: 37 Und siehe, eine Frau[46], die in der Stadt eine Sünderin war, – als sie erfahren hatte, dass er im Haus des Pharisäers zu Tisch lag, brachte sie ein Gefäß mit Salböl, 38 trat weinend von hinten an seine Füße heran und begann mit ihren Tränen, seine Füße zu benetzen, und trocknete sie mit den Haaren ihres Hauptes, und küsste seine Füße und salbte sie mit dem Salböl.
► 39 Als nun der Pharisäer, der ihn geladen hatte, das sah, sagte er bei sich selbst: Wenn dieser ein Prophet wäre, so würde er doch wissen, wer und was für eine Frau das ist, die ihn anrührt; denn sie ist eine Sünderin.

II Gleichnis: 40 Und Jesus antwortete und sprach zu ihm: Simon, ich habe dir etwas zu sagen. Er erwiderte: Meister, sprich!
41 Ein Gläubiger hatte zwei Schuldner. Der eine schuldete fünfhundert Denare, der andere fünfzig. 42 Da sie aber nicht bezahlen konnten, schenkte er es beiden. Wer von ihnen wird ihn nun mehr lieben?
► 43 Simon antwortete: Ich denke, der, dem er mehr geschenkt hat. Er aber sprach zu ihm: Du hast recht geurteilt.

III Deutung *(vorlukanisch)*: 44 Und indem er sich zu der Frau hinwandte, sprach er zu Simon: Siehst du diese Frau? Ich bin in dein Haus gekommen; Du hast mir kein Wasser über die Füße gegossen; diese aber hat mit ihren Tränen meine Füße benetzt und mit ihren Haaren getrocknet.
45 Du hast mir keinen Kuss gegeben; diese aber hat, seit ich hereingekommen bin, nicht abgelassen, meine Füße zu küssen.
46 Du hast mein Haupt nicht mit Öl gesalbt; diese aber hat mit Salböl meine Füße gesalbt.

► ***Anwendung (Schluss I)***: 47 Deshalb sage ich dir: Ihre Sünden, die vielen, sind vergeben, denn[47] sie hat viel geliebt; wem aber wenig vergeben wird, der liebt wenig.

Schluss II *(par. Lk 5,20f. und 8,48)*: 48 Zu ihr aber sprach er: Deine Sünden sind dir vergeben. 49 Da begannen die, welche mit zu Tisch lagen, bei sich zu sagen: Wer ist dieser, der sogar Sünden vergibt?
50 Er sprach aber zu der Frau: Dein Glaube hat dich gerettet; geh hin in Frieden!

---

46 Sprachliche Berührungen mit Mk 14,3-9 (jeweils unterstrichen): Lk 7,37 par. Mk 14,3: γυνή und ἀλάβαστρον μύρου; Lk 7,40 par. Mk 14,3 der Name Σίμων.

47 Zur Bezeichnung des ‚Erkenntnisgrundes' (vgl. Joh 9,16; 1Joh 3,14): „das erkennt man daran, dass sie viel geliebt hat", nicht: „weil" im Sinne des ‚Realgrundes'; s. Anm. 37.

Mein Gott, mein Gott, warum hast du mich verlassen?

Zur Verborgenheit des in Christus offenbaren Gottes[1]

Angesichts des wahrnehmbaren Übels in der Welt stellt sich die Herausforderung der „Rechtfertigung Gottes“ keineswegs nur im Rahmen der alttestamentlich-jüdischen Überlieferung oder gar ausschließlich aus der Perspektive des Unglaubens. Im Gegenteil, die so genannte „Theodizee-Frage“ erscheint aufgrund des neutestamentlichen Zeugnisses sogar nochmals verschärft und dringlicher. Sosehr die Zeugen des Neuen Testaments sich einerseits in Kontinuität zu Gottes Reden und Handeln gegenüber Israel verstehen, so sehr sehen sie mit Christus doch eine heilsgeschichtlich und offenbarungsgeschichtlich grundlegend *neue Zeit* gekommen: In seinem Sohn hat sich Gott in letztgültiger Weise offenbart, so dass Jesu Wirken, Sterben und Auferstehen als die *Erfüllung* der vorangegangenen Verheißungen und die *Vollendung* der bisherigen Heilsgeschichte erkannt werden können.

So beginnt das öffentliche Wirken Jesu nach dem ältesten Evangelium[2] mit den programmatischen Worten Jesu: „Die Zeit ist *erfüllt* und die Königsherrschaft Gottes *ist gekommen* – d.h. sie *ist da*[3]. Kehrt um und glaubt an das Evangelium!“ (Mk 1,15). Angesichts dieses Erfüllungsanspruchs der „Guten Nachricht“ von Gottes Offenbarsein und Gegenwart in Jesus Christus erscheinen die offensichtlichen Er-

---

1 Nach einem Vortrag beim Studientag der Evang.-theol. Fakultät der Universität Tübingen und des Pfarrvereins zu dem Thema „Wo ist Gott? Die Theodizee-Frage und die Theologie im Pfarramt“ am 11. Juli 2008.

2 Dem Markusevangelium ist auch die Formulierung unseres Themas entlehnt: Mk 15,34 (Ps 22,2).

3 Mk 1,15 spricht nicht nur von dem nahen *Bevorstehen* der Gottesherrschaft, sondern bereits von seinem *Dasein*, seinem gegenwärtigen Angebrochensein in der Person und dem Wirken Jesu. Zur resultativen Bedeutung des Perfekt ἤγγικεν „es hat sich genaht“ = „es ist da“ vgl. Mk 14,42; als sachliche Parallele s. Mt 12,28 (par. Lk 11,20): „Wenn ich aber durch den Geist Gottes die bösen Geister austreibe, so *ist* ja die Königsherrschaft Gottes zu euch gekommen (ἔφθασεν).“ Vgl. Mk 3,27; s. zum Ganzen *H.-J. Eckstein*, Glaube und Sehen. Markus 10,46-52 als Schlüsseltext des Markusevangeliums, in: *Ders.*, Der aus Glauben Gerechte wird leben. Beiträge zur Theologie des Neuen Testaments, BVB 5, 2. Aufl., Münster u.a. 2007, 81-100, hier 96, Anm. 95.

fahrungen von Leid und Krankheit, von Not und Ungerechtigkeit, von Vergänglichkeit und Tod umso qualvoller. Im aufscheinenden Licht des Evangeliums von Gottes Zuwendung und Herrlichkeit wird die Erfahrung der „dunklen Seiten Gottes“ umso schmerzlicher empfunden.

I. Die Voraussetzungen der Theodizeefrage

Warum leiden Hiob und die Beter der Klagepsalmen an Gottes Schweigen und Unwirksamkeit? Und warum stellt sich die Frage nach dem Verborgensein Gottes seit seiner Offenbarung in Christus um so dringlicher? Vergegenwärtigen wir uns zur Klärung die grundsätzlichen Voraussetzungen, die die alttestamentliche wie neutestamentliche Rede von Gott bestimmen und die die „Theodizee-Frage“ als solche überhaupt erst unausweichlich machen.

1. Was weder für die Antike noch für die Neuzeit selbstverständlich ist, gilt durchgängig für die biblische Tradition: Gott wird als *personhaft existierend* erkannt. Nicht dass er naiv mit einer menschlichen Person verwechselt würde oder menschliche Züge auf ihn projiziert werden sollten. Im Gegenteil, sein „Personsein“ wird von allem Menschlichen in ganz grundsätzlicher Weise unterschieden, und sein „Gottsein“ wird dem vergänglichen und fehlbaren Menschen kritisch gegenübergestellt.

Wenn wir dennoch von einer „personhaften Existenz“ Gottes sprechen, dann deshalb, weil Gott als liebend und erwählend, als sprechend und handelnd beschrieben wird. Gott entscheidet sich dazu, die Welt zu erschaffen und mit Abraham und den Vätern ein Volk zu gründen, das ihm zugehören soll. Er offenbart sich den Menschen und lässt sich von ihnen mit seinem Namen – „Jahwe“, „Er wird (da)sein!“ – anrufen (Ex 3,13ff.). Er eröffnet in seiner „Willensverfügung“ – in seinem „Bund“ – die wechselseitige persönliche Beziehung zwischen Gott und seinen Menschen, wie sie in der sogenannten „Zugehörigkeitsformel“ ihren prägnanten Ausdruck findet: „Ich will euer Gott sein, und ihr sollt mein Volk sein!“ (Lev 26,11f.; Ez 37,27; vgl. Apk 21,3). Wie *personhaft* die Gottesvorstellung und wie *persönlich* die Gottesbeziehung bereits in der alttestamentlichen Überlieferung bestimmt sind, zeigt sich an dem grundlegenden Bekenntnis und Gebot Israels – dem Sch^{e}ma Jisrael – in Dtn 6,4f.: „Höre, Israel, der Herr ist unser Gott, der Herr allein. Und du sollst den Herrn, deinen Gott, lieben von ganzem Herzen, von ganzer Seele und mit aller deiner Kraft“ (vgl. Mk 12,28-34).

2. Mit diesem zentralen Bekenntnis kommt bereits ein zweites grundlegendes Merkmal biblischer Gottesvorstellung in den Blick: Es wird von diesem „Herrn, unserem Gott" nämlich gesagt, dass er nicht nur für sich allein existiert und auch nicht nur für einzelne Glaubende, sondern als der *eine* und *wahre* Herr der Menschen, der Welt und der Geschichte. Diese universale Macht und Bedeutung des Gottes Israels und des Vaters Jesu Christi bekennen wir traditionell mit den Worten: „Ich glaube an Gott, den Vater, den *Allmächtigen*, den Schöpfer des Himmels und der Erde."

Gelegentlich wird der Begriff der „Allmacht Gottes" in Anführungszeichen gesetzt, weil er auch Missverständnisse hervorruft. In der Tat besagt das Bekenntnis zu Gottes Allmacht und Herrschaft nicht zwangsläufig, dass alles Geschehen in der Welt – sei es gut oder böse, lebensfördernd oder vernichtend – unmittelbar auf Gott als einzige Ursache zurückgeführt werden muss. Das Bekenntnis zur „Allmacht Gottes" setzt also nicht zwangsläufig den sogenannten „Monismus" voraus, also die „Einheitslehre", die die Gesamtwirklichkeit auf *ein* Grundlegendes, eine *einzige* Wirkursache zurückführt. Die eigene Verantwortung der Menschen und die Existenz anderer, Gott widerstrebender Mächte und Einflüsse sind mit der Anerkennung Gottes als des allmächtigen Vaters nicht *per se* ausgeschlossen.

Sowohl im Alten wie im Neuen Testament wird die lebensabträgliche und beziehungsgefährdende Wirklichkeit, werden Sterben und Hass im Zusammenhang der menschlichen Verfehlung und Auflehnung gegenüber Gott als Schöpfer gesehen (vgl. Gen 1 – 3; Röm 1,18 – 3,20; 5,12-21; 7,7-25). Darin kommt einerseits die Überzeugung zum Ausdruck, dass Gott als Schöpfer Tod, Hass und Leiden seiner Geschöpfe nicht will und die den Menschen bestimmende Sünde nicht zum *Wesen* seiner Schöpfung gehört („Und Gott sah an alles, was er gemacht hatte, und siehe, es war sehr gut." Gen 1,31); andererseits verdeutlicht das Aufkommen der Sünde schon bei Adam und Eva, dass die Sünde die Existenz der Menschen von Anfang an, d.h. seit Gedenken, bestimmt. Die Frage nach dem „Woher" der Sünde wird mit dem Hinweis auf die Auflehnung der Menschen gegenüber Gott als ihrem Ursprung beantwortet: Die Sünde als Tat und als Macht kommt vom Sündigen! Der Mensch stirbt in Konsequenz seiner eigenen Sünde, nicht infolge der Schöpfungsabsicht Gottes (Gen 2,16f.; Röm 5,12; 6,23). Die in unserem Zusammenhang drängende Frage nach dem Woher der *Möglichkeit* der Sünde und des Sündigens in Gottes guter Schöpfung bleibt aber jeweils offen.

Was die Existenz anderer, Gott widerstrebender Mächte und Einflüsse anbelangt, so findet sich in der biblischen Tradition verbreitet die Überzeugung, dass die vorfindliche Welt und ihre Geschichte aus zwei unvereinbaren, widerstreitenden Kräften bzw. Prinzipien zu erklären sind: Licht / Finsternis, Liebe / Hass, Leben / Tod – und damit *Gott* und sein *Widersacher* (der Satan, der Teufel, der Böse, der Verkläger, der Fürst dieser Welt) bzw. *Gott* und die Macht der *Sünde* und des *Todes*. Im Unterschied zum „Monismus" – der „Einheitslehre" – spricht man dann in Hinsicht auf diese dualen Gegensätze von „Dualismus". Entscheidend ist auch hier wieder, dass die Frage des Woher des Bösen und des Ursprungs des Widersachers in den biblischen Texten selbst – im Gegensatz zu späteren Spekulationen – seltsam offen bleiben. Die Sünde kommt in ihrer Bedrohung für den Menschen und in dessen Erlösung von ihr in den Blick. Dualistische Spekulationen über eine *vorgeschichtliche* Zeit sind den biblischen Texten fremd.

Auch unter Berücksichtigung dieser Differenzierungen und offenen Fragen ist für den biblischen Kontext jedenfalls festzuhalten: Mit dem Bekenntnis zu Gott als Herrn wird – gerade angesichts entgegengesetzter Erfahrungen und Anfechtungen – hervorgehoben, dass Gott die Macht und den Willen hat, sich gegenüber dieser Welt und Geschichte endgültig durchzusetzen.

Ob sich die Hoffnung dieses endgültigen Eingreifens Gottes noch auf diese Welt bezieht oder auf Gottes neuen Himmel und seine neue Erde, ob die siegreiche Wende sich für den Einzelnen noch im diesseitigen Leben abzeichnet oder mit der Auferstehung zu einem neuen Leben – in jedem Fall gilt: Der Glaube an Gott als den in diesem Sinne „Allmächtigen" ist für das alttestamentliche wie für das neutestamentliche Gottesverständnis grundlegend und unaufgebbar.

3. Zu einer wirklichen Spannung kommt es angesichts der Welterfahrung und des eigenen Leidens durch die dritte Voraussetzung der biblischen Vorstellung von Gott, die in der Entfaltung der beiden ersten bereits mit angeklungen ist. Gott wird nämlich nicht nur als *personhaft existierend* und als *allmächtig* beschrieben, sondern zugleich auch als *gütig und liebend*. Er fordert nicht nur von den Menschen, dass sie sich gemeinschaftsbezogen und lebensfördernd verhalten sollen, sondern er sagt ihnen seine Gemeinschaftstreue und uneingeschränkte Liebe zu: „Nicht hat euch der HERR angenommen und euch erwählt, weil ihr größer wäret als alle Völker – denn du bist das kleinste unter allen Völkern –, sondern weil er euch *geliebt* hat ..."

(Dtn 7,7f.). – „Ich habe dich von jeher *geliebt*. Darum habe ich dich zu mir gezogen aus lauter Güte" (Jer 31,3).[4]

Diese Vorstellung von Gott als einem *liebenden* und *gütigen* Gegenüber bildet die dritte entscheidende Voraussetzung für die Klage und Anfrage in der Erfahrung der Verlassenheit, der Dunkelheit und des Schweigens. Wäre er nach dem biblischen Zeugnis wechselhaft und unbeständig, so könnte man alle Leiderfahrung seiner Ablehnung und seiner Unberechenbarkeit zuschreiben. Da er aber nach seinem Wesen liebend und gerecht sein soll, da er Licht ist und nicht Finsternis, erscheint eine von Ungerechtigkeit und Hass erfüllte Wirklichkeit als unvereinbar mit dem Glauben an die Güte und Zuverlässigkeit Gottes.

II. Auswege aus der Unvereinbarkeit?

Diese drei Voraussetzungen des biblischen Gottesbekenntnisses – nämlich die der *personhaften Existenz*, der *Allmacht* und der *Liebe* Gottes – lassen sich mit der leidvollen Wirklichkeitserfahrung auch für Glaubende nicht einfach zur Deckung bringen! Sie stehen schon für Israel und für die frühe christliche Gemeinde in einem schmerzhaft empfundenen Widerspruch zu ihrer unmittelbaren Wahrnehmung und Alltagserfahrung. Und angesichts der langen Geschichte stellt sich das Problem für Israel wie für die Kirche eher noch dringlicher als zu biblischen Zeiten.

Wie können wir daran festhalten, dass Gott zugleich *personhaft existiert* und *allmächtig* ist, wenn wir von seiner *Liebe* in unserer Welt und in unserem eigenen Leben so wenig sehen können? Kann ein liebender Gott, der all das Leid in der Welt zulässt, wirklich als *allmächtig* gedacht werden, oder ist auch er den lebens- und menschenfeindlichen Ereignissen gegenüber hilflos? Haben wir uns Gott angesichts all der Widersprüche in der Natur und der Geschichte vielleicht gar nicht als *liebend* vorzustellen, sondern als willkürlich und zerstörerisch? Oder sehen wir uns bei nüchterner Analyse der Weltgeschichte gar zu dem Eingeständnis gezwungen, dass wir wohl an dem Ideal und der Macht der Liebe festhalten wollen, aber Gott nicht länger als *personhaft existent* denken können? Ist Gott als liebender

---

[4] Vgl. Jes 49,15: „Kann auch eine Frau ihres Kindleins vergessen, dass sie sich nicht *erbarme* über den Sohn ihres Leibes? Und ob sie seiner vergäße, so will ich doch deiner *nicht vergessen*."

Vater[5] und mächtiger Herr etwa „gestorben", ist Gott „tot"? Oder hat er in Wahrheit nie wirklich und außerhalb des Glaubens existiert?

Es ist durchaus verständlich, dass Menschen angesichts des Leides in der Welt und im eigenen Leben darum ringen, wie sie der Ausweglosigkeit dieses Widerspruchs von Gottesglauben und Welterfahrung entkommen können. Ist es möglich, eine der drei biblischen Voraussetzungen des Glaubens an Gott preiszugeben, um wenigstens die beiden anderen Elemente des Bekenntnisses zu retten? Aber wer wollte das Bekenntnis zu Gottes Liebe, Gerechtigkeit und Treue opfern, um Gottes allmächtiges Wirken in der Widersprüchlichkeit von Liebe und Hass, Licht und Finsternis, Leben-Schaffen und Töten logisch denken zu können? Darf man andererseits den Tod Gottes proklamieren, nur um den Glauben an das Ideal der Liebe und der Macht des Lebens trotz aller widersprüchlichen Welterfahrung festhalten zu können? Scheut man sowohl vor der Preisgabe der *Liebe* Gottes wie vor dem beklemmenden Gedanken der *Nichtexistenz* Gottes zurück, dann mag der Verzicht auf das Bekenntnis zu Gottes *Allmacht* für viele noch am ehesten nachvollziehbar zu sein.

III. Ist Gott nicht allmächtig?

Gehen die biblischen Traditionen nicht vielfach davon aus, dass der Mensch durch seine Abwendung von Gott die gute Schöpfung Gottes gefährdet hat und sein von Gott geschenktes Leben durch seine eigene Unverantwortlichkeit verwirken kann? Wissen nicht Altes und Neues Testament auch von widergöttlichen Mächten und Wesen zu berichten, die den Menschen versuchen und zu seinem eigenen Verderben von Gott, dessen Gerechtigkeit und Liebe abbringen wollen? Bis hin zum letzten Buch der Bibel wird doch von diesem apokalyptischen Kampf um die Herrschaft der Welt und den bestimmenden Einfluss auf die Menschheit berichtet, dessen unheilvolle Auswirkungen auch die an Gott Glaubenden zu erleiden haben.

Aber gerade die Offenbarung des Johannes mit ihren unverschleierten Darstellungen endzeitlicher Leiden, Kriege und Nöte widerstreitet jedem Zweifel und jeder Preisgabe des Bekenntnisses zu Gottes Allmacht. Soll denn offen bleiben, ob am Ende der Geschichte nicht doch Sünde, Tod und Teufel die Oberhand über Gottes Schöpfung

---

[5] Zu den Voraussetzungen s. *H.-J. Eckstein*, Gott als Vater – das zentrale christliche Gottesverständnis?, in: *W. Haubeck / W. Heinrichs* (Hg.), Gottesbilder. Wie sie Leben und Denken bestimmen, Theologische Impulse 13, Witten 2006, 45-68.

behalten und über seine Gerechtigkeit und Liebe triumphieren? Im Gegenteil, will doch die Offenbarung gerade die Leidenden und Verfolgten in ihrer Anfechtung trösten und des endgültigen – wenn auch jetzt noch nicht für alle sichtbaren – Sieges Gottes und seines Christus vergewissern.

Nicht erst in der triumphalen Darstellung des definitiven Sieges über den Tod und des Erscheinens Gottes zum Trost seiner Menschen (Apk 19 – 22) wird diese Gewissheit besungen und bezeugt, sondern von Anfang an und inmitten aller widersprechenden Erfahrungen: „Fürchte dich nicht! Ich bin der Erste und der Letzte und der Lebendige. Ich war tot, und siehe, ich bin lebendig von Ewigkeit zu Ewigkeit und habe die Schlüssel des Todes und der Hölle“ (Apk 1,17; vgl. 1,5-8; 5,5ff.). – „Nun ist das Heil und die Kraft und das Reich unseres Gottes geworden und die Macht seines Christus ...“ (Apk 12,10; vgl. 11,15; 19,6).

So will gerade die Offenbarung, die die grauenvolle Wirklichkeit einer gottfeindlichen und menschenverachtenden Herrschaft ungefiltert in den Blick nimmt, das ungeteilte Bekenntnis zu Gottes heiliger Existenz, zu seiner wahrhaftigen Gerechtigkeit und zu seiner ungebrochenen Größe und Allmacht vergegenwärtigen: „Groß und wundersam sind deine Werke, Herr, *allmächtiger* Gott! Gerecht und wahrhaftig sind deine Wege, du König der Völker“ (Apk 15,3). Dass es bei dieser Vergegenwärtigung der alle Zeiten und Ursprung wie Vollendung umfassenden Herrschaft Gottes gerade um die Vergewisserung seiner endgültigen heilvollen Durchsetzung geht, verdeutlicht der programmatische Gottesspruch zu Beginn der Offenbarung: „Ich bin das A und das O (der Anfang und das Ende), spricht Gott der Herr, der da ist und der da war und der da kommt, der *Allmächtige*“ (Apk 1,8).[6]

[6] Neun von zehn neutestamentlichen Belegen für die Bezeichnung Gottes mit ὁ παντοκράτωρ entfallen auf die Offenbarung des Johannes: Apk 1,8; 4,8; 11,17; 15,3; 16,7.14; 19,6.15; 21,22 (vgl. noch den Abschluss der Zitatenkombination 2Kor 6,18 in Aufnahme von 2Sam 7,8.14). Damit wird ein zentrales Gottesprädikat bereits des griechischen Alten Testaments, der Septuaginta (LXX), aufgenommen, wie es sich z.B. Am 4,13 ausgeführt findet: κύριος ὁ θεὸς ὁ παντοκράτωρ ὄνομα αὐτῷ (vgl. Am 3,13; 5,8.14.15.16.25; 9,5.6.15). Entgegen einem verbreiteten Missverständnis ist die Bezeichnung Gottes mit *Pantokrator* – „Allmächtiger“, „Allherrscher“ – somit sehr wohl „biblisch“, nämlich sowohl im Neuen Testament als auch bereits in der vorchristlichen Übersetzung des Alten Testaments ins Griechische belegt. S. im Einzelnen *H. Langkammer*, Art. παντοκράτωρ, EWNT 3, 2., verb. Aufl., Stuttgart u.a. 1992, 25-27.

Sosehr die Frage nach der Möglichkeit und Wirksamkeit widergöttlicher und menschenverachtender Kräfte und Einflüsse auch verunsichern mag, sowenig wäre den Leidenden ausgerechnet mit der Preisgabe der Hoffnung auf Gottes endgültigen Sieg über alle Mächte geholfen.

IV. Ist Gottes Wesen gespalten?

Während angesichts der von Menschen und Natur hervorgerufenen Katastrophen des letzten Jahrhunderts viele traditions- und kirchenkritische Zeitgenossen eher die *Existenz* eines personhaften transzendenten Wesens in Zweifel gezogen haben und bis hinein in theologische und kirchliche Kreise den „Tod Gottes" proklamierten, wird die Spannung zwischen Gottesglaube und Welterfahrung in konservativen Kreisen häufiger durch die Einschränkung des Bekenntnisses zu Gottes unbedingter *Liebe* aufgelöst. Die Widersprüche der Welterfahrung scheinen für manche erträglicher zu werden, wenn auch alles Leid der Welt und alle Grausamkeit der Geschichte unmittelbar auf Gottes Willen und sein eigentliches Wesen zurückgeführt werden können. Dann will Gott das Leben für die Menschen oder auch ihren Tod; dann kann er Menschen lieben, aber andere auch hassen; dann kann er erwählen und treu sein, aber auch verlassen und endgültig verwerfen; dann will er einerseits, dass die Welt versöhnt und gerettet wird, und andererseits will er sie zerstören. Aber hat der Vater Jesu Christi ein doppeltes Gesicht – gleich dem römischen Gott Janus? Ist Gottes Wesen gespalten?

Ganz abgesehen davon, dass das „Evangelium" von Jesus Christus sich gerade im Hinblick auf die grenzenlose Liebe Gottes als wahrhaft „erfreuliche Nachricht" erweist – wie will jemand ohne Selbstbetrug und Heuchelei ausgerechnet in der Abschwächung der Liebe Gottes zugunsten einer einfacheren Welterklärung Trost und Gewissheit finden? Wer könnte denn von sich behaupten, dass er sich aufgrund seines eigenen Lebens und Glaubens die Liebe und Erwählung Gottes von sich aus verdient hätte? Inwiefern erscheint der Schrecken der Ungerechtigkeit und des Elends denn geringer, wenn das unermessliche Leid anderer mit ihrer eigenen Schuld und Gottes Verwerfung erklärt wird? Und was ist, wenn gerade Glaubende durch Krankheit, Not und Leid betroffen sind? Soll es sich dann um willkürliche – oder gar absichtsvolle – Strafe Gottes handeln? Oder sollen die Betroffenen zu allem Leid auch noch mit ihrem Zweifel an der persönlichen Erwählung und dem eigenen Glauben allein gelassen werden?

Der ganze Trost des Evangeliums liegt darin, dass Gott sich uns nicht erst aufgrund unseres liebenswerten Verhaltens und unserer Gerechtigkeit zugewandt hat, sondern als wir unsererseits in Ablehnung und Feindschaft ihm gegenüber lebten, dass er uns also unbedingt und nicht konditioniert liebt: „Gott aber erweist seine Liebe zu uns darin, dass Christus für uns gestorben ist, als wir noch Sünder waren" (Röm 5,8; vgl. 5,6-11). Die Gewissheit, dass uns nichts von Gottes Liebe in Christus trennen kann (Röm 8,37-39), gründet also nicht in unserer eigenen Treue und Liebe, sondern in dem Zuspruch, dass Gott uns in Christus seine grenzenlose und unbedingte Liebe offenbart hat, von der er nach seiner Verheißung nicht mehr lassen will.[7]

V. Gott ist Liebe, Leben und Licht

So bleibt es nach all diesen Erwägungen dabei, dass die Spannung zwischen der leidvollen Wirklichkeitserfahrung und dem Bekenntnis zu Gottes Existenz, seiner Allmacht und Liebe keinesfalls dadurch relativiert werden kann, dass eine der drei Grundlagen des biblischen Gottesglaubens abgeschwächt oder gar aufgegeben wird. Auch für den Glauben kommt es gegenwärtig noch nicht zu einer Aufhebung der Spannung zwischen der biblisch bezeugten Realität Gottes und der erfahrenen Wirklichkeit, zwischen dem Offenbarsein Gottes und seiner Verborgenheit, zwischen den hellen Seiten der Selbsterschließung Gottes und den dunklen Seiten seines Entzogenseins.

Für viele Leidtragende und Trauernde macht es allerdings einen großen Unterschied, dass sie das unerklärliche Leid nicht auf Gottes Wechselhaftigkeit und Ablehnung zurückführen müssen, sondern ihn als *die* Liebe und *das* Leben in Person glauben dürfen. Seine Existenz, seine Liebe und seine Allmacht garantieren einerseits, dass er sich endgültig als der liebende Vater und zugewandte Gott offenbaren wird; und sie besagen andererseits, dass Tod, Hass und Finsternis nicht seinem Wesen und seiner Absicht zugeschrieben werden müssen. Gottes Wesen ist nicht gespalten, so dass er sowohl liebend wie lieblos zu denken wäre, sondern sein Wesen ist Liebe: „Gott ist die Liebe" (1Joh 4,16). – „Gott ist Licht, und in ihm ist keine Finsternis" (1Joh 1,5). – „Alle gute Gabe und alle vollkommene Gabe kommt

[7] S. zum Ganzen *H.-J. Eckstein*, Glaube, der erwachsen wird, 7. Aufl., Holzgerlingen 2008, 19-53; *ders.*, Das Wesen des christlichen Glaubens. Nachdenken über das Glaubensverständnis bei Paulus, in: *Ders.*, Der aus Glauben Gerechte wird leben (s. Anm. 3), 3-18; *ders.*, Glaube als Beziehung. Zur menschlichen Wirklichkeit Gottes. Grundlagen des Glaubens 2, 2. Aufl., Holzgerlingen 2006, 9-31.

von oben herab, von dem Vater des Lichts, bei dem keine Veränderung ist noch Wechsel des Lichts und der Finsternis" (Jak 1,17).

Für den distanzierten Beobachter mag diese „dualistische" Wirklichkeitsdeutung, die das Böse nicht auf Gott zurückführt, sondern auf andere rätselhaft erscheinende Ursachen, letztlich keinen entscheidenden Unterschied machen. Wenn Gott als existierend, allmächtig und liebend gedacht wird, bleiben die bohrenden Fragen nach seinem Schweigen und seinem Nichteingreifen jedenfalls bestehen. Und dennoch hat es gute Gründe, wenn das neutestamentliche Zeugnis die spannungsvolle Gesamtwirklichkeit und widersprüchliche Geschichte gerade nicht einfach „monistisch" – d.h. als Entfaltung eines Einheitsprinzips und eines einzigen Grundlegenden – deutet.

Gewiss, wenn Menschen leiden und sterben, hat Gott offensichtlich nicht verhindernd eingegriffen und es augenscheinlich nicht abgewendet. Allerdings entlastet es viele Betroffene, dass damit nicht gesagt werden muss und darf, dass Gott den Tod, den Verlust und das Leid seiner Menschen will. So rätselhaft dieser Trost auch für nicht Betroffene erscheinen mag, Leidende leben davon, dass sie mit der Gefährdung ihrer eigenen Existenz und dem Verlust eines geliebten Menschen nicht auch noch das Vertrauen auf ihren Gott, den Glauben an die Liebe und die Hoffnung auf das Leben verlieren.

Entscheidend bleibt in jedem Fall, dass solche *relativierenden* – d.h. das Leid und die Trauer ins Verhältnis zum Ganzen setzenden – Argumente von den Betroffenen nur selbst als hilfreich angenommen werden können und nicht lieblos von Nichtbetroffenen als Rationalisierungen des Unerklärlichen verwendet werden sollten. Das Gleiche mag auch für die Relativierung der gegenwärtigen Leiden und Verluste angesichts der zukünftigen Erlösung und Herrlichkeit gelten, die der verfolgte Apostel angesichts seiner eigenen Leiden glaubhaft weitergeben kann.[8] Der Glaube hebt die Trauer nicht auf, und er will den Verlust nicht erklären, aber er will helfen, am Ende die Hoffnung wiederzufinden, ohne die die Liebe nicht überleben kann. So tröstet es viele in ihrer Trauer, wenn sie das, was sie lieben und was ihr Leben erfüllt, nicht einfach entrissen bekommen, sondern dem anvertrauen können, der selbst das Leben und die Liebe ist.

---

[8] 2Kor 4,17f.; Röm 5,3ff.

VI. Zeit der Offenbarung

Sosehr diese Unterscheidungen zwischen „verursachen" und „zulassen", zwischen „bewirken" und „noch nicht überwinden" gedanklich sinnvoll sind und einzelne Leidtragende auch trösten können, sosehr sagt das neutestamentliche Zeugnis über die Spannung zwischen Gottes *Offenbarsein* und seiner *Verborgenheit* noch viel Bedeutenderes und Hilfreicheres aus.

Wir hatten uns bereits vergegenwärtigt, dass mit dem „Anfang des Evangeliums von Jesus Christus" (Mk 1,1) das belastende Rätsel der Sünde und des Leidens, der Ungerechtigkeit und des Todes nicht einfach vergessen wird, sondern zunächst noch schärfer hervortritt. Dies liegt zum einen an der unvergleichlichen Heils- und Erfüllungsgewissheit, in der Jesus nach dem Zeugnis des Markusevangeliums seine öffentliche Wirksamkeit beginnt: „Die Zeit – des Leidens dieser Welt und die des verheißenen göttlichen Heils – *ist erfüllt*, und die Königsherrschaft Gottes *ist gekommen* – d.h. sie ist in meiner Person, meinem Wirken, Verkündigen und Geschick *da*. Kehrt um und glaubt an das Evangelium!" (Mk 1,15). Es liegt zum anderen an den Zeugnissen einer einzigartigen Legitimation Jesu und seiner Botschaft durch Gott selbst aus dem geöffneten Himmel bei der Taufe am Jordan und auf dem „Berg der Verklärung": „Du bist mein geliebter Sohn, an dir habe ich Wohlgefallen!" (Mk 1,11). – „Das ist mein geliebter Sohn; den sollt ihr hören!" (Mk 9,7).[9]

Nun ist die Zeit der Verborgenheit Gottes abgelöst durch die Zeit seiner Offenbarung in Gestalt seines Sohnes. Die gottfeindlichen und menschenverachtenden Mächte werden besiegt durch den Anbruch der heilvollen Gottesherrschaft; und der Widerspruch zwischen der geglaubten Realität des liebenden und allmächtigen Gottes und der erlittenen Wirklichkeit einer gottverlassenen Welt scheint endgültig überwunden. Der Himmel ist nicht länger verschlossen, sondern geöffnet; und Gottes Existenz, sein Wirken und sein Wesen erscheinen nicht länger als dunkel und verborgen, sondern als licht und offenbar.

Dementsprechend werden durch den Sohn Gottes Besessene von der Tyrannei der Dämonen befreit,[10] Gelähmte werden geheilt,[11] und

---

[9] S. zum Ganzen *H.-J. Eckstein*, Glaube und Sehen (s. Anm. 3), 95ff.

[10] Heilungen von Besessenheit: Mk 1,23-28.32-34.39; 3,11f.; 5,1-20; 7,24-30; 9,14-29; vgl. Mk 3,23-27.

[11] S. Mk 2,1-12; 3,1-6.

Aussätzige werden rein,[12] Blinde werden sehend,[13] und Taubstumme können hören und sprechen.[14] Langjährig Erkrankte werden gesund und sogar Verstorbene zum Leben auferweckt.[15] Darüber hinaus weiß der Evangelist von zahlreichen Rettungswundern zu berichten, in denen der Sohn Gottes sich als Herr über die Not und den Mangel der Menschen, über das lebensbedrohliche Meer und den Sturm erweist.[16]

VII. Die paradoxe Herrschaft des Dienens

Würde man nur die erste Hälfte des Markusevangeliums vernehmen, dann müsste man fast den Eindruck gewinnen, dass der Evangelist keine Verborgenheit der Realität Gottes und keine dunklen Seiten in der Glaubenserfahrung mehr kennt. Denn die menschenfreundliche Güte Gottes offenbart sich hier durch das Wirken und Verkündigen Jesu so überwältigend und machtvoll, dass alles Leid und alle Dunkelheit vergessen scheinen. Erstaunt es da, dass auch der engste Jüngerkreis an Jesus als den verheißenen Messias Erwartungen eines triumphalen politischen bzw. endzeitlichen Herrschers heranträgt (Mk 8,27-30; 10,35-45)?

Doch das wahre Geheimnis der Person und des Wirkens Jesu ist mit alledem noch keineswegs hinreichend erfasst. Im Gegenteil, das was den Sohn Gottes ausmacht und was die Offenbarung Gottes in ihm als einzigartig qualifiziert, ist gerade nicht mit einer unreflektierten, wenn auch noch so verständlichen „Theologie der Herrlichkeit“ – einer *theologia gloriae* – zu erfassen. Die zweite und entscheidende Hälfte des Evangeliums enthüllt in der nachdrücklichen Belehrung der Jünger – wie der späteren Gemeinde – durch Jesus (Mk 8,27 – 10,45), dass Gott einen anderen als den menschlich naheliegenden Weg zur Erhellung der Dunkelheit und zur Überwindung der Trennung und Verborgenheit gewählt hat.

---

12 S. Mk 1,40-45.

13 S. Mk 8,22-26; 10,46-52.

14 S. Mk 7,31-37 mit der an Gottes „gute Schöpfung“ (vgl. Gen 1,31) und an die Heilsverheißungen bei Jesaja (Jes 35,5.6) erinnernden Reaktion der überwältigten Zeugen des Wirkens Jesu: „Er hat alles wohl gemacht; die Tauben macht er hörend und Sprachlose redend“ (Mk 7,37).

15 S. Mk 5,21-43. Vgl. neben den einzelnen Heilungserzählungen auch die programmatischen Sammelberichte: Mk 1,32-34; 3,7-12; 6,53-56.

16 S. Mk 4,35-41; 6,32-44.45-52; 8,1-9.

Entgegen mancher traditionellen Erwartung an die machtvolle Offenbarung Gottes durch die Herrschaft des „Menschensohns" (vgl. Dan 7,13f.) zielt der Weg Jesu nicht auf die Zerschlagung und Unterwerfung derer, die Gott durch ihre Ungerechtigkeit und Untreue verraten haben, sondern auf deren *Rettung*. Und die Zugehörigkeit des Gottessohnes zu seinem himmlischen Vater zeigt sich gerade nicht darin, dass er sich als machtvoller Herrscher über das Leid und die Not der Menschen erhebt, sondern darin, dass er selbst den *Weg ins Leiden* auf sich nimmt. Seine Größe erweist sich in der Fähigkeit, sich aus Liebe zu Gott und im Einsatz für die ihm anvertrauten Menschen selbst der Erniedrigung auszusetzen; und seine souveräne Herrschaft offenbart sich gerade in der Bereitschaft, unter Einsatz seines Lebens Gott und den Menschen zu dienen.[17]

VIII. „Mein Gott, mein Gott, warum hast du mich verlassen?"

Schon mit diesen Hinweisen auf Jesu hingebungsvollen Weg bis hin zum Einsatz seines eigenen Lebens wäre unverkennbar, dass Markus das Evangelium von Jesus Christus nicht im Sinne einer vordergründig verstandenen „Theologie der Herrlichkeit" entfalten kann und will, sondern ausdrücklich und unausweichlich als „Theologie des Kreuzes" – nicht als *theologia gloriae*, sondern als *theologia crucis*. Und schon bis hierher ist den Jüngern – und mit ihnen der späteren Gemeinde – unausweichlich vor Augen geführt worden, dass der Weg der *Nachfolge* seiner Jünger in keine andere Richtung führen kann als die, die Jesus selbst *vorangeht*: „Wer mir nachfolgen will, der verleugne sich selbst und nehme sein Kreuz auf sich und folge mir nach. Denn wer sein Leben erhalten will, der wird's verlieren; und wer sein Leben verliert um meinetwillen und um des Evangeliums willen, der wird's erhalten" (Mk 8,34f.).

Das ungeheuerliche Ausmaß dieser Entscheidung Jesu, an Gottes Liebe und der Liebe zu den Menschen festzuhalten bis zur letzten Konsequenz des eigenen Leidens, wird aber spätestens in der schonungslosen Darstellung des folgenden Verrates, der Gefangennahme und des qualvollen Sterbens am Kreuz beklemmend deutlich (Mk 14,1 – 15,47). Hier führt ausgerechnet das Erfüllungsgeschehen der *Gottesherrschaft* in das Erleiden völliger *Machtlosigkeit*; und die *Offenbarung* der Herrlichkeit des Gottessohnes muss sich in der Erfahrung der *Verborgenheit* seines himmlischen Vaters bewähren. Wie paradox erscheint der in Finsternis verschlossene Himmel in der To-

[17] Vgl. Mk 8,31; 10,42-45.

desstunde Jesu (Mk 15,33), nachdem sich doch zuvor bei seiner Taufe und Verklärung der Himmel über ihm bestätigend geöffnet hatte und ihn in seiner wahren Herrlichkeit erstrahlen ließ (Mk 1,9-11; 9,2-8).[18]

Der Abgrund des Leidens Jesu – und damit die Höhe seines Einsatzes für die, die er grenzenlos und unbedingt liebt – kommt am erschütterndsten durch den verzweifelten Schrei des Gottessohnes nach seinem himmlischen Vater in seiner Todesstunde zum Ausdruck: „Mein Gott, mein Gott, warum hast du mich verlassen?" (Mk 15,34). Wie der an Gott verzweifelnde Beter des 22. Psalms und wie unzählige Menschen nach ihm erfährt der Sohn Gottes in seiner eigenen Todesstunde Gott, seinen Vater, als verborgen und nicht offenbar, als ihn verlassend und nicht treu zu ihm stehend, als in Dunkelheit verhüllt und nicht in Herrlichkeit und Liebe strahlend, als nicht eingreifend und rettend, sondern schweigend.

Gewiss mag man in theologischer Korrektheit sofort ergänzen wollen, dass der Vater ihn in Wahrheit nicht verraten und im Stich gelassen hat, sondern mit ihm und an der Verzweiflung seines eigenen geliebten Sohnes gelitten hat. Und gewiss ist auch wahr, dass das Evangelium mit diesem Schrei nicht enden kann und will, sondern in dem Erweis der Existenz und Macht und Liebe des himmlischen Vaters durch die Auferweckung seines Sohnes am dritten Tage gipfelt (Mk 16,1-8; vgl. 8,31; 9,31; 10,33f.).[19]

Doch ruft dieser Verzweiflungsschrei des sterbenden Gottessohns uns unausweichlich in Erinnerung, dass er für uns und mit uns eben die Einsamkeit und Finsternis, die wir erleiden, ertragen hat. Er hat sich als das Licht in unsere Finsternis begeben, so dass unsere Finsternis nicht mehr dieselbe bleibt. Er hat die Erfahrung der Ablehnung und Verlassenheit, der Ohnmacht und Einsamkeit als der Sohn Gottes selbst ertragen, damit wir sie fortan nie mehr in dieser Tiefe und ausweglosen Verzweiflung – nämlich ohne die Gewissheit seiner göttlichen Gegenwart – erleiden müssen.

---

[18] S. zum Ganzen *H.-J. Eckstein*, So haben wir doch nur einen Herrn. Die Anfänge trinitarischer Rede von Gott im Neuen Testament, in diesem Band 3-33, hier 17ff.

[19] S. im Einzelnen *H.-J. Eckstein*, Die Wirklichkeit der Auferstehung Jesu. Lukas 24,34 als Beispiel formelhafter Zeugnisse, in: *Ders.*, Der aus Glauben Gerechte wird leben (s. Anm. 3), 152-176.

IX. Zur Verborgenheit des in Christus offenbaren Gottes

Was bedeutet diese unerwartete Entfaltung der Offenbarung der Größe und Herrlichkeit des Gottessohnes in Gestalt des stellvertretenden Leidens und der Niedrigkeit für die Frage nach dem Verborgensein Gottes in der Geschichte und im eigenen Leben der Glaubenden? Gibt sie eine rationale und den Glauben wie den Zweifel befriedigende Antwort auf die nach wie vor unausweichliche „Theodizee-Frage"? Hilft sie bei der unabwendbaren Herausforderung der „Rechtfertigung Gottes" angesichts der *Ungerechtigkeit*, der *Ohnmacht* und des *Todes* und im Hinblick auf das Bekenntnis zu Gottes *Liebe*, *Allmacht* und *Existenz*?

Die Antwort des Evangeliums besteht nicht in einer Verharmlosung oder Verleugnung des bleibenden Widerspruchs von geglaubter Realität des liebenden Gottes und erfahrener Wirklichkeit der Anfechtung und Einsamkeit. Die Nachfolge Jesu wird den Jüngern wie der späteren Gemeinde nicht als Weg der Herrlichkeit und unbeschwerten Herrschaft angekündigt, sondern als ein Weg des Leidens – trotz, ja teilweise sogar gerade wegen ihres Glaubens. Denn die Ablehnung, die Jesu entschiedener Einsatz für Gott und die ihm anvertrauten Menschen in dieser Welt provozierte, wird sich wohl überall da wiederholen, wo Menschen in seiner Nachfolge für Gottes Gerechtigkeit und Liebe eintreten.

Das, was sich durch die Offenbarung Gottes in seinem von Menschen verratenen und gekreuzigten Sohn ganz grundlegend geändert hat, ist die Gewissheit, dass er in Christus auch in unserem Leiden selbst und persönlich gegenwärtig und nicht entzogen ist, dass er treu und gerecht ist, auch wenn wir seine Liebe nicht erfahren können. Und in der paradoxen Situation der Anfechtung und des Zweifels gilt, was der Gebetsschrei in sich selbst bereits zum Ausdruck bringt. Der Beter mag sich wohl als verlassen erfahren und Gott als verborgen erleben, er wendet sich in seinem Hilferuf mit seiner Anrede „Mein Gott, mein Gott!" aber an eben diesen Gott, ohne dessen Existenz und Macht und Liebe er nicht leben kann. Und mitten in seiner Klage und Anklage gegenüber dem *verborgenen Gott* vertraut er sich zugleich dem in seiner Offenbarung entzogenen *liebenden Vater* an.

Mit alledem wird deutlich, dass die „Theodizee-Frage" im Neuen Testament nicht etwa *rational* geklärt wird, sondern *personal*. Was sie ertragen lässt, sind nicht vernünftige Argumente, sondern der Blick auf den Sohn Gottes, der diesen Widerspruch des Vertrauens in Verlassenheit und des Gehaltenseins trotz der Verborgenheit Gottes vor uns und für uns gelebt hat. Weder werden die offenen Widersprüche zwischen der Erfahrung einer ungerechten Welt und dem Glauben an die Gerechtigkeit Gottes „weg-erklärt“, noch wird für diese Zeit und Geschichte die Illusion eines von Anfechtung und Leiden freien Lebens ausgemalt.

X. Theologie des Kreuzes als Theologie der Herrlichkeit

Ein mögliches Missverständnis dieser Entfaltung des Evangeliums als „Theologie des *Kreuzes*“ sei abschließend noch angesprochen. Es handelt sich bei der Kreuzestheologie – wie wir sie im Markusevangelium oder etwa bei Paulus entfaltet finden – nicht etwa um die Preisgabe der Hoffnung auf die Herrlichkeit. Die *theologia crucis* ist kein ausschließender Gegensatz zur *theologia gloriae*, sondern deren entschiedene und vertiefte Verwirklichung.

Das Kreuz Jesu steht nicht für das Scheitern und den Verlust des Glaubens an Gottes Existenz, Macht und Liebe, sondern für dessen Neubegründung und Stärkung. Es ist nicht Gottes Abwesenheit und Unvermögen, die sich in der Selbsthingabe des Gottessohnes offenbaren, sondern seine überwältigende Zuwendung und Liebe. Es tritt nicht das Leiden an die Stelle der Herrlichkeit, sondern die Herrlichkeit Gottes wird mitten im Leiden wahrgenommen und das Vertrauen mitten in der Anfechtung geweckt.

So bedeutet auch die Selbstverleugnung der Jünger in der Nachfolge Jesu nicht den Verzicht auf die Teilhabe an erfüllendem Leben und überwältigender Liebe, sondern gerade deren paradoxe Verwirklichung: „... und wer sein Leben verliert um meinetwillen und um des Evangeliums willen, *der wird es erhalten*“ (Mk 8,35).

Die Kreuzestheologie des Evangelisten steht und fällt mit dem endgültigen und offensichtlichen Triumph der Auferweckung Jesu durch den Vater (Mk 16,1-8).[20] Wollte man eine Kreuzestheologie unter Absehung der endgültigen Bestätigung und Verherrlichung Jesu durch seinen himmlischen Vater entfalten, dann müsste man sich die

---

[20] So wurde auch das „Wort vom *Kreuz*“ (1Kor 1,18 – 2,5) dem Apostel durch die Erscheinung des *Auferstandenen* vor Damaskus erschlossen (1Kor 9,1; 15,8; 2Kor 4,6; Gal 1,1.11f.15f.). Und unter Absehung des Glaubens an die Auferstehung Jesu wäre nach Paulus auch das Geheimnis des Kreuzes und damit der Sinn und Inhalt des Glaubens an den Gekreuzigten preisgegeben (1Kor 15,14.17); vgl. zum Ganzen *H.-J. Eckstein*, Das Evangelium Jesu Christi. Zur impliziten Kanonhermeneutik des Neuen Testaments, in diesem Band, 35-58, hier 44ff.

Kritik des Engels am Grab gegenüber den verzweifelten Frauen gefallen lassen: „Ihr sucht Jesus von Nazareth, den Gekreuzigten. Er ist auferstanden, *er ist nicht hier*!“ (Mk 16,6).[21]

In diesem Sinne bleibt auch die „Theodizee-Frage“ sowohl *gedanklich* wie *existentiell* solange offen, bis Gott alle Verborgenheit und Dunkelheit durch seine endgültige Offenbarung am Jüngsten Tag erhellen wird und aus der Rückschau der Verherrlichung die scheinbar Verlassenen seine nie gefährdete Liebe und Treue nachträglich erkennen können. Dann spätestens wird offensichtlich werden, dass wir es nie mit einem „dunklen Gott“ zu tun hatten, sondern mit der Dunkelheit unserer Wahrnehmung von ihm – und nicht mit einem „verborgenen Gott“, sondern mit dem Verborgensein des längst schon offenbaren Gottes in unserer Anfechtung und Klage.

[21] Vgl. zur Bedeutung der Auferstehung Jesu und der Hoffnung für Glauben und Theologie: *H.-J. Eckstein*, Zur Wiederentdeckung der Hoffnung. Grundlagen des Glaubens, 2. Aufl., Holzgerlingen 2008, 9-44.87-122.123-131.

Nachweis der Erstveröffentlichungen

So haben wir doch nur einen Herrn
Die Anfänge trinitarischer Rede von Gott im Neuen Testament

(= Die Anfänge trinitarischer Rede von Gott im Neuen Testament)
R. Weth (Hg.), Der lebendige Gott. Auf den Spuren neueren trinitarischen Denkens, Neukirchen-Vluyn 2005, 31-59

Das Evangelium Jesu Christi
Die implizite Kanonhermeneutik des Neuen Testaments

(= Die implizite Kanonhermeneutik des Neuen Testaments)
B. Janowski (Hg.), Kanonhermeneutik. Vom Lesen und Verstehen der christlichen Bibel, Theologie Interdisziplinär 1, Neukirchen-Vluyn 2007, 47-68

Durch ihn ist alles geworden und wir durch ihn
Schöpfung aus neutestamentlicher Perspektive

Bisher unveröffentlicht.

Gott ist es, der rechtfertigt
Rechtfertigungslehre als Zentrum paulinischer Theologie?

ZNT 14, 2004, 41-48

Zur Freiheit hat uns Christus befreit
Das innovative Konzept der Freiheit bei Paulus

Bisher unveröffentlicht.

Ein Herr, ein Leib – doch viele Kirchen? Einheit und Vielfalt der Kirche aus neutestamentlicher Sicht

H. Eschmann / J. Moltmann / U. Schuler (Hg.), Freikirche – Landeskirche. Historische Alternative – Gemeinsame Zukunft? Theologie Interdisziplinär 2, Neukirchen-Vluyn 2008, 98-112

Wer wird ihn mehr lieben? Aspekte einer lukanischen Anthropologie am Beispiel von Lukas 7,36-50

(= Aspekte einer lukanischen Anthropologie am Beispiel von Lukas 7,36-50)
M. Bauks / K. Liess / P. Riede (Hg.), Was ist der Mensch, dass du seiner gedenkst? (Psalm 8,5). Aspekte einer theologischen Anthropologie (FS B. Janowski), Neukirchen-Vluyn 2008, 63-75

Mein Gott, mein Gott, warum hast du mich verlassen? Zur Verborgenheit des in Christus offenbaren Gottes

(= „Mein Gott, mein Gott, warum hast du mich verlassen?“ [Ps 22,2 – Mk 15,34]. Zur Verborgenheit des in Christus offenbaren Gottes)
H. Lichtenberger / H. Zweigle (Hg.), Wo ist Gott? Die Theodizee-Frage und die Theologie im Pfarramt, Theologie Interdisziplinär 7, Neukirchen-Vluyn 2009, 19-34

Stellenregister (Auswahl)

Wort- und Sachregister (Auswahl)

Register griechischer Begriffe und Wendungen (Auswahl)